中国下一代教育基金会家长学校发展专项基金资助项目

当代家庭建设与家庭教育理论丛书

丛书主编　单志艳

家庭美育

〜 冉乃彦　著 〜

广西师范大学出版社

·桂林·

序 一

赵忠心

我们中华民族在长期的家庭教育实践中，总结、积累了非常丰富的教育子女的经验，已经形成了重视家庭教育的优良传统。

我国实行改革开放、发展市场经济以来，人们从社会发展趋势上看到，在竞争日趋激烈的社会生活中，要使子女将来能够立足于社会，在事业上有所作为，有所成就，除了让子女接受良好的学校教育、社会教育以外，还必须要高度重视家庭教育，充分发挥家庭教育的职能作用。在许多家庭里，做父母的都把子女教育作为家里的头等大事来对待。一个崭新的蓬勃发展的社会主义家庭教育局面，正在我国形成。

繁荣的家庭教育实践，给家庭教育的理论研究提出了迫切要求；丰富的家庭教育实践经验，给家庭教育的理论研究提供了坚实的实践基础。

然而，我们的家庭教育理论研究，还远远不能适应迅速发展的家庭教育实践的需要。

恩格斯说过："社会一旦有技术上的需要，则这种需要就会比十所大学更能把科学推向前进！"

我国欣欣向荣的家庭教育局面，不仅给家庭教育理论提出了要求，而且也提供了非常有利的条件，是推动我们进行家庭教育理论研究的巨大动力。

记得20世纪80年代初期，我率先开始进行家庭教育理论研究的时候，这个学术领域还是一片未被开垦的"处女地"，1949年以来没有人对这个方面的问题进行过研究和探讨。对于我的这一选择，不少人持有异议，认为家庭教育没有什么可研究的，管教孩子还不就是"婆婆妈妈"的事，没有什么规律可循。言下之意，这个领域没有什么学问，研究这个问题不会有什么作为。

我却坚定地认为，既然家庭教育作为一个独立的教育形态存在着，没有被当今社会发达的学校教育、社会教育所取代，那就说明家庭教育这个过程本身是存在着特殊性的，有它特殊的规律性，只不过是没有人专门进行探讨和研究，其客观存在的规律性还没有被人们所揭示出来，而不是不存在规律性。

我没有听从别人的规劝，一意孤行，一直坚守在家庭教育理论研究领域，在这个"处女地"耕耘长达四十年之久。

多年来，我们家庭教育科学普及工作搞得有声有色、轰轰烈烈，而理论研究却是冷冷清清，特别是对基础理论的研究，很少有人问津。甚至还有人说，基础理论研究过多，没有必要，认为基础理论对于家庭教育实践的指导意义不大。因此，多年来，尽管我是兢兢业业地从事家庭教育基本理论的研究，但总是有一种"孤军奋战"的感觉，很少遇到知音。

使我非常欣喜与赞赏的是，单志艳博士要组织、出版这套《当代家庭建设与家庭教育理论丛书》。

我深信，这套丛书的问世，势必对我国家庭教育基础理论研究学科建设起到很大的推动、促进作用，会促使、吸引更多的有识之士投身家庭教育基础理论研究的队伍中来。

我始终认为，没有理论的指导，家庭教育实践将会是盲目的。没有基础理论的研究，家庭教育知识的科学普及也会出现盲目性，会出现方向性的偏差，弄不好会走向邪路。因此，千万不能忽视家庭教育基础理论的研究。

单志艳博士组织、出版这套丛书是很有远见的。我对这套丛书的出版，寄予很高的期望。

要把这套丛书组织好，推出有价值、有影响的家庭教育学术著作，我提出几个建议，供家庭教育理论工作者参考。

要高度重视家庭教育和社会生活之间的关系。

家庭教育有方法问题，也有教育思想观念的问题；有操作问题，也有方向性的问题。不管教育方向如何，只掌握具体的教育方式方法，重视实地操作，没有正确的教育思想观念，也不会发挥应有的作用，培养出来的子女将来也很难适应社会发展的需要。

特别是在当前，我们国家正处在社会经济急剧而深刻的变革时代，忽视家庭教育基础理论的研究，将会给我们的家庭教育事业造成损失。

家庭教育是在家庭这个比较封闭的社会组织形式中实施的一种教育。但它从来没有，也不可能与社会生活相隔绝，它总是与社会生活息息相通。社会政治、经济、文化的变革，肯定会对家庭教育产生影响，家庭教育肯定要受到社会政治、经济发展的制约。这是不容许我们忽略的。

家庭教育的目的是向社会输送适合社会需要的人才，家长要把子女培养成材，不能不了解社会生活的变化。因为青少年儿童将来究竟是不是人才，不是家长说了就算的，唯一权威的衡量、检验的标准是社会生活，是社会实践。

因此，我们的家庭教育理论工作者，就不能不认真研究我国市场经济社会的发展和家庭教育的关系。这应当成为我们家庭教育理论研究工作者所面临的一个非常紧迫的任务。

要坚持家庭教育的动态研究。

世界无非是运动的物质。宇宙间千姿百态的物质运动是绝对的，静态是相对的。

社会在不停地向前发展。家庭生活与社会生活息息相通。社会的政治、经济、文化的种种变革，必然会通过各种渠道渗透家庭中，影响家庭生活，影响家庭教育。

家庭是一种继承性很强的社会组织形式。现代家庭教育是在传统家庭教育的基础上发展、演变而来的，既继承了我国优秀的家庭教育文化传统，同时，在新的社会环境的影响下，在传统家庭教育的基础上又有许多新的发展变化。这种从传统到现代的发展变化，实际上就是一种文化的"遗传变异"。

中国的家庭教育从传统到现代，究竟有了哪些发展变化？这些发展变化是怎样的过程？现代的家庭教育正面临着、即将面临哪些新情况和新问题？这些发展变化和新情况、新问题的出现，是受到哪些因素的影响和推动？对此，应该进行回顾、研究和思考，以便从中摸索一些带有规律性的东西。

什么叫"规律"？规律就是事物之间的内在的必然的联系。这种联系重复出现，在一定条件下经常起作用，并且规定着某种趋向发展。探索家庭教育规律，简而言之，就是揭示家庭教育与相关事物之间内在的必然的联系。

研究家庭教育从传统到现代的发展变化和影响这些发展变化的因素，就是为了预测现代家庭教育发展的趋势，使我们的家庭教育指导工作"与时俱进"，既要适应现代家庭教育发展的需要，又不脱离中国的国情。

社会继续向前发展，新情况、新问题层出不穷。研究家庭教育的变革，研究变革中的家庭教育，这是我们家庭教育理论研究者永恒的课题。

要重点研究家庭教育的特殊规律。

有的人是学校的优秀教师，却教育不好自己的孩子；有的人是有威信的领导，"振臂一呼，应者云集"，但在自己孩子面前却没有威信；有的人是高级将领，能统率千军万马，对自己的子女却束手无策，无法管教。

这是为什么？表明家庭教育有它特殊的规律。

研究家庭教育，首先要确定家庭教育研究对象。按照毛泽东的《矛盾论》的思想，"科学研究的区分就是根据科学对象所具有的特殊的矛盾性。"毛泽东说："对于物质的每一种运动形式，必须注意它和其他各种运动形式的共同点。但是，成为我们认识事物的基础的东西，则是必须注意它和其他运动形式的质的区别。只有注意了这一点，才有可能区别事物。"也才能辨别事物，才能区分科学研究的领域，才能发现事物发展运动的特殊原因。

要探索家庭教育的本质和规律，不仅要研究其与"相邻""同类"的事物——学校教育、社会教育的共同点，更重要的是研究家庭教育与学校教育、社会教育的不同点。从而，揭示家庭教育的性质、意义（对个体发展的意义和对社会发展的意义）、特点（包括优势和局限），家庭教育发展的历史，影响家庭教育效果的诸因素（包括家庭内部和外部诸因素），家庭教育的原则，家庭教育的方法和艺术，家长的教育态度，家长的教育素养等。这是认识家庭教育本质和规律的出发点和归宿点。

要将多种学科理论知识运用于家庭教育理论研究。

毛泽东在《矛盾论》中指出："研究问题，忌带主观性、片面性和表面性。"所谓"主观性"，就是不知道客观地、辩证地看问题。所谓"片面性"，就是只见树木不见森林，不知道全面地看问题。所谓"表面性"，就是看问题肤浅，只看事物的表面，不研究事物内在的本质。

家庭教育实践活动看似简单，实则是"立体"的、"复合"的，具有多面性，是一个相当复杂的过程，不是哪一个学科的理论知识可以全面说明、解释，做出周延判断的。要切实避免理论研究的主观性、片面性和表面性，根据《矛盾论》"不同质的矛盾，只有用不同质的方法才能解决"的思想，复杂的矛盾运动过程，必须用复杂的方法去解决。

家庭教育复杂的过程，必须综合运用多种相关的学科理论，从多侧面观察、多角度介入，进行分析、论证、说明、解释。企图以任何单独的一个学科理论"包打天下"，是人为地把复杂的问题简单化，一定不能得出可靠的结论。

家庭教育是一种教育行为，必须运用教育学理论进行研究；家庭教育是一种心理行为，必须运用心理学理论进行研究；家庭教育是一种伦理行为，必须运用伦理学理论进行研究；家庭教育是一种社会行为，必须运用社会学理论进行研究；家庭教育是一种文化传递行为，必须运用文化原理进行研究；家庭教育是培养人才的渠道，必须运用人才学的理论进行研究；家庭教育是在家庭范畴内实施的一种教育，必须运用婚姻家庭理论进行研究；家庭教育是人类特有的社会活动，必须运用人类学理论进行研究；家庭教育是人们改造主观世界和客观世界的过程，必须运用哲学理论进行研究；家庭教育不是抽象的，是具体的，任何家庭教育都是一定历史阶段的产物，必须运用历史学理论进行研究，等等。

不仅要从多角度、多侧面进行家庭教育研究，还要运用控制论、系统论、信息论的理论和方法进行研究。

只有坚持运用多种学科理论知识，进行综合性的研究，才能研究得比较深入、透彻，我们的研究结论才不会出现主观性、片面性和表面性。

要坚持多种研究并举。

一是宏观研究和微观研究相结合。

宏观研究是对国家和地区家庭教育发展方向、进程进行全局性的总体研究，从社会结构的大系统出发，研究社会政治、经济、文化发展对家庭教育的影响和需求，为确定家庭教育发展的总体目标、基本方针和政策、措施提供理论依据。

微观研究则是对各种类型的家庭子女教育、具体的教育内容和方式方法进行个别研究，以指导家庭教育实践。宏观研究和微观研究两者齐头并进，相辅而行。

二是应用研究和基础研究相结合。

家庭教育科学分为应用家庭教育学和理论家庭教育学。家庭教育科学研究分为应用研究和基础研究。

应用研究主要是解决家庭教育方式方法、策略、指导、服务和管理问题。基础研究是揭示家庭教育规律，探讨新的原理。

基础研究和应用研究的关系，就像根叶和果实的关系。科学发现的历史一再重复着这样一个事实：许多伟大的发现来自对科学基本问题的追寻。在进行应用研究的同时，必须把眼光放长远，重视基础研究，努力做到应用研究和基础研究并驾齐驱，相得益彰。

三是家庭教育现状研究和家庭教育历史研究相结合。

所谓"研究"就是探求事物的真相、性质和规律。简言之，就是认识事物。要认识得清楚、全面，就得像解剖一个实体那样，从多角度入手，多侧面观察。

现状研究就是进行横切面"解剖"，了解当前家庭教育的方方面面以及方方面面之间的联系；历史研究就是纵切面"解剖"，了解家庭教育发展、演变的过程。这样纵横交错地进行解剖，既能做到对我国家庭教育现状心中有数，也能通过了解家庭教育的来龙去脉、前因后果，古为今用，预测未来，增强指导工作的前瞻性，做到与时俱进。

四是中国家庭教育研究和外国家庭教育研究相结合。

家庭不仅是生产单位、生活单位，也是文化载体。家庭教育本身就是一种文化，家庭教育历来也是传承文化的重要渠道，具有强烈的民族性、传统性。要以研究中国家庭教育为主，努力构建具有中国特色的家庭教育理论体系。数典忘祖是不应该的，全盘否定文化传统是武断的；但全面复古也是一种偏颇。

一切好的东西都是人类的共同财富。外国先进的文化要大胆借鉴，拒绝借鉴那是狭隘的，但要认真咀嚼、消化、改造、吸收，囫囵吞枣，生搬硬套，会"水土不服"；生吞活剥，会食而不化。要批判地吸收外国家庭教育文化中有益的东西，有取舍地、不卑不亢地借鉴，为我所用，并努力使之本土化，融入中国家庭教育文化，进一步丰富中国家庭教育文化。

（赵忠心，中国家庭教育学会原副会长，中国教育学会家庭教育专业委员会名誉理事长，北京师范大学教授）

序 二

田慧生

家庭，是人类社会生活的基本单位。每个人都来自家庭，并在家庭中成长和发展。家庭教育是一切教育的基础。对未成年人来说，家庭是他们的第一所学校，父母是他们的第一任老师。教育家蔡元培说："家庭者，人生最初之学校也。"教育家苏霍姆林斯基指出："社会教育是从家庭教育开始的。形象地说，家庭教育好比树木的根须，供养着教育的树干、枝叶和花果。"

中华民族历来重视家庭，正所谓"天下之本在国，国之本在家"。《大学》提出："欲治其国者，先齐其家。""家齐而后国治。""其家不可教，而能教人者，无之。"把"齐家"作为"治国""平天下"的基础，认为其关系国家和社会兴亡。重视家庭教育是中华优秀传统文化的重要特征。在普遍设立学校之前，家庭是最主要的教育场所。

党和国家高度重视家庭教育。习近平总书记多次强调："没有千千万万家庭幸福美满，就没有国家繁荣发展。""要注重家庭，注重家教，注重家风。"在 2018 年全国教育大会上，习近平总书记再次强调："家庭是人生的第一所学校，家长是孩子的第一任老师，要给孩子讲好'人生第一课'，帮助扣好人生第一粒扣子。"

《当代家庭建设与家庭教育理论丛书》立足中华文化传统，顺应时代发展特点，对家庭教育的理论与实践做了很好的梳理与研究，并努力尝试从多学科视野来建构家庭教育理论研究体系。

一、丰富了家庭教育研究的哲学观

这套丛书将家庭教育研究的相关学科进行了有机的结合，必然需要一个统整的思路引领丛书的创作方向。从这一点上看，丛书将系统整体观、辩证统一观、动态平衡观，以及过程发展观等哲学观很好地体现在写作之中，既体现了鲜明的中华传统文化特征，又吸收了西方有益的家庭教育观点。

二、拓展了本土化理论研究的思路

这套丛书在运用多学科视野开展家庭教育研究的同时，还特别注意运用心理发展与人格形成的系统发展理论和实践，深化对本土化家庭教育理论研究的思考，探索建立系统性的本土化家庭教育理论，形成更加适合中国人的本土化家庭建设与家庭教育理论体系。

三、体现了传统文化与现代文化的融合统一

扎根中华传统文化是建构中国家庭教育理论的基本前提，顺应时代发展新形势是中国家庭教育理论保持活力的关键所在。这套丛书既立足中华传统文化，又充分吸收现代文化的优秀成果，是植根于中华传统文化的土壤，在新时代开出的家庭教育研究学术之花。

衷心祝愿这套根植历史悠久、文明辉煌的中华大地的家庭教育理论研究丛书，在众多家庭教育研究者的共同努力下，开展跨学科的家庭教育理论研究，为形成中国特色的家庭教育理论体系尽一己之力！

（田慧生，教育部教材局局长，教育部课程教材研究所所长，

教育部基础教育课程教材发展中心主任）

序 三

汪卫东

关于家庭建设与家庭教育问题，我应该算是门外汉。严格地讲，我不应该在这个领域说话。我大学毕业于中医专业，读研时研究方向是针灸与气功，主要研究气功（涉及一些催眠与心理学知识）。进入临床以后，才慢慢涉猎催眠、精神分析、认知行为等方面的知识，如何面对患者？如何与患者建立关系？如何进行催眠治疗、精神分析或其他心理治疗？如何取得疗效？那个时候我只知道精神分析主要分析"童年创伤"和"性的问题"，几乎不了解其中更深的理论，更不知还有其他各种心理学理论流派。

那时，我不知道如何跟患者建立关系，就让患者在进行心理治疗之前，做一份提纲式作业，即：按从小到大的时间顺序，以年龄为每段回忆开头，回忆自己所经历过的：1. 伤心的、委屈的、痛苦的事；2. 恐惧的、害怕的、担心的事；3. 情感与性方面遇到过的、看到过的或者亲身经历的难以启齿的事。这份提纲式作业，是在弗洛伊德精神分析理论的启发下设计的，当然也结合了中国传统文化与中国的临床实践。正是这份当时并不起眼的"提纲式作业"，让我了解患者得病之前经历过的重要事件，以此作为切入点进行心理治疗。有了这份作业，我进行催眠治疗和精神分析治疗就轻松多了。就是从那个时候开始我积累了一万多份临床心理治疗资料。人格发展理论体系的提炼也是基于这些活生生的病例。我记得，我治疗的第一个阳痿患者，患病过程是因为其父亲基于某种传统文化中关于性生活容易引起"肾虚"的理论，建议儿子与儿媳适当分居，有意识地控制或者减少儿子性生活的数量，导致患者发生阳痿。

我后来对这些提纲式作业进行质性分析时发现，家庭教养方式成为这些临床精神与心理病例中的重要影响因素。

带着这些问题，我花了近七年时间研制了忆溯性人格发展量表（WMPI）。量表结构以患者的"提纲式作业"内容为基础。通过质性分析，提炼相关内容，再结合中国优秀传统文化、中医思维和测量理论研制而成。忆溯性人格发展量表常模研究过程中的数据证实：精神与心理疾病的形成与发展，生活事件的影响大约只占了40%，而家庭教养方式的影响度占到了60%。这个结果完全证实了我们的假说：早期弗洛伊德发现的"童年创伤"或者"性的问题"并不是精神与心理疾病发生的主要原因，家庭教养方式才是主要原因，这是基于中国临床心理治疗实践得出的结论。当然这不能否定弗洛伊德当年的理论假说，或许只能认为，当年弗洛伊德精神分析理论形成过程中，并没有经历当今中国人的个体发展过程，更没有现在这些临床案例与临床研究数据的总结，因而精神分析学说可能不能完全说明个体异常发展过程或者精神与心理疾病的形成与发展过程，似乎更不可能解释近现代中国人的精神世界。因此可以认为，要研究当今中国人的个体心理发展过程特别是异常心理发展过程，或者中国的发展心理学，或者中国人精神与心理疾病后天发生发展的原因和心理病理机制，那么，研究中国目前的家庭发展状况，是一个绕不过去的点。

责任与使命都提示我们，要从家庭建设与家庭教育的角度来写一本有关家庭建设方面的书——《家庭发展学》。有一次，我与原国家卫生计生委员会家庭发展司王海东司长谈到了国家卫生计生委员会家庭发展司的机构形成过程。我突然眼前一亮，豁然开朗。家庭建设，家庭教育，目标都是为了促进家庭发展，家庭发展的终极目标是社会发展。因此，有了关于家庭建设理论思考的《家庭发展学》。个体发展是微观问题，家庭发展是中观问题，社会发展是宏观问题。个体发展是家庭发展的基础，家庭发展是社会发展的基础。从这个意义上讲，家庭教育也好，家庭建设也罢，都是在研究家庭发展！

把家庭发展也作为一门学问来研究，面临的挑战是非常大的。我们是战战兢兢、如履薄冰啊！我们按照学科构成的一般规律，尽量厘清家庭发展学科建设的相关问题，也请各位专家指正。同时，基于我们对家庭建设和家庭教育的理解，结合以前学者的研究，我们又完成了《家庭教育学》。

基于以上认识，我们注意到，我国很长一段时间家庭教育的重点在于引导各类家庭在新时期社会发展中进行家庭建设，促进家庭发展。我们认识到家庭的文化或氛围，不应该是竞争文化，而恰恰应该是和谐文化。个体成长的目标，不应该仅仅是工作成就，而应该是个体身心健康基础上学习、生活、情趣、两性、情感、恋爱、婚姻、家庭、工作、事业等多方面的平衡发展。从弗洛伊德人格理论来看，个体心理健康是本我、自我与超我的相对平衡过程；从个体成长的内外健康关系来看，则是个体、家庭与社会三者之间关系的相对平衡过程。因此，家庭教育的过程，是每一个家庭成员人格趋于完善的过程，是家庭成员之间和谐关系的建立过程，是家庭成员内外关系亦即个体、家庭与社会三者关系的健康发展过程。

在完成《家庭发展学》与《家庭教育学》之后，我们逐渐形成了一支有志于从事家庭发展与家庭教育研究的中青年研究团队，也吸收了家庭教育相关领域的工作者。我们开始系统思考家庭建设、家庭教育与家庭发展问题，形成了目前的丛书目录。家庭教育本身就是跨学科的研究领域，因此，与教育学、心理学、医学、哲学、文化学、历史学、美学等这些学科有机结合之后，就构成了家庭教育研究的百花园。

这套《当代家庭建设与家庭教育理论丛书》虽然经过了几年的酝酿和思考，但是我们水平所限，问题在所难免。希望读者对这套丛书多提批评意见，来帮助我们进一步思考事关中国社会未来发展的家庭教育与家庭发展问题。

（汪卫东，中国中医科学院广安门医院首席研究员，

中国中医科学院广安门医院原副院长）

目 录

第一章
家庭美育概论

一、家庭与中国家庭

（一）家庭是社会的细胞

"家庭是社会的细胞"，家庭在人类发展中占有极其重要的地位。人类进行着两种相关联的生产，社会生产和生产人本身。生产人的任务主要由家庭承担。家庭生产人的任务，不只是生孩子，而且要培养孩子成长，学习发展家庭、发展社会的能力。

马克思、恩格斯说："一个人的发展取决于和他直接或间接进行交往的其他一切人的发展；彼此发生关系的，个人的世世代代是互相联系的，后代的肉体的存在，是他们的前代所决定的，后代继承着前代积累起来的生产力和交往方式，这就决定了他们这一代的相互关系。"①

"家庭"这个人类社会"细胞"中的"关系"有什么特点？

下面这两段分析，对家庭关系有重要的启示：

一是家庭中每个成员的发展与其他成员的发展息息相关。每个家庭成员的发展不仅取决于其父母的发展，还取决于世世代代家族的发展，更包括夫妻双方两个家族的发展。这既有生理的、心理的遗传，也有交往形式的文化传递，还有生产方式、技能的传授。

工人家庭、农民家庭、商人家庭、军人家庭、知识分子家庭等，所有类型的家庭中长大的孩子，都脱离不了家庭的影响。"孩子的发展能力取决于父母的发展"，所以，研究人的发展，必须先研究家庭中父母和家族的发展。

二是单个人的发展不能脱离社会发展的历史。"存在于现存社会关系中的一切缺陷是

---

① 马克思、恩格斯，马克思恩格斯全集（第3卷）[M]，人民出版社，1974年出版：498.

历史所产生的，同样也要通过历史的发展才能消除。"

所以研究人的发展，要研究家庭、家族，以及它们在具体的社会历史中是怎样发展的。不仅原生家庭会对每一个人的成长打上深深的烙印，家族文化、老一辈的言行举止也会对后代产生潜移默化的作用。特别是在比较稳定的时代和比较封闭的村庄、家庭中，这种影响的深刻性和长远性不可低估。

（二）夫妻关系是家庭的核心

家庭是以婚姻和血缘关系为自然基础的社会单位，一般包括父母及其子女等亲属。

家庭中有夫妻、亲子、兄弟姐妹等关系。这些关系中哪一个是核心呢？

研究家庭教育的人们曾经普遍认为孩子是核心，因为那个时期家庭教育重点研究的就是教育孩子。但是通过这些年的实践与深入研究，发现夫妻关系才是核心。所谓核心就是指中心、主要部分。从关系角度说，就应该是决定和影响其他关系的关系，也就是主要矛盾。"抓住了这个主要矛盾，一切问题就迎刃而解了。"事实证明，抓住了夫妻关系这个主要矛盾，亲子关系就会达到新的水平；相反，孤立地抓亲子关系，夫妻认识不能统一到正确的方向上，最终只能失败。

《中庸》有言：君子之道，造端乎夫妇；及其至也，察乎天地。也就是说：夫妻之道，即君子之道，即教育之道。

总之，我们可以看到，发展不断地进行着，单个人的历史决不能脱离他以前的或同时代的个人的历史，而是由这种历史所决定的。

家庭的建立及夫妻关系是以爱情为基础的，爱情是夫妻关系的灵魂。夫妻应该成为"崇高道德的新家庭的建立者"。当然，夫妻关系也是在历史发展进程中，在一定条件下具体所呈现出来的。但是人类不会满足现状，而是永远盼望着发展，这就需要从两方面提高：

一方面是让性本能变得高尚起来。

马克思深刻地指出："性爱是人类保留的最深层次的动物本性。因此，人在性爱上最能表现得不同于动物，也仅仅在深层次有着动物本性，更多的是和动物有着本质不同的一种更高层次的爱。"

怎样让性本能变得高尚起来？教育家苏霍姆林斯基指出："性的本能、传宗接代的本能，是一种非常强烈的自然现象。正是这种本能需要通过一些细腻的关系变得高尚，所以应当在这种本能出现之前就提早开始这项工作。在童年时期，男孩和女孩之间的相互关系越是细致入微，精神关怀越多、越是亲切诚恳，则性本能就会变得越深刻、越高尚。""这样做，是和我们崇高的教育任务一致的。说到底，教育的实质就在于克服自己身上的动物本能并发展人所特有的全部本性。"

和现在有些人津津乐道的"性与爱情分开"的观点相反，苏霍姆林斯基强调："我们认为有必要使男女孩子怀着深深的责任感，去对待他们相互之间的关系。恋爱自由需要最严厉的、最不容忍轻率行为的纪律和自我约束。只有善于把握自己的人，善于用理智控制本能的人，才能得到人类最大的幸福。只有在这样的条件下才谈得上恋爱自由。"①

现代的性爱，有什么标准呢？恩格斯做了这样的分析："现代的性爱，同单纯的性欲，同古代的爱，是根本不同的。第一，它是以所爱者的互爱为前提的；在这方面，妇女处于同男子平等的地位，而在古代，绝不是一向都征求妇女同意的。第二，性爱常常达到这样强烈和持久的程度，如果不能结合或彼此分离，对双方来说即使不是一个最大的不幸，也是一个大不幸；仅仅为了能彼此结合，双方甘冒很大的危险，直至拿生命孤注一掷，而这种事情在古代充其量只是在通奸的场合才会发生。最后，对于性交关系的评价，产生了一种新的道德标准，不仅要问它是结婚的还是私通的，而且要问：是不是由于爱情，由于相互的爱而发生的？"②

另一方面是理解崇高的爱情。

封建社会压抑爱情，注重妇女的三从四德；资本主义社会则把妇女变成商品，日本军国主义把"慰安妇"登记为"军需品"；西方世界有红灯区……孩子们如果接触的是这些两性关系，就根本看不到人类高尚的爱情，他们也就不可能理解爱情的崇高性质，也不可能建立幸福美满的家庭。

在当前，我们必须加强爱情教育。什么是崇高的爱情呢？

"要记住，爱情，这首先意味着对你所爱的人的命运、他（她）的未来承担责任。想借爱情寻欢作乐的人，是贪欲好色之徒，是堕落者。爱情，首先意味着奉献，把自己的精神力量献给亲爱的人，为他（她）创造幸福。"苏霍姆林斯基说，"爱侣之间思想交流的最大乐趣，就是智力和美感的相互充实，逐渐认识和发现所有新的道德品质和美，这其中包含着爱侣之间渴求相互汲取一切美好的东西，并相互奉献。"

爱情关系中的相互奉献，才是幸福的根源。然而，在腐朽思想的侵袭下，一部分人成为拜金主义者，他们公开宣称自己的恋爱观是"宁可在宝马车中哭，也不在自行车上笑"。这些思想情感，在信息时代都会很快地传播到孩子的头脑里。

人的一生中，相伴时间最长、关系最密切、影响最深的，并不是父母和子女，而是夫妻。这种重要的关系，靠什么维系？靠什么持续发展？

苏霍姆林斯基说："要记住，青年人结婚应该是自己爱情的创造者，而不单纯是爱情乐趣的需求者。婚后，创造应该超过需求。如果不经常创造和积累精神财富，生理结合就不能达到高尚境界……"

幸福的婚姻需要爱情的滋养，需要夫妻双方的经营。

---

① 苏霍姆林斯基，育人三部曲［M］，人民教育出版社，1998 年出版：696.
② 马克思、恩格斯，马克思恩格斯全集（第 21 卷）［M］，人民出版社，1974 年出版：80—90.

这个教育，不能等到谈恋爱，甚至婚前才匆忙进行。而应该伴随着人生教育从小就开始进行。

马克思对爱情有两段精彩的论述："……你只能用爱来交换爱，只能用信任来交换信任，等等。如果你想得到艺术的享受，那你就必须是一个有艺术修养的人。如果你想感化别人，那你就必须是一个实际上能鼓舞和推动别人前进的人。你对人和对自然界的一切关系，都必须是你的现实的个人生活的、与你的意志的对象相符合的特定表现。"①

"如果你在恋爱，但没有引起对方的爱，也就是说，如果你的爱没有使对方产生相应的爱，如果你作为恋爱者通过你的生命表现没有使你成为被爱的人，那么你的爱就是无力的，就是不幸。"②

在婚姻和爱情关系中，两个生命的长期相处，是丰富多彩的。爱情是人类最高尚的情感，也是最复杂的情感。在漫长而丰富的家庭生活中，两个人冲突与妥协的博弈过程，充满了悲剧、喜剧，以及各种感人的故事。

所以，所谓的门当户对，其实最终是表现为你想得到信任，你必须信任对方；你想得到对方的爱，就要用爱来交换。你是怎样的一个人，就值得和能够获得怎样的爱情。这里的关键是现实生活里你的愿望和意志，是否与你的实际表现相符合。如果你不幸没有获得爱，那是因为"你的爱就是无力的"。这个"力"当然不是指表面的力度，而是指你全部生命所体现的本质力量的内涵。

（三）中国家庭、家庭教育的特点

1. 有悠久的重视家庭教育的历史

中华民族是最重视家庭教育的民族，"正所谓，'天下之本在国，国之本在家'，家和万事兴。国家富强，民族复兴，最终要体现在千千万万个家庭都幸福美满上，体现在亿万人民生活不断改善上。千家万户都好，国家才能好，民族才能好"③。

从古至今，中国人一向认为教育始于家庭。《周易·家人》中就有关于家庭教育的多种记载，例如"正家而天下定"。西周太任育文王，是世界上最早的胎教典范。最近一位英国学者惊呼：可怕的不是中国这一头"醒狮"，而是一种文化，是延绵了几千年的文化。而这种文化的重要内容就是家庭和家庭教育。

自给自足的农耕生产方式，平静温和的气候，都有利于家庭的发展、家族的延续。"中华文明根植于农耕文明，从中国特色的农事节气，到大道自然、天人合一的生态伦理；从各具特色的宅院村落，到巧夺天工的农业景观；从乡土气息的节庆活动，到丰富

---

① ② 马克思，1844 年经济学哲学手稿［M］，人民出版社，2000 年出版：146.
③ 中共中央党史和文献研究院，习近平关于注重家庭家教家风建设论述摘编［M］，中央文献出版社，2021 年出版：11.

多彩的民间艺术；从耕读传家、父慈子孝的祖传家训，到邻里守望、诚信重礼的家风民俗，等等，都是中华文化的鲜明标志，都承载着华夏文明生生不息的基因密码，彰显着中华民族的思想智慧和精神追求。"[①]

2. "家国同构"的治理形式

"国是最大的家，家是最小的国""家之正则国之定"。这种治理形式，对中国社会的发展起了重要的作用。但是家与国的关系，又是辩证关系。"始于家庭，达于天下"；家庭的前途命运同国家和民族的前途命运紧密相连。老百姓都知道，在关键时刻忠孝不能两全，忠是最大的孝。从古代的"岳母刺字"到当今的"娘送儿子上战场"，都留下了无数可歌可泣的感人事迹。

中华人民共和国成立后，伦理道德的发展经历了三个阶段，即"文革"前20年高昂政治热情、"文革"10年政治取代伦理、改革开放40年以核心价值观引领精神世界的"相互承认"。

在这三个阶段中，国家和家庭两大伦理实体也经历了过渡与统一的过程。家国共生互动成为中国伦理道德发展的根源动力。

"文革"前20年，在"抗美援朝，保家卫国"的动员中，在土地改革和合作化建立公有制的过程中，消除了家庭与家庭、社会成员间的伦理上的不平等，把家庭与国家融为一个整体。

"文革"10年政治取代伦理，"'一大二公''越来越公'在伦理精神上导致的必然后果是对个体及其利益的不承认，消除个体及其谋利活动的伦理合法性"[②]。

改革开放40年，在核心价值观的引领下，家庭与国家、伦理与道德、传统与现代之间的相互承认与文化和解，家庭地位在伦理世界中得到再承认。

3. 以儒学为主的家庭文化传统

儒学主张：修身、齐家、治国、平天下，把家庭放在了重要位置。从过去家庭供奉的牌位上"天地国亲师"，可以看出，家国的重要位置与关系。

在儒学理念中，无论从正面的"家和百业兴""成家立业"，和负面的"败家子""丧家犬""家徒四壁""家丑不可外扬"等都说明了家庭在人们心中的分量。

儒学遗产中精华与糟粕并存。例如：《孝经》作为中国古代儒家教育的核心经典，是"百行之本"，是"德之本"，深受统治阶层重视。统治阶级在强化《孝经》教育过程中，直接影响了士庶之家对子弟教育的重视。而对孝文化，我们要取其精华去其糟粕，批判性地接受。

随着儒学的发展和传播，不同阶层大致形成了三种不同的儒学，即精英儒学、官方

① 中共中央党史和文献研究院，习近平关于注重家庭家教家风建设论述摘编［M］，中央文献出版社，2021年出版：10.
② 樊浩，新中国70年伦理道德发展的精神哲学轨迹与精神哲学规律［J］，江海学刊，2020（5）.

儒学和民间儒学。

精英儒学：是代表一部分知识分子发言，传播了他们对一些根本问题的看法。"儒学承担了宗教的功能，有终极性的人生追求，有一套供人们信仰的价值系统，但它并没有教权组织，也没有神职人员，更没有人格化的最高神，因此不同于西方宗教。"

官方儒学：随着中央集权专制制度的建立，儒学被利用，成为政治统治的工具，于是就产生了官方儒学。官方儒学利用它所掌握的科举考试来选拔人才，并且掌握了儒学经典的解释权。

民间儒学：历代的儒家把自己的信仰和儒学的精神，通过学校、社会和家庭广泛传播，深入广大民众之中。人们不仅在各种大众传媒中时时听到儒学经典的引用，而且在穷乡僻壤，有时候也会听到"三人行，必有我师焉""不孝有三，无后为大"等儒学精华或糟粕的只言片语。

三种儒学，实际上是相互影响，交织发展，成为中华民族精神家园的重要组成部分。其中对家庭教育影响最大的是民间儒学。

马克思曾经说过："当家庭继续发展的时候，亲属制度却僵化起来；当后者以习惯的方式继续存在的时候，家庭却已经超过它了。"[1]

这说明，家庭在社会发展中是一个活跃的成分，继承优秀文化传统，与时俱进，建设有中国特色新家庭，是新一代的任务。

▍二、美育与中国美育

我们要想知道什么是美育，就必须知道什么是美，还需要理解什么是美的本质。提出这个问题，我们已经是在哲学层面的美学范围内进行探索了。虽然会感到有些艰难，但这是必由之路。尤其是在当前，美学界有几个不好的倾向，更加需要我们警惕：一是有些美学研究变成了"自我封闭的知识系统"，"话语变得越发艰涩难懂"；二是放弃了对重大问题的探究，热衷于"身体、欲望、消费、快感的分析"；数字文化提供了强刺激，具有强大吸引力的海量信息，导致了审美危机；三是人民群众本应该是审美的主体，在新的技术条件下，人们变得非常被动。[2]在这个时代背景下，我们必须结合家庭美育，坚持美的敬畏感和神圣性，对最基本的理论观点展开探索。

什么是美？对这个问题的回答，是世界上最丰富的，然而至今没有统一的概念表述。不过，在这些智者多种多样的回答中，我们仍然可以受到启发，从中悟到一些真谛：

---

[1] 马克思、恩格斯，马克思恩格斯选集（第4卷）[M]，人民出版社，1972年出版：25.
[2] 参考了周宪，美学及其不满 [J]，文学评论，2020（6）.

"美是生活。"（车尔尼雪夫斯基）

"有用就美，有害就丑。"（苏格拉底）

"美是难的。"（柏拉图）

"美是一种价值。"（乔治·桑塔耶那）

"美不是历史的点缀，而是历史的概括。"（余秋雨）

"美是为人的幸福才存在。"（王小波）

"美是模拟，亦即美是生活或生活的再现。"（李泽厚）

"美就是和谐。"（毕达哥拉斯）

"审美带有令人解放的性质。"（黑格尔）

我们还可以接着说：

"美是最自由的。"

"没有美就不能走向高尚。"

……

（一）什么是美？

美是什么？"美"，人们在生活中常常提到，它实际上有三层含义。

第一层，美就是直接指美的对象。把"美是什么（性质、本质）"看成"什么是美"。比如，一处风景、一幅油画、一张美丽的面孔。

第二层，指审美性质。指一个事物的美，是由客观具有的性质、因素、条件等构成的，比如，"黄金分割"让人感到美；西方人认为洁白的婚纱象征着纯洁，是为美（而东方人却认为白色象征着死亡和不祥），而东方人认为红色象征着大吉大利，是为美（而西方人则认为红色象征着凶杀，是表示存在危险的信号）。这和东西方民族在长期的历史发展中，各自的劳动实践、生活实践不同有关，是人类心理和外界事物的"同构对应"，即"外在对象和内在情感一致合拍"的表现。

自然形式与人的身心结构发生同构对应，便产生审美感受，但是为什么动物就不能呢？其根本原因就在于人类有悠久的生产劳动等社会实践活动作为中介。人类在漫长的制造工具、使用工具的实践中，将劳动生产作为运用规律的主体活动，日渐成为具有普遍的、合规律的性能和形式，进而逐渐熟悉、掌握、运用各种自然秩序、形式规律，因此使这些东西具有了审美性质。

第三层，指美的本质，即美产生的根源，从根源上搞清楚美是怎么来的，怎么产生的。

（二）美的本质

历史上，关于美的本质的问题一直存在着两种对立的观点：一种是在物质世界的自然属性中去寻找美的"客观美论"；一种是在人们的主观意识中去探求美的"主观美论"。然而这两种观点都是片面的。

"客观美论"是不对的，因为在人类诞生之前物质世界是荒凉的，如果没有人类的实践参与，这个世界无所谓美还是不美；同样，"主观美论"也是不对的，人类的主观意识再发达，如果从来不去和客观世界产生联系，只在那里空想，也不可能产生美感。

美的本质，产生于改造自然、生产实践的过程之中。

所谓美，就是在实践创造的基础上，体现了人的本质力量并且有积极意义的生活形象。建筑工人欣赏自己建造的高楼大厦，农民欣赏自己辛勤培育的庄稼，艺术家欣赏自己呕心沥血孕育的作品，教师欣赏通过自己循循善诱而主动发展的学生，家长则更是欣赏自己千辛万苦拉扯大的孩子，学生欣赏通过自己艰苦努力得到的进步，就都是对美的欣赏。如果人生只有残酷的应试竞争，没有创造性的实践，没有同别人的和谐合作，那人就感受不到美，更谈不上美好的一生。

黑格尔还有过一个生动的比喻：一个小男孩把石头抛到河水里，以惊奇的神色去看水中所现的圆圈，觉得这是一个作品，在这作品中他看出他自己活动的结果。

因此，人的本质力量的对象化，就是美的本质。

（三）美的来源

美学家李泽厚说："我主张用马克思'自然的人化'来解释美的问题，认为人类的实践才是美的根源，内在的人化是美感的根源。"

美，必须有形式，"无论哪一种美都必须有感性自然形式。一个没有形式（形象）的美不是美。这种形式就正是人化的自然。""自由的形式就是美的形式。就内容而言，美是现实以自由形式对实践的肯定，就形式而言，美是现实肯定实践的自由形式。所以美是自由的形式。"[1]

人类在长期改造世界的过程中，也同时改造了自己，哲学把它称之为人化自然。人化自然包括两方面：

一是客观环境被人类改变。

在没有人类之前，世界是洪荒一片。通过人类百万年的实践，现在地球上不仅有高楼大厦、园林和良田，更有飞机、轮船和宇宙飞船。文化，即是人化。人类在地球上创

---

[1] 李泽厚，华夏美学·美学四讲［M］，生活·读书·新知三联书店，2008年出版：279.

造了博大精深的文化，不但有物质文化，还有精神文化。

二是人类自身，这个自然物体，也逐渐被改变了。

人类"五官感觉的形成，是以往全部世界历史的产物"。人类的感觉器官，经过了百万年的实践活动，本质上已经和动物的感觉器官不同了。

在马克思看来，美学本质上是一门"历史的"科学。从某种意义上说，领会了"美"得以展开的历史条件和历史表征本身，也就理解了"美"的本质。马克思的理由是"只是由于人的本质的客观地展开的丰富性，主体的人的感性的丰富性，如有音乐感的耳朵，能感受到形式美的眼睛，总之，是那些能成为人的享受的感觉，即确证自己是人的本质力量的感觉，才一部分发展起来，一部分产生出来……五官感觉的形成是以往全部世界历史的产物。是实践改变了人类的心理结构。""艺术对象创造出懂得艺术和具有审美能力的大众。"

实践改变了人类的心理结构。文化对心理产生影响——人作为感性的个体，在接受围绕着他的文化作用的同时，具有主动性。个人是在与这围绕着他的文化的互动中，形成自己的心理，其中包括非理性的成分和方面。这就是说，心理既有文化模式、社会规格的方面，又有个体的独特经验和感性冲动的方面，这结构并非稳定不变，它恰恰是在动态状况中。每个人的心理结构不同，接受的文化教育也不同，因此每个人的审美态度也各自具有特点。

人类通过百万年的实践，有了丰富的文化积淀——这也是美产生的根源。

整体上，心理学家阿德勒称人类的这种文化积淀为"集体无意识"；而个体心理上的文化积淀，就是李泽厚指出的：它是审美的心理基础。人类的这种文化积淀能不能遗传呢？人的社会性心理能不能遗传呢？马斯洛认为，社会性心理的遗传表现为"似本能"，"似本能"的遗传能力比较弱，如果后天的教育、影响跟不上，这种"似本能"还会丢失。例如一岁多的孩子，就能够初步掌握语言；但是，如失掉必要的语言环境，如狼孩，即使有语言的遗传，他最终还是不能掌握人类语言。

那么审美心理结构能不能遗传呢？古典艺术，为什么还能感染当代的人呢？当我们听到一曲古乐，看到一幅古画，有时候会怦然心动，那是因为我们的心理结构中隐藏着祖先的体验。心理结构浓缩了人类历史文明，艺术作品则是打开了时代魂灵的心理学。

当然，这些还只是聪明的猜测，需要通过脑科学、心理科学进一步的发展来证明。

生产劳动不仅仅创造了人类的感官，更重要的是创造了能够按照美的规律来构造人生，改变生活环境。"动物只是按照它所属的那个种的尺度需要来构造，而人懂得按照任何一个种的尺度来进行生产，并且懂得处处都把内在的尺度运用于对象；因此，人也按照美的规律来构造。"①

---

① 马克思，1844 年经济学哲学手稿［M］，人民出版社，2000 年出版：58.

（四）美的规律

自从马克思提出"人也按照美的规律来构造"之后，人们对美的规律的探索越来越多。现在，我们有条件站在前人研究的基础上，对美的规律是什么，试着找出一个初步答案。

美的规律，来自美的本质，是人的本质力量与对象化本质，以及两者之间的稳定的联系。因此，要想知道美的规律，就需要先来分析这两方面，以及两者之间的稳定联系。

首先，人的本质力量是什么？人的本质力量分为三个层次：一是人性（即非物性、兽性、神性）；二是劳动和社会关系的总和；三是人的本质力量的最高层——主体性（能动性、自主性、目的性）。

对象化本质是什么？就是指劳动的实现、劳动物化在对象之中："劳动的产品就是固定在某个对象中、物化为对象的劳动，这就是劳动的对象化。"

其次，来分析两者之间的稳定联系。

马克思说："人也按照美的规律来构造。"这个"也"字说明，人类改变世界，美的规律并不是唯一的规律。美的规律和其他生产劳动的规律、认识的规律是相辅相成的关系。

美的规律具有自己的特点：

第一，美讲究形象、形式。"……'美'具有一定的客观性质和形式规律。……所谓'按照美的规律来造型'，也确乎包含有这一层含义在内。"[1]"被人类改造了的世界客观现实存在的形式，便是美。所以，是'按照美的规律来造型'。"[2]"……美，都必须有感性自然形式。""一个没有形式（形象）的美那不是美。"[3]"美离不开形象。"[4]

而表达形式的方法则是自由的。"美是自由的形式。"[5]"美不是别的，就是现象中的自由。"[6]"苏格拉底曾经公开讲过，给美下定义是特别难的。不过很多美学家都赞成，美与自由有内在联系。"[7]

第二，人通过实践，体现了自己的本质力量、生命的力量，因此人会感到高兴、快乐、愉悦、有乐趣。马克思曾说过："我的劳动是自由的生命表现，因此是生活的乐趣。"[8]美感就是人在创造性活动中表达各种本质力量，能够发挥作用的乐趣。

因此，通俗地说，美的规律一方面要符合以下四点：一是人的本质力量（人性、劳

① 李泽厚，华夏美学·美学四讲［M］，生活·读书·新知三联书店，2008 年出版：272.
② 李泽厚，华夏美学·美学四讲［M］，生活·读书·新知三联书店，2008 年出版：278.
③ 李泽厚，华夏美学·美学四讲［M］，生活·读书·新知三联书店，2008 年出版：279.
④ 苏霍姆林斯基，育人三部曲［M］，人民教育出版社，1998 年出版：33.
⑤ 李泽厚，华夏美学·美学四讲［M］，生活·读书·新知三联书店，2015 年出版：261.
⑥ 席勒，席勒经典美学文论［M］，生活·读书·新知三联书店，2015 年出版：34.
⑦ 檀传宝，美学是未来的教育学［M］，华东师范大学出版社，2015 年出版：82.
⑧ 马克思，1844 年经济学哲学手稿［M］，人民出版社，2000 年出版：172.

动与社会关系总和、主体性）；二是通过实践施加在对象世界上；三是通过自由、创造的形式（形象）；四是让人感到愉悦、快乐。

另一方面，美的规律是这四点之间的稳定联系。

具体表现在：你有什么样的人的本质？（例如具有什么层次的主体性——是幼儿还是成人？）进行什么样的劳动实践？（例如开辟"美丽角"还是盖楼房？）以什么样的形式？（是插花，制作盆景，捏泥人，砌砖墙？）作用于什么样的对象世界？能够得到什么样的愉悦、快乐？

一个孩子做泥塑，要在他的作品中看到自己的本质力量，他必须尊重客观事物的尺度（如泥的特点），又要发挥自己的主动性、创造性，采取一定的形式（浮雕或者立体塑像），把自己的想法融进对象世界（泥塑作品）中，从中得到美的享受，自己感受到愉悦。这就是美的规律。

▍三、中国美学和美育特点

中国的家庭产生在中国的土壤上，中国家庭美育源自中国的文化传统。要想认识中国家庭美育的特点，必须从了解哲学层面的美学和教育层面的美育发展史入手。

中国各个时期美学、美育的发展状况，表明了它既有源远流长、底蕴深厚的重要特点，又有吸收融合、与时俱进的重要特点。

（一）道家美学开创人——老子

先秦是中国美学发展的第一个黄金时代。

老子开创了道家美学传统，是中国古典美学的意象说、意境说的源头。"天下皆知美之为美，斯恶已；皆知善之为善，斯不善已。"

（二）孔子开创儒家美学

孔子曰"尽善尽美"；孟子曰"充实之谓美"；荀子曰"不全不粹之不足以为美也。"

儒家美学的特点是美善合一，认为好的才是美的，经常是把美与好结合起来进行评价——美好，特别推崇人与人之间的美好关系。

儒家美学与生命哲学密切相关（伦理，与家庭关系密切相关）。

（三）战国时期《易传》的生命哲学和生命美学

《易传》是战国时期的儒学经典，这个时期产生了"意象说"。

（四）庄子的"逍遥游"美学

庄子所谓的"天乐"也就是与"天"（自然）同一，与宇宙合规律性的和谐一致。"庄子帮助了儒家美学建立起对人生、自然和艺术的真正的审美态度。""生活上与自然界的亲近往来，思想感情上与自然界的交流安慰，人格上与自然界相比拟的永恒形象。"①

（五）魏晋南北朝是中国美学发展的第二个黄金时代

在玄学的影响下，魏晋南北朝美学家提出了一大批美学范畴和观点，如"气""妙""神""意象""得意忘象""气韵生动"，等等，对后世都产生了深远的影响。

（六）唐代形成了美学的意境理论

唐代柳宗元曾经提出"美不自美，因人而彰"的重要观点；形成了美学的意境理论，也是唐代在美学发展上重要贡献。

（七）清代是中国美学发展的第三个黄金时代

王夫之的意象美学，继承了道、禅精华，提出了一系列深刻的美学命题。

（八）近现代中西融合

近现代，梁启超、王国维、蔡元培试图把中国美学与西方美学结合起来；现代，朱光潜、宗白华等人推动中西方美学进一步融合。

（九）当代中国，两次美学热

一次是二十世纪五六十年代，一次是八十年代，进行了两次美学大讨论。两次讨论

---

① 李泽厚，华夏美学·美学四讲［M］，生活·读书·新知三联书店，2008年出版：97，117.

繁荣了学术界，逐步产生了实践美学、生命美学、生态美学、身体美学、生活美学等一系列学派。

（十）1979 年后

1979 年后，美育地位不断提高，逐步确立了"德智体美劳"的教育方针。中央多次发指示确立了美育的重要地位（国务院办公厅《关于全面加强和改进学校美育工作的意见》国办发〔2015〕71 号）。中国是研究美学设立学科及研究学者众多的国家之一。

▌四、中国家庭美育的特点

中国的哲学、中国的文化有自己突出的特点，也自然形成了中国家庭美育的重要特点。

（一）崇拜生命

中华文化中不崇拜虚无缥缈的神，而是崇拜活生生的、与自己和家庭休戚相关的生命，崇拜曾经和自己共同生活的长辈，怀念世世代代存在过的祖先，珍视与歌颂生命之美。

1. 崇拜生命的诞生

添丁进口是中国家庭的大事。在周朝，中国就有了世界上最早的胎教，用内敛、优美的文化，保证成功地孕育健康的新生命。家庭往往以最隆重的礼仪来迎接新生命的诞生，用鞭炮锣鼓和逐门报喜的形式，让更多的人感受到"同喜同美"的幸福。

2. 崇拜生命的发展

用"坐月子"保证母子的健康；用"办满月"激励生命的成长；用"抓周"寄托对孩子的期望；用取名字的方法，期待孩子健康成长（有的家庭用寓意深远的字给孩子起名，如浩、宇；有的家庭用难听的小名——屎蛋、狗剩，来保孩子周全）；中国人十分重视孩子的启蒙教育。

3. 崇拜生命的繁衍

儒家美学表现出对生命的赞美和对生命的繁衍、多子多孙的重视。原始社会有把鱼、蛙这种产子众多的物种作为图腾，作为装饰图案艺术，也体现了对生命美的崇拜。

多子多孙、五世同堂这一类画作经常出现在家庭装饰中，寄托着人们对生命不断繁衍的愿望。

（二）美善合一

1. "美"与"好"不可分

法西斯匪徒在集中营的焚尸炉前拉起了小提琴，演奏西方古典名曲，中国人对这种孤立的、抽象的所谓的"美"是绝对不能容忍的。

中国人认为好的事情一定是美的，美的事情一定是好的。不道德的事情、不善良的人，一定是不美的。在中国人民心目中"最美"的人，首先是心灵美。

在 1993 年郭店出土的楚简中有"皆知美之为美也，恶已"（可直译为"当天下所有人，都能把美的事物确信为美的时候，恶就停止了"。）2300 年前《郭店老子甲本》是把美与恶相对，可见那时候就已出现美中有善的思想。

中华美学的主流是真善美的统一论。组成真善美在审美和艺术中的贯通升华，是中国现代美学最为基本的重要理论主张之一。梁启超说过"情感的本质不能说他都是善的，都是美的"，艺术的价值就在于既表现移情，使个体的纯情得到传达与沟通；也提情炼情，使个体的真情往高阶纯挚提挈，从而对艺术情感表现提出了鉴别提升的要求，即原生态的生活情感不一定都适宜于艺术表达，而应该既体验把握"真"情感，又提升表现"好"情感，这样"才不辱没了艺术的价值"。

2. 人际关系美

对生命的崇拜，对美善合一理念的认可，很自然发展到对群体美的追求，对人际关系中和谐美的追求。尤其是当中国人在谈到自己的时候，会情不自禁地联系家庭。

3. 走向"美情"

"美情"是"常情"的美学提升。"美情"是养成的，创生的，不是现成的。从民族美学的美趣意向来看，"美情"主要具有挚情、慧情、大情、趣情等重要的美质特征。

"美情"凸显了审美活动的人学向度，也是中华美学贡献于世界美学和人类精神宝库的独特财富之一。通过美情来观审、反思、提升，来照亮、批判、建构，走向生命、走向生活、走向艺术、走向一切创造和欣赏的实践，美情是人完成和实现自身的必由之路。

（三）追求境界

中国家庭美育另一个特点是追求境界。境界是由意象、意境深化而形成的。

"意象"是中国传统美学的一个核心概念。中国传统美学认为审美活动就是要在物理世界之外，构建一个情景交融的意象世界。没有心灵的映射，是无所谓美的。美（意象世界），不是一种物理的实在，也不是一个抽象的理念世界，而是一个完整的、充满意蕴、充满情趣的感性世界，这就是中国美学所说的情景交融的世界。

《周易·系辞上》说"立象以尽意"，这就是"意象"的词源。"意"就是主体特征，

"象"就是客体特征，"象"是看得见的，"意"是看不见的，意在象中，意为象主。王国维总结为"一切景语皆情语"。

"寒雪梅中尽，春风柳上归"，这里的意象充满了情感的选择和排除的魄力。在散文作品中可以称细节，而在诗歌中则叫意象。因为其中不但有极其精炼的"象"，而且有极其独特的"意"。

除了"情景交融"，古典诗词的另一个艺术境界叫"无理而妙"。"早知潮有信，嫁与弄潮儿"，以为其好处是："荒唐之想，写怨情却真切。""翻得奇，又是至理"，这就隐约提出了理论上的"情"与"理"的关系，于情"真切"，乃为"至理"，但又是"荒唐之想"。无理而妙，超越通常的"理"，"无理之理"，才是"妙语"。

关于意境，"意就是情，情的特点就是动。情在动中把意象贯穿起来，统一为有机的结构，这就是意境"。

中国家庭美育追求境界，不满足于一个现实的世界，而是体验的世界。这个体验的世界，既有景又有意，不但有对外界的体悟，更有发自内心的追求和愿景，这就是境界了。探索人生的意义，就是要提升人生的境界。

第二章
家庭为美育奠基

美育在中国有悠久的历史。中国是爱美的民族，从诗词歌赋，到音乐、美术、舞蹈、武术等，方方面面都有丰富的遗产。审美的发生大致是在 2—7 岁，而这个阶段的孩子主要生活在家庭中。但遗憾的是，美育理论上的探索，尤其是幼童早期在家庭中的美育，还比较薄弱。

这么重要的时期，美育研究为什么跟不上？甚至广大人民在认识上大多还是一片空白。造成这种现象的原因，除了对美育的认识不够外，还有一个重要的客观原因，就是每个人 5 岁前的记忆基本上都消失了，成人通常无法总结自己的体会，因此常常对幼童不理解、不尊重。由于用成人的眼光看待孩子，在家庭教育上常常会发生许多严重的误会。

■ 一、家庭是美育之根

（一）扣好第一粒扣子——家庭教育具有基础性

习近平总书记对青年人的价值观打了形象的比方："这就像穿衣服扣扣子一样，如果第一粒扣子扣错了，剩余的扣子都会扣错。人生的扣子从一开始就要扣好。"[①]

如何扣好第一粒扣子？

从内容上说，家庭要想打下生存、生活、发展的基础，关键是处理好各种关系——人与大自然的关系、与他人的关系、与社会的关系、与自我的关系。

---

① 中央文献研究室，十八大以来重要文献选编［M］，中央文献出版社，2016 年出版：6.

从方法上说，通过在家庭这个"细胞"建立起各种关系的亿万次的交往中，从生命、情感、思维、价值观等方面，开展体育、美育、智育、德育、劳动教育，培养全面发展的人。

人类进行两种生产：社会的大生产和家庭内人的生产。家庭内人的生产，不仅是繁衍下一代，更重要的是培养其发展成长。在成功的家庭生活中，两代人（或几代人）的交往中，互相影响得到肯定。父母教育孩子，孩子身上产生的变化，就是父母个性对象化的表现。反过来，孩子孝敬父母，父母受益，也是孩子个性对象化的表现。因此，在家庭内人的生产中双方都得到了肯定。这就是马克思说的："假定我们作为人进行生产，在这种情况下，我们每个人在自己的生产过程中，就双重地肯定了自己和另一个人。我在我的生产中，使我的个性和我的个性的特点对象化。"[1]

这个过程也是双方获得美感的过程，一方面享受生命的价值，另一方面可以在自己能够掌控的产品中，感受到乐趣——一种美的愉悦。这也正如马克思所说的："我既在活动时享受了个人的生命表现，又在对产品的直观中，由于认识到我的个性是对象性的、可以感性的直观的，因而是毫无疑问的权利而感到个人的乐趣。"[2]

这种美，来自相互创造，来自相互满足需要。当然，父母创造的产品，必须是符合孩子成长的本质需要。（例如在孩子需要发展想象力的时候，父母决不能强迫孩子去死记硬背抽象化的应试教育的例题，而应读绘本，讲童话故事。）这就是马克思说的："在你享受或使用我的产品时，我直接享受到的是：既意识到我的劳动满足了人的需要，从而使人的本质对象化，又创造了与另一个人的本质的需要相符合的物品。"[3]

更重要的是，通过家庭生活中的相互作用，双方都体现了个人的人的本质和人类的社会本质。在家庭生活中，相互的思想交流和情感的交融，更加真实而强烈。父母精心选择了故事，讲给孩子听；孩子理解了，变成了自己的动力。这时候不但凸显了每个人的主体力量，也表现出家庭共同体是社会细胞，反映了个人和社会本质。这就是马克思说的："对你来说，我是你与人类之间的中介，你自己认识到和感觉到我是你自己本质的补充，是你自己不可分割的一部分，从而我认识到我自己被你的思想和你的爱所证实。在我个人的生命表现中，我直接创造了你的生命表现，因而在我个人的活动中，我直接证实和实现了我的真正的本质，即我的人的本质，我的社会的本质。"[4]

（二）美育是基础

人生的扣子怎样从第一粒开始就扣好呢？这取决于这个家庭的文化生态建设，取决于是否从小培养孩子的自我教育能力。苏霍姆林斯基指出"美是进行自我教育最重要的

[1][2][3][4] 马克思，1844年经济学哲学手稿［M］，人民出版社，2000年出版：184.

手段"，这又决定了美育是家庭教育的基础。

1. 美能够解放思想、开启心灵

许多人都知道"真正的教育是自我教育"，但是自我教育并不容易进行。俗话说"装睡的人永远叫不醒"，不能激发孩子进行自我教育的教育，绝不是真正的教育。这从反面说明，进行自我教育必须开启心灵。开启心灵，进入心灵，让孩子发现自我，才有自我教育的基础。

为什么美能够开启心灵？因为美是最自由的。在美的世界里，没有那么多条条框框，更没有禁忌和枷锁。如每个人可以喜欢不同的颜色，有一个孩子表示他最喜欢黑色，不能说他不懂美。美可以自由地想象。一个小圆点，孩子可以发挥自己的创造性，天马行空地想象出许多美的形象：太阳、肥皂泡、珍珠……美没有终点，一个人随着阅历的增加，会发现和想象出越来越美的东西。随着自身的发展，人类对美的创造是没有止境。

2. 幼童的思维发展得益于对美的敏感性、细腻性

幼童有很强的敏感性，尤其对色彩鲜明、旋律动听、形象生动的美好事物和外界刺激十分感兴趣。"幼童了解世界，是以形象思维为主，自然对美——这种形象为重要特征，我益发确信，形象地观察世界，力图用语言表达对美的感受——这就是幼童思维的核心。幼童的思维是艺术的、形象的、饱含情感的思维。要想让孩子变得聪明伶俐，就要让他享受到艺术地观察世界的幸福。"[1]

幼童通过对美的感知、理解，使思维迅速地发展起来。当家长带领孩子观看天空变幻莫测的云彩的时候，孩子开始是震惊，接着是想用各种词语表达自己的赞美和思考，思维的发展就在悄悄地进行。"美与活跃的思想犹如阳光与花朵一般，是有机地联系在一起的。诗的创作始于目睹美。大自然的美能锐化知觉，激发创造性思维，使言语为个人体验所充实。"[2]

3. 情感的发展要与审美结合

早期教育要及时抓住敏感期，抓住善良情感的修养，避免时过境迁。"善良情感、情感修养——这是人性的核心。如果在童年培养不出善良情感，那就永远也培养不出来了。人在童年时期应当经历一个培养情感的学校——培养善良的学校。"[3]

"感情丰富是受过德育和美育的人所特具的品性，这一品性表现在他的心灵易于领会善意的话语、教导、忠告和赠言……想使您的学生渴求善良，那您就要把幼小的心灵培养得细腻和富有感情的敏感性。"[4]

作为进行情感教育、审美教育和道德教育的一种手段，大自然的美只有在对人的个

---

[1] 苏霍姆林斯基，育人三部曲［M］，人民教育出版社，1998 年出版：88.
[2] 苏霍姆林斯基，育人三部曲［M］，人民教育出版社，1998 年出版：50.
[3] 苏霍姆林斯基，育人三部曲［M］，人民教育出版社，1998 年出版：64.
[4] 苏霍姆林斯基，育人三部曲［M］，人民教育出版社，1998 年出版：203.

性施加精神影响的所有手段普遍和谐的情况下，才能起作用。对于孩子来说，大自然首先是培养审美知觉修养的学校。大自然的美能培养细腻的情感，帮助孩子感觉到人的美。

4. 最终发现美的自我

美育的最终目的，是通过自悟发现自身的美。通过美，引导孩子认识世界，认识自我。"小孩在发现自己周围的美，并对这些美而感到非常兴奋、赞叹的时候，这宛如在照镜子，会观察到人的美。孩子对美的这种感受越早，对美的惊奇越精细，他的自尊感就越高。"① "为创造美而进行劳动，能使年幼的心灵高尚起来，能预防冷漠情绪。孩子们在创造大地上的美的过程中，自己也就变得更美好、更纯洁和更可爱。"②

在人们所创造的世界中，当看到和感觉到自身美的时候，就进入了自我教育。

在家庭早期美育中，审美过程的五个主要因素：感知、情感、想象、理解、自悟，都发挥了重要作用。家庭美育实际上是与自我教育、情感教育、智育、道德教育融合进行的。所以"扣好第一粒扣子"取决于包括家庭美育在内的家庭的文化生态建设。

（三）不重视美育——缺了一半的教育

该问题的严重性在于，目前进行的真善美教育只热衷于所谓的真，实际上又只热衷于知识（更有甚者只热衷于分数），忽略了美。美育不仅应该是教育的重要部分，更应该是教育的基础。

全世界注意的重心都是儿童的"认知"。即使如皮亚杰，在他的《发生认识论》《儿童心理学》等著作中，思考的重心也还是认知。研究儿童心理的发展，也是研究"完整的逻辑思维，在幼童中的发生和发展"③。

而马克思对这个问题的理解则十分全面清晰。认知和美，两者是相并列的。例如在《1844年经济学哲学手稿》中他写道："劳动生产了智慧"，同时"劳动生产了美"。在人的意识中，大自然"一方面作为自然科学的对象"，"一方面作为艺术的对象"。马克思说："人也按照美的规律来构造。"请注意，这个"也"字强调了人不仅仅按照认知的规律来构造。应该说，缺了美，人的发展就缺了半壁江山。

1. 审美的地位

"审美，不仅不同于认知，而且，它应该是与理性把握相并列的、相辅相成的、居于同等地位的精神方式，如果不说它是一种更根本也更重要的方式的话。"④ 的确如此，因为人从小开始打根基的是情感与美；而美又涉及价值体系，对人的成长更为重要。

---

① 苏霍姆林斯基，苏霍姆林斯基选集（五卷本）第二卷［M］，教育科学出版社，2001年出版：193.

② 苏霍姆林斯基，育人三部曲［M］，人民教育出版社，1998年出版：239.

③ 刘绪源，美与幼童［M］，江苏少年儿童出版社，2014年出版：5.

④ 刘绪源，绘本之美［M］，明天出版社，2016年出版：125.

苏霍姆林斯基在《学生的精神世界》里说道:"毫无疑问,一个人美感和情感的发展在很大程度上取决于儿童时期对审美能力的培养。鉴于这种情况,我们竭力使儿童易于理解和接受的大自然、周围环境、诗歌、造型艺术、音乐的美,在儿童的记忆中留下深刻的印象。"

2."立美"应该提出来

人类不仅要认识世界,更重要的是改变世界。人类对待美,不应该仅仅是发现美、欣赏美,进行审美,更重要的是表达美、创造美。立美就涉及自我表达和自我创造。审美的发展与自主性同步,其中就是立美在发挥作用。

审美加上立美才是"美"。中国的人类学学者费孝通,曾经成功地用16字箴言,表达了他的"审美"观——"各美其美,美人之美,美美与共,天下大同"。

▌二、家庭中的美育怎么开始

皮亚杰考察了"认识的发生",根据学者刘绪源的主张,我们还要考察"审美的发生"。从婴幼儿阶段开始,把人的发展的另一半江山补上。

我想同时强调的是:认识的发生,审美的发生,都离不开自我意识的发生,应该结合起来研究。杨丽珠等学者对幼童自我意识情绪的科学研究是美育研究的重要依据。例如"婴儿自豪在27—32个月发生,随着月龄的增长,发生人数逐渐增多;婴儿自豪发生普遍月龄为29个月"。自豪被定义为,对自己所做的努力和取得的成就,感到满意的状态。这是一种愉悦感,一种发现自我力量的愉悦感。这种情感正是美的规律中所指的"发现自己本质力量"。一个2岁的孩子想用筷子把面条夹到自己嘴里,经过多次失败,终于成功了。成人没有理睬,但他自己快乐地拍手。这个过程里就有美的因素。应该说,这种带有美感体验的发现自我,更有力量。

(一)节奏:最初的审美体验

审美是怎样发生的?首先需要了解皮亚杰的"图式"。通俗地说:它大致是指一种架构或者图样、蓝图。图式的作用是什么呢?皮亚杰说:"人的新知识并不纯粹是外来的,不是外面来什么就接受什么。而只能是原有图式的分化,人是在不断分化中扩展自己的认识的。"

节奏,就是一种图式。只不过,它和皮亚杰说的认知图式不一样。节奏是审美的图式——它只是形式,无关内容。

节奏，包括哲学中的秩序和心理学中的秩序感，存在于宇宙各处。

刘绪源认为节奏是"审美的发生"，是最初对美的体验。孩子都喜欢儿歌，"小老鼠，上灯台。偷油吃，下不来。喵喵喵，猫来了。叽里咕噜摔下来"。它的内容不是主要的，关键是有节奏、押韵、有重复。再比如，很多孩子总喜欢数栏杆，或者数一棵棵树；好吃的东西，也要从小到大（或者按照好吃程度），在桌子上排列起来，这也是一种节奏感。这时候，节奏作为"半壁江山"，审美已经和认知并列了，甚至优于认知。这一点太重要了，节奏是孩子对美的最初体验，它关系以后一生的健康发展。不止如此，其实世界是有规律、有秩序的。春夏秋冬，日出日落；人类的集体劳动，通过"劳动号子"有节奏的声音和动作，获得了效率，也获得了美感。很遗憾，对有节奏感的童谣童话，对节奏变成形式感的潜意识等，当前相当多的人还没有意识到它的重要性！当代的家庭教育务必从童谣开始，建设好美育这"半壁江山"。

刘绪源多是从听觉谈到幼童的节奏感，实际上幼童也会从视觉上形成节奏感——例如二方连续图案。

图 2-1 二方连续图

只要是有节奏、押韵、重复，这种形式，都具有审美性质的体验，对孩子日后的发展至关重要。因为这里不但有节奏，有押韵，有重复，是美感；而且可以预期的重复，又会使孩子对自己的预测能力产生自豪感。

"幼童为什么最爱看幼童，而不爱看熟悉的环境？"我理解，这种表现是情感，而不是认知。虽然情感包含最初步的认知，但是它够不上认知，它没有认知不可缺少的逻辑性，它不是从知识出发，而是从情感出发的——情感早于认知的出现。

情感是审美的重要因素。幼童的表现，尤其在开始的时候，更多的是出于情感。因此，只有从幼童角度深入，才是真正的美学研究。

（二）从童谣到童话，保留了"形式感"

童谣的特点是讲形式，重节奏，重音节。"形式"是美的要素之一。马克思所强调的美的规律中的四个要素，其中形式、形象是必不可少的。缺少了形式、形象，就与美无关了。

"幼童到 2 岁左右，就不满足于光听儿歌，要想听一些相对复杂的童话故事了。这时候，节奏的因素仍在，它仍然是幼童心理发展的重要的形式。"[1] 当然，严格地说，节奏仍是"前审美"。

"低幼年龄段阅读的童话，其中重复的句子、段落和内容特别多，这几乎是一个不能没有的特点。"[2]《格林童话》中的《灰姑娘》就是这样，重复中有推进，这也是一种节奏。

"当节奏不再直接控制幼童的心理过程的时候"，节奏开始松开，这时候幼童的情感开始生成，开始了完整的"美"。所谓松开，最主要的是幼童不再单纯关注节奏，而注入了情感等更多的内容，把节奏变成了一种精神活动的图式，开始变成了审美。

"节奏所带来的审美形式出现分化，形式变得多样起来。""情感与形式"是审美的两大要素。随着幼童心理的发展，从童谣到童话，它的节奏"松开""调整"了，于是变成了内心的"形式感"，并且跟随人的一生，成为推动人心理发展的持久力量。

这个"调整"相当重要，因为"它的性质就发生了变化，不再只是一种动作的起伏和律动，而成为一种情感和思维的线索，或者还是说'形式'吧"。

这个"形式""形式感"又比较难懂，和我们日常理解不完全一样。所谓"形式"，是承载内容的一种心理活动中的架构。它渗透在思维习惯中，就像一年四季这些规律一样。孩子从内心期盼着童话中有重复、有惊喜；文章中有起承转合；事情有开头、发展、高潮、结尾。这就是渗透在内心的审美习惯。有了这种审美习惯的人，就能够品味、享受符合这类形式里的丰富内容，也会创造符合美的规律的作品。

掌握了这种"形式感"，就会发展孩子的主体性。因为孩子感到了自己是欣赏和创作的主人。读童谣时，他能够预料惊喜在什么时候出现，然后果然出现了。这就是马克思所指出的"因为我的对象 [3] 只能是我的一种本质力量 [4]"的确证。

（三）人类的本质是不断超越

"复演说"指出胎儿期是生物史的复演；童年期则是人类文化史的复演。"复演说"

---

[1] 刘绪源，美与幼童［M］，江苏少年儿童出版社，2014 年出版：34.

[2] 刘绪源，美与幼童［M］，江苏少年儿童出版社，2014 年出版：35.

[3] 在这里指孩子所朗读的童谣。——作者注

[4] 指孩子自身的主体性。——作者注

虽是一种假说，但有一定的合理性。原始人用手语表达，和幼儿行为相似。从童谣到童话，从韵文到散文，既是人类文明的发展，也是幼童心理的发展。重要的是，无论哪一种发展都有审美在其中。

孩子从感受妈妈的呼吸、心跳，到发现自己的呼吸、心跳；从身体层面发现了自我呼吸、心跳的节奏，得到了审美的形式感。周作人写道："……弄儿之歌，先就幼童本身，指点为歌，渐及于身外之物。北京有十指五官及足五趾之歌……"通过这种触及五指、五趾的有节奏的儿歌，孩子不仅获得了快乐，还感知了自己的身体，也有助于在身体层面发现自我。婴儿爱用嘴咬各种东西，当咬到自己的脚趾头时，感觉痛了，会知道这是自己的一部分，这也是发现自我。但却不如读儿歌时，用指头触及身体某一个器官更加快乐——因为这里有美了。这时候，孩子的自我也和认知、审美一起同步发展。通过"调节"，节奏"松开"，"情感"加强，是因为孩子越来越想"表现自身"。

一个人为什么要急于表现自身？马克思在他的著作中做了理论分析——在现实中，而不是在抽象的想象中，每个人必然和别人同时存在，共同生活，因此他总是"受动"（人不是孤立存在，而是和其他人发生各种互动）。"因为他感到自己是受动的，所以是一个有激情的存在物。激情、热情是人强烈追求自己的对象的本质力量。"[1]

由于要表现自我，情感就强势登场了！

维克托·劳伦菲尔德在《画画长智力》一书中指出，孩子自我表现的开端为2—4岁。他们在涂鸦的时候表现出自己的意愿，孩子画画是从无控制地涂，到有控制地涂，到给自己涂鸦命名。这个过程初步显示出自己的力量，产生了重要的自我认识，为自信添砖加瓦。

高尔基曾说："我觉得，如果对人生持悲观的看法，而对人则尽一切可能抱乐观的态度，那是很有益的。"[2]进而，刘绪源指出："在这里，对人的乐观态度和对现存的人生的悲观的、不满的、因而希望它变得更为美好的态度，与幼童爱看幼童、但不爱看已经熟悉的环境，两者之间有着奇妙的同构。"[3]司文娟对此有自己的理解：例如，疫情中坚守岗位的四千医务人员置自己生命于不顾，抢救患者。作为一个独立的个体，他们每一个人都可能有常人的对社会、对家庭的诉求，但当国家需要的时候，挺身而出，救助患者的生命，希望我们的祖国更美好，体现的不就是高尔基所说的这种态度吗？

人类根本上是向上、不满足于现状的，他需要不断改变世界，不断地超越。即使表现出一些情绪上的不满，其实那正是向往新生活的一种特殊表现。

---

① 马克思，1844 年经济学哲学手稿［M］，人民出版社，2000 年出版：107.
② 刘绪源，美与幼童［M］，江苏少年儿童出版社，2014 年出版：14.
③ 刘绪源，美与幼童［M］，江苏少年儿童出版社，2014 年出版：15.

三、真正的审美从内化开始

内化是非常重要的一步。通过内化，情感的进入，才形成了内心的审美习惯、思维习惯。

虽然内心追求世界的规律，追求世界的秩序，但是不满足于重复，不满足于已知，总要改变现实，要有新发现、新发展。

（一）"内在性"和"无限性"

人与动物的区别是，人有"内在性"和"无限性"。

什么是"内在性"呢？"内在性的实质就是节奏不仅进入了身体，也进入了内心。为其日后情感体验的内化建立了基础。"[①] 这点非常重要，是一个人审美能力的开始，而且会影响一辈子。

"无限性（开放性）是指人的节奏感并非到此为止，还要继续发展，而且会有非常巨大的发展、变化，将与原先的节奏产生本质的不同。"[②]

与动物不同，人没有天生的尖爪、利牙。人被逼迫着想办法发展自己的大脑，制造工具，讲究合作，以获得发展的无限性。

"无聊感"是内在性和无限性的集中表现。人类最受不了无聊，其实就是受不了没有创造，没有丰富变化的内心生活，也就是没有美的生活。

美的生活的开始，就是节奏感，就是不平淡。

下面是关于"无聊感"的讨论：

> 网友老成之见："无聊感"是内在性和无限性的集中表现。那么，如何避免幼童期这种"无聊感"的无限发展？是否可以这样理解：在幼童时期，其"内在"需要充实，"无限"又属于拓展；而童谣、故事、游戏与大自然等，可为充实与拓展的方式。其实，这就是对幼童精神世界的充实与拓展，它为孩子未来的生活兴趣、创造能力与人生价值奠定了基础。

> 冉乃彦：同意你的看法。其实"无聊感"这个名词不太适合孩子。孩子就是不满足没有新意、没有创造性的事情。所以不断拓展内容和层级，就是他们最好的精神食粮。

[①②] 刘绪源，美与幼童［M］，江苏少年儿童出版社，2014年出版：53.

情感是人性的重要内容。一个人小时候如果没有听到过童谣、童话，没有内化为情感体验，就会缺失审美能力，以后的发展便会受挫。现在的家长，如果面对的是 7 岁以前的孩子，务必要和孩子一起唱童谣、讲童话。

成人不能自己回忆起小时候有没有听到过童话童谣，因为 5 岁之前的记忆一般不能保留。但是作为父母，可以问一问自己的长辈。了解了自己，就更容易理解自己的孩子。

（二）两岁是幼儿情感发展的重要分水岭

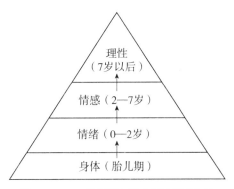

图 2-2　2—7 岁情绪与情感的过渡区分图

如上图：出生到 2 岁和 2—7 岁，理应有情绪与情感的过渡或区分，这对幼童来说是一个极其重要的分界。

"情绪只是人的心态的一时的特征。它是相对简单、直接、单一的，所以才会和面部固有的表情直接对应，也才会被分割得那么明确、清晰。""情感则是具体而又复杂的。它也可以被直接唤起，可以由简单的情绪进入，但情感一旦形成，就会按照自己的规律行动起来、发展起来。那就没有什么力量能够轻易地控制它了。情感不再是一种笼统的、单一的情绪。它总是有具体的对象，有具体的发生、发展的过程。"[①]

"如果说，情绪可以和知觉对应，那么对一个成人来说，情感其实是和思想相对应的。它的发展过程是把人的所有因素——包括从身体到理性的因素——全部调动起来的。"[②] 很遗憾，西方心理学基本上是情绪、情感不做区分。

李玫瑾教授谈到为什么杀人犯没有人性时，在她多次研究杀人犯林森浩处决前的谈话之后，指出是因为生命初期抚养上缺乏情感的影响。

　　林森浩承认最不具备的基本东西是"伤害别人身体……不是我的一个底线"。

①② 刘绪源，美与幼童［M］，江苏少年儿童出版社，2014 年出版：60.

记者问他："智商这么高，为什么反而没有具备？"

他回答："做事的习惯方式，思维方式是需要学习的。除非在你很小的时候，在你的家庭、周围存在那种很强烈的、反反复复的刺激，导致你头脑里从小就形成这种习惯。"

他大致说到点子上了，那就是早期缺乏情感教育。他父亲是一个自私的人（从他对被害人家庭的态度可以看出），母亲是一个只为生计操劳的人。

林森浩善于应试，正说明他理性认知强，但他却是个情感很差的人。

这个情绪和情感的分界线，大约在 2 岁。2 岁有了情感，开始有了美的能力；2 岁之前实际是前审美阶段。不论是前审美阶段，还是审美阶段，发展孩子的感官都非常重要。

内化，并不是自然而然人人都一样，因此要有意识发展感官。马克思说："人不仅通过思维，而且以全部感觉在对象世界中肯定自己。"他在《1844 年经济学哲学手稿》中指出："五官感觉的形成是迄今为止全部世界历史的产物。囿于粗陋的实际需要的感觉也只具有有限的意义。"因此，需要有意识地从小发展孩子"有音乐感的耳朵，能感受形式美的眼睛"。

通过互动的实践发展感官。在各种实践活动（包括艺术）中发展、完善各种感官的能力。例如发展观察、辨别、选择的能力；接触各种事物，提高敏感程度；了解细节（能够反映认识深刻）。

（三）内化之后，真正的审美才会开始

在内化出现以后，审美情感就会出现。这以后，真正的审美才会开始。

内化，就是有了自己的内心活动，表现为以下三方面：

一是"延迟模仿"。

当眼前的实物离开了，孩子还能模仿，说明它已经被孩子内化在心中了。常常有这样的情况：孩子看到父亲打架，或者电视、网络游戏里的攻击动作，过了很长时间，他也会把这种动作模仿出来。

二是"伪装的游戏"。

只有心中有数，孩子才能装得像。有的孩子为了让别人害怕，把自己的记忆找出来，通过内心的策划，装出跺脚、攥拳、瞪眼等一些表示愤怒的动作。

三是"初期的绘画"。

绘画也是玩，但是这与被节奏直接唤起的即时的快乐，有重要的区别。这是有内心活动的行为。幼童绘画都是有所指，往往不是画自己所见，而是画自己所想。所以成人如果看不懂孩子的画，务必不耻下问，往往会有惊人的发现。

图 2-3 怪兽图

以上是一个 7 岁孩子画的自己，可能是由于玩手机，被妈妈处罚了。这位孩子的妈妈，碰巧看到这幅画，她去问孩子画的是什么？果然头上有光环的是"好"我；头上有角的是"坏"我。

（四）自己寻找乐趣

内化，还表现在自主性上。

刘绪源从儿歌中举例，有以下几个自主性因素。

一是喜欢看恶作剧（是一种捉弄耍笑，做出使别人难堪的行为）。

因为恶作剧可以让孩子获得乐趣，得到意想不到的惊奇，而且恶作剧又可以让自己高兴，但是，孩子只能在想象中获得快乐，他们知道自己是弱势群体。

例如："小老鼠，上灯台。偷油吃，下不来。喵喵喵，猫来了，叽里咕噜摔下来。"最后小老鼠倒霉了，"骨碌碌滚下来"，孩子就十分高兴。

孩子们往往喜欢选择这样的儿歌、故事，反复让成人讲，这种主动选择说明了他们的自主性。

二是期待。

当读到"上灯台"，孩子就开始准备笑了，因为他知道后来的结果。等读到"滚下来"时，他就会哈哈大笑。这是孩子作为主体的预设，得到了验证。

周作人提到："弄儿之歌，先就幼童本身，指点为歌，渐及于身外之物。"成人指点着孩子身体的某一部分，唱出儿歌，和孩子有身体的接触，孩子也会有期待，同时也有了对身体的自我意识。

三是和假想人对话。

刘绪源说过，一个两岁的孩子，"他有一个只有他自己知道的小伙伴，个子只有他的一半儿那么高。那是无形的（但在他的眼里是有形的），他经常会弯着腰和他说话"①。

图 2-4　儿童想象图 1

我的儿子小时候，有一个特别喜欢的玩具小房子，晚上将它放在枕头边，经常和它对话，每天离开时，要认真地和它说"再见"。这是孩子想象出来的小伙伴，是"自主性+想象力"的一种表现。通常，美的开始，是和自主性的开始相联系。也可以说：美是自我意识最高和最适当的表现。

四、不能错过想象的关键期

想象力是发展智慧和审美能力的要素。想象力很重要，而且机不可失，失不再来。

想象力的关键期在 2—7 岁，尤其是 4 岁。这个年龄想象力能够调动一切心理活动。家庭要注意培养孩子的想象能力，提供充满想象的童话等读物。

（一）想象是幼儿审美的第一要素

"幼童的身心发展和阅读是分阶段的，每个阶段需要的东西，如不及时给予，这就像剥夺了他们的衣食和生长的权利一样，必将影响他们以后的精神发展。而且过了这个时候，往往就很难再弥补了。"②

我特别喜欢这张照片（图 2-5）。五个孩子想象着他们是在用手机自拍?！那么满足，

①　刘绪源，美与幼童［M］，江苏少年儿童出版社，2014 年出版：77.
②　刘绪源，美与幼童［M］，江苏少年儿童出版社，2014 年出版：83.

图 2-5 一只拖鞋的乐趣

那么自豪。脑海里闪现美丽的画面，心中弥漫着幸福的味道……一只拖鞋，竟然带给他们这样巨大的欢乐。没有丰富的想象力，是绝对做不到的。而这些，成人往往无法理解。成人已经从毛毛虫变成蝴蝶了，想不起自己的童年，也不理解孩子的这种需要。孩子极其需要想象，像需要阳光、空气一样，如果得不到，他们就会发展得不好。"在他想象力发展的时代，确有这种空想作品的需要。"①

有一个两岁的中国小孩从美国回来，他一句中国话也不会说，一天到晚发脾气。我去串门，同这个小孩，和一列玩具火车，玩了一个多小时。我只能用少得可怜的"是，不是，约翰，珍妮"等英语笑着和他交流。第二天，他的奶奶告诉我，那个孩子一早就问："那个哈哈笑爷爷怎么还不来？"由此看出，想象力使他感到满足。

他给我起了一个十分形象的名字——"哈哈笑爷爷"。

去韩国旅游，同行有一个四岁男孩。每当他妈妈购物的时候，孩子就带着我利用商店里的各种设备，玩"海盗"等游戏。他玩得津津有味，完全沉浸在他想象的世界里。

还有一个 3 岁孩子，写出了富有想象力的诗句："太阳晒我眼睛，把我眼睛晒黑。"

对于幼童来说，想象之所以是愉快的，是因为它带来的是精神的自由。一个弱小的孩子，在想象的世界中没有被动，更没有压抑和恐怖，因此思维和情感能够得到充足的发展。

这就是幼童，这就是幼童的精神需要。高质量地满足幼童的这种需要，应该是成人不能推诿的责任。

---

① 刘绪源，美与幼童［M］，江苏少年儿童出版社，2014 年出版：82.

（二）为什么想象力发展会有关键期？

刘绪源精彩地解释道：

"认知的迟缓可以弥补，因为认知发展是终生的。而情感的发展，尤其是人的想象力的发展，却只有在某一个阶段特别顺畅、特别自由，之后就不再有这样的机会，所以它很难弥补。它的发展还是有关键期的。"

"这道理很简单，就因为幼童期的这一阶段实在太特殊了。当他们开始了自己内心活动的时候，他们的资源非常有限，他们的认知还在很浅的层次，图示结构非常单薄。他们的情感刚刚萌生，情感渴望发展，但接触的面很窄。他们的逻辑思维能力还没形成，这与大脑后成思维系统尚未成熟有关。这时候，幼童生活中一旦遇到无聊的时候，他们该怎么办呢？应该看到，在幼童生活中这样的无聊的时候是非常多的。只是大人通常不会注意罢了。他们没有更多的行动能力，无法接触他们渴望接触的广阔的世界。因理性还未生成，所以也不能深入思考，这时他们只有想象。他们需要读大量的（无限多的）想象类读物。这种需要正是人类特有的内在性与无限性在幼童身上的体现。如果没有，就只能自己编造，因为他们已面对空白，他们无法忍受空白。空白即无聊，这是人所受不了的，何况是生命力最强的幼童。"

"孩子长大，逻辑思维生成，即到了六七岁以后，他们就再不愿意，任由自己的想象到处奔突了……"

"到这时，幼童将出现内外两面的变化。内，是指他们的理性发展起来了，其内心再也不是想象力的独家天下了，刚长大的孩子会矫枉过正地特别反对小时候的心理和行为，一提起就会羞愧难当，甚至怒不可遏。这是因为他们已初具皮亚杰所说的运算能力，可以接受教育了，学习生活于是开始，在想象中自由疯狂的日子永远结束了。所以人的想象力自由发展的阶段，其实也就是2—7岁。这四五年时间也就成了人的想象力发展的关键期。"[①]

想象力的发展关键期特别重要，但是又容易被成人忽视——这是每位家长当前需要掌握的核心内容。

（三）想象的四个特点

1. 搬家、拼凑

什么是想象？周作人所说的幼童的想象力"是集合实在的事物的经验的分子综合而成"。鲁迅先生说"他的小说中的人物没有专用一个人。往往嘴在浙江，脸在北京，衣服

---

① 刘绪源，美与幼童［M］，江苏少年儿童出版社，2014年出版：85—87.

在山西，是一个拼凑起来的角色"。①

我的孩子上幼儿园时，有一天，他一本正经地跟我说："昨天幼儿园老师带我们去北京展览馆参观，是乘小轿车去的。我旁边还有一只大狼狗。解放军还向我们敬礼！"我当时信以为真，后来和老师聊天时才发现没这回事。他就是把老师、小轿车、大狼狗、展览馆、解放军敬礼都搬过来，通过想象，拼凑在一起。

图 2-6　儿童想象图 2

在这个过程中，孩子复习了各种景象，将它们搬过来拼凑成新的景象，大大丰富了自己的大脑储存。孩子通过天马行空的想象，锻炼了自己的思维能力。

想象是超前反映中的形象系统，而思维是超前反映中的概念系统。两者是紧密相连的。彼得罗夫斯基的《普通心理学》中说："想象是在情景非常不明确性的认识阶段上发生作用的。"这点正符合幼童特点，难怪幼童想象力特别丰富。这也同时说明，为什么 2—7 岁是想象力发展的关键期，因为这时候幼童处在"情景非常不明确性的认识阶段上"。

家长经常反映，幼童有一个阶段忽然从胆子大变成胆子小，大致也是这个年龄段。我认为这也是幼童的想象力促成的。由于幼童的认知不成熟，就会把一些想象拼起来，反而吓坏了自己。

幼童在这个阶段的吹牛甚至说谎，往往也是由于真实与想象没有区分开造成的。

2. 猜测

幼童为什么要搬运、拼凑？因为能力有限，不能掌握更多的信息，又因为认知有限，不能够正确理解各种事情，可是又忍不住想去发现、了解，于是就采取了猜测的方法，来弥补自己的不足。

例如，当幼童读文章时，遇到不认识的字，又急于知道下面内容，就用猜测方法。有时候大致猜对了，也有时候猜错了。

有人问孩子："为什么火车头嗤嗤冒气？"孩子很有把握地回答："你要是跑累了，不也喘气吗？"

① 刘绪源，美与幼童［M］，江苏少年儿童出版社，2014 年出版: 90.

这个回答有可能是急中生智，也可能是一种小聪明，锻炼了他的想象能力。

幼童的猜测也是源自自己不多的生活经验。一般幼童首先佩服的是个子高大、力气大的东西，如吊车、恐龙，因此他们对复杂的事情，往往会猜错。例如我个子比我哥哥高，因此我的侄子、外甥小时候总把我错叫成大伯、大舅。

这种自由的猜测、自圆其说，往往有助于幼童发现自己的本质力量，也就是主体性力量，这是一种乐趣，美的乐趣。这正是马克思所说："我的劳动是自由的生命表现，因此是生活的乐趣。"①

图 2-7　儿童想象图 3

3. 全情投入

想象是具体的形象思维，或者叫"有情思维"，不能脱离情感。

全情投入是一种审美想象。情感是弥漫性的，会由审美对象弥散到生存环境和自己的存在，并有深刻的穿透力。所谓真情似水，便是这个道理，它向四周扩散，并引起复杂体验。

想象，是幼儿时期重要的精神生活。在全情投入的想象中，情感得到真实的发展。所以，发展想象力，实际上是幼儿培养情感的最重要方法。

马克思说："激情、热情是人强烈追求自己的对象的本质力量。"儿童在与人互动中，之所以充满感情、全情投入，就是因为他们要发现、证实自己的力量。

儿童在想象的时候是全情投入的，是自由的，因此他们的想象能够充分反映出他们的本质力量——即他们愿意自由表达，不论是搬运、拼凑还是猜想。

对于儿童的遐想、发呆、编故事，甚至吹牛，成人不要过多干涉，更不要打击、禁止。

发展想象力过程中，情感的出场非常重要。想象力是情感思维，它和逻辑思维不一样，但两者缺一不可。当前，人们屈从于应试教育，单纯进行理性的逻辑思维教育的恶果正在各方面逐步显现出来，急需悬崖勒马！

4. 自我中心

这种"自我中心"的实质，就是"主观性"。想象总是"主观"的，虽然那可能只是

① 马克思，1844 年经济学哲学手稿［M］，人民出版社，2000 年出版：184.

一个短暂的过程。如一个小孩子爱喝牛奶，竟然给汽车倒了半瓶牛奶，因为他怕汽车饿着。小孩子常常以为自己爱吃什么，别人也爱吃什么。小孩子乱跑，走丢了。大人急得要疯了。可是小孩子说："我这里好好的，你们着什么急呀？"

图 2-8　儿童想象图 4

儿童在画画中，也表现出"自我中心"。如图 2-8，右下角是天空中的飞机，右上角是马路上的救护车，救护车有四个轮子……这些东西是以儿童自己为中心。

不论是对自己还是对外部，儿童都是主观的，充满想象。有一次我的儿子去理发，表现特别好，我奖励他一串糖葫芦。他经过思考后，对我说："爸爸，我以后每天都理发！"

尽管主观，究竟还是发展了自我，何况"主观"只是短暂的过渡过程。这个时候的儿童是"主观"的，其实是有了自己的观点，也是一种进步，只不过这种观点并不一定是符合客观的，将来在生活中会慢慢得到纠正。

主观也是重要的，这是因为儿童的想象也是其思维的"作品"，他可以"在他所创造的世界中直观自身"（马克思语），能够进一步发现自我，认识自我，发展自主性。

（四）想象在审美中的地位

"儿童在这个阶段，所有的思维都是一种近乎审美的方式。他们以浑然一体的眼光看待世界，整体地直观印象式地把握世界万物，不做抽象的概念性思考，对万事万物注入了自己的情感。这是'情感'的阶段，也是形象思维的阶段，而他们所运用的主要就是想象。"①

想象能够调动全身心参与审美。

"审美是一种全身心的精神活动。美感的产生是将人的肉体与感、情、理全部调动起来的；而之所以将想象单独列出，就因为它重要，身、感、情、理正是由审美想象所调

① 刘绪源，美与幼童［M］，江苏少年儿童出版社，2014 年出版：104.

动的。"①

在家庭中，十分需要对2—7岁的儿童提供发展想象力的作品。

"从两岁到六七岁的儿童，审美其实就是想象，就是要提供大量让他们想象力发展、让其想象力得以满足的作品。这些作品可以'有意味'而'没有意思'。有'意味'，却不能有意思，却没有想象余地、没有想象的乐趣。在这里，'意味'是指审美的乐趣。也就是能给孩子带来快乐与充实的美感。而'意思'是能归入理性思维的内容。也就是思想吧。"②

儿童成长中的这个想象阶段一去不复返，所以特别需要大人理解，并务必及时抓住。

"在'前运算阶段'，儿童的逻辑思维能力还没有生成。他们更渴望自由乃至狂野的想象，这时如一味给他们灌输理性或思想，他们并不能真正接受并消化。如因此而排斥了审美的'意味'，那就更得不偿失。大人们自以为了解孩子，其实了解的都是大孩子，是自己记忆力所能及的那段童年（那一般也是六七岁以后了），却无法真正记起处于'想象正盛'年龄的孩子的需要，这是天大的悖论！"③应该说，这是我们当前在犯的错误！

"这时候的孩子就是一个玩儿的年龄。他们需要在游戏或游戏性的审美中发展自己的情感和想象。人的精神就是这样成长起来的，他们需要大人的理解。"④"在理性生成之前，另一件奇妙的东西生成了，那就是想象，儿童（或人类初民）的想象力，使他们的感性或情绪发生了质的变化，使之不再直接与某一动作、表情相对应，而有了复杂的发展和飞升。这时候，他们的内化就已形成，情感和审美就已建立起来。"⑤

儿童是在有乐趣的想象过程中发现自己的。

想象不仅发展了情感，也发展了自我。想象对儿童来说是自由、自主的，在他们产生的作品中，能够显示出自己的力量，因此有乐趣。在这个快乐的过程中，他们进一步发现和肯定自己。

在实验学校中，我发现学生们最喜欢的是社会实践课，尤其是编演话剧。整整两节课，所有学生都是疯了一样地全身心投入，快乐无比，每一个学生的想象力都得到了充分发挥。

① 刘绪源，美与幼童［M］，江苏少年儿童出版社，2014年出版：105.
② 刘绪源，美与幼童［M］，江苏少年儿童出版社，2014年出版：106.
③ 刘绪源，美与幼童［M］，江苏少年儿童出版社，2014年出版：107.
④ 刘绪源，美与幼童［M］，江苏少年儿童出版社，2014年出版：109.
⑤ 刘绪源，美与幼童［M］，江苏少年儿童出版社，2014年出版：111.

五、养成形式记忆的思维习惯

（一）幼儿遗忘期时大脑在干什么？

"幼儿教育界一般把3岁前称为'遗忘期'，认为3岁前的事情孩子大了都要忘的。事实上远远不止3—6岁，甚至更大些，孩子还是会忘记大部分的经历和读过的书，只留下一些片断——这些片断由于经常温习，才得以不忘。"[1] "既然读过的书都要忘了，那为什么还要让孩子听儿歌、听故事、读书、读图画书呢？费了那么多时间，不等于白读吗？对此，西方科学界也有相关的研究。"[2]

家里堆满书籍的孩子不仅仅能享受到大人读故事的乐趣，而且在多年后，他们还会从中受益。

一项研究发现，在孩子4岁时哪怕只给他们10本儿童书籍，他们大脑中关于语言和思维的部分就会在18岁或19岁前成熟得更快。

接触教学玩具以及到动物园和游乐场玩耍也对大脑发育有所帮助。但是，精神学学会在美国新奥尔良召开的会议上提出，如果儿童在8岁时才接触书籍和这些娱乐项目，那么它们似乎对大脑的作用甚微，这表明4岁是大脑发育的关键时期。

虽然好像记不住，但是变成潜意识的一种，即思维的习惯、形式记忆。

因此，早期阅读以及画画、欣赏音乐、玩游戏，并不是浪费时间，而是提供了精神营养，攒足了后劲。

（二）什么是形式记忆？

形式记忆实际就是大脑留下的思维习惯。

"最初的形式是节奏，婴儿在节奏中生存，在节奏中获得最初的不完整的审美体验。又在节奏松开的同时，形成自己的内心，产生自己的情感，并在想象中得到审美的快乐。情感是在先验形式的烘托下产生的，但现在经过几年幼儿期的自由想象，到人的理性生成后。审美的、形象思维的方式，将不再是他用以把握世界的唯一方式，甚至不再是主要方式了。过去的想象又积淀为形式记忆，留在人的内心，影响人的思维和今后的精神生活——这形式，主要体现为习惯。"[3]

它宝贵在什么地方？

---

① 刘绪源，美与幼童［M］，江苏少年儿童出版社，2014年出版：115.
② 刘绪源，美与幼童［M］，江苏少年儿童出版社，2014年出版：116.
③ 刘绪源，美与幼童［M］，江苏少年儿童出版社，2014年出版：118.

比如，一个有丰富审美经历的儿童。他在六七岁前读过大量童话作品，在日常生活中，也能愉快地放任想象自由驰骋，在他进入学龄后，当老师教他新的知识时，如果他听到的是现成的结论，而非循序渐进的诱导，那他很可能会迅速地、下意识地在头脑里跳出一个问号：是这样的吗？他会快速搜索自己脑中的图式或记忆，寻找相关的知识或线索。因为它的知识库存有限而想象力丰富，他的想象会立刻运转起来。他会把这一外来的结论交给自己的想象来检测，会把各种近似的有一定契合点的事物拉来做类比。于是出现挪移，出现形象演绎，他也会因为自己的想象得以运转，而有一个熟悉的幸福感在内心升腾。这时，老师很可能就要点他的名字，因为他的思想开了小差儿。

"……老师其实应该珍视这种想象的习惯。这种习惯或曰思维形式，如发展得好，正是孩子未来的创造性的萌芽。这种怀疑、这种幸福感以及这些熟练的方法，也就是我们所说的形式，它们已经悄悄地在头脑中落户了，它们先于新的经验而存在。各种经验与刺激到来时，它们会自动起作用。"①

最让人担心的，反而是应试教育培养出来的不会想象的孩子。

"如果一个小孩子在幼儿时期没有听童话、阅读图画书的经历，也很少在生活中发挥自己的想象，脑中这方面的形式因素就会减弱，很容易被抹去。被抹去形式的孩子倒是很适合应试教育。因为，来什么接受什么，不必独立思考，但是往往显得并不聪明。因为这种接受的印象并不深，相关的理解力也并不强。事实上形象思维能力对人的理解的发展也会有极大的助力。"②

于是，刘绪源得出一个重要的结论："经过长期想象训练的个体，也就是将漫长人类历史所赋予的审美——想象能力，在幼儿期充分激活的孩子，他们将更有利于发展自己的理性。"

这个结论非常重要，当然它需要更多的实证。

那些沉迷于应试教育而洋洋自得的成年人，应该看到他们已经阻碍了孩子的思考能力、审美能力，甚至阻碍了孩子的前程。

（三）关于儿童哲学

儿童的想象为什么不能出成果？我以为，主要是他们缺乏经验，缺乏资源，更缺乏理性的观照配合。他们的想象刚被激活，激活后他们空有想象的形式，他们没有更多的想象的经历，也没有可供想象的资源。要类比，他们没有可类比的东西；要形象演绎，他们也缺少更多已知形象以席卷那未知的部分。这也是周作人说，他们会自己制造童话，"但大抵造得很坏"的原因所在。除了内容上的极度匮乏，更重要的是他们的理性还没有

---

① ② 刘绪源，美与幼童［M］，江苏少年儿童出版社，2014 年出版：119.

生成。想象如果没有理性在边上看着、守着，那想象的成果只能是空空流失，正如汤川秀树所说，"在任何富有成果的科学思维中，直觉和抽象总是交互为用的"，儿童只有直觉的想象，当然不能产生科学的成果。但这有什么关系呢？来日方长。哪个伟大人物不是从儿童时代过来的？①

当前有一批热心探索儿童哲学的朋友，进行了有价值的探讨。建议重视以下几点：

1. 要如实看到儿童"除了内容上的极度匮乏，更重要的儿童理性没有生成"，因此不要过度解读儿童的真实认识水平。

2. 儿童缺乏理性和抽象思维能力，不能产生科学成果。当然，儿童由于没有成见、没有框框，会发表一些富有启发性的见解，但是不要主观、随意拔高儿童的认识。

3. 即使儿童不能产生科学成果，也要激发、保护儿童的想象力，包括带有哲学性质的想象、看法，仍然是很有价值的。

4. 如何处理儿童哲学在儿童成长中的使用？不能主观、人为地突出哲学学习，而要遵循儿童成长的客观规律，在德智体美劳全面发展中，和谐、恰当地融入哲学学习。

（四）巧妇的"米"是什么？

现在大量的学生，考分很高，但是创造性都很差，越来越有"巧妇难为无米之炊"的感觉。那么，这些聪明的学生缺什么"米"呢？

"审美—想象的方式，和理性—认知的方式。其实就是人类把握世界的两种最基本的方式。"②

许多善于应试的学生更缺的是审美—想象的方式。

那么，为什么审美对人的理解力发展有帮助？"除了怀疑精神能推动人的独立思考外，一个更重要的原因，在于有审美的形式记忆的孩子，他们在面对新的信息的刺激下，会更积极地调动自己脑中已有的'图式'。"③

皮亚杰认为，人的新知识并不纯粹是外来的，不是外面来什么就接受什么，而是原有图式的分化。人是在这种不断分化中扩展自己的认识的。既然新知不是靠灌输，而更为依赖人脑中原有图式的分化，那么如何促成这种分化而不只是一味硬灌知识，就应成为学校和教师普遍掌握的一项常识。不然大量知识灌下去，虽然能一时应付考试，却始终不会成为"自己的"知识（因为来不及进入自己的图式系统），过后必忘。④

这四五年的想象体操，就像刚入学的儿童，如没有将脑中少得可怜的图式，硬拉来与各种新知乱联系、乱比照的幼稚阶段，他们怎么能走得远呢？尽管简单幼稚，但儿童

① 刘绪源，美与幼童［M］，江苏少年儿童出版社，2014 年出版：142.
② 刘绪源，美与幼童［M］，江苏少年儿童出版社，2014 年出版：133.
③④ 刘绪源，美与幼童［M］，江苏少年儿童出版社，2014 年出版：125.

的想象也是想象，盲人摸象式的比照也是同化和顺应，它们在性质上没有根本的区别。①

"通过长期审美训练的孩子，在面对新刺激时，头脑就特别活跃。他们会尽最大的可能把自己所有的相关图式都调动起来。这也就是形式记忆所说的，它会快速搜索自己内心，寻找相近的线索。又因为想象力的丰富，他会把外来的结论交给自己的想象来检测。会把各种相似的，有一定贴合点的事物拉来做类比……"

这个"米"不是具体知识，而是经过审美"体操"训练的孩子而有的一种宝贵的"思维习惯"——形式记忆。

（五）形式记忆的小结

"幼儿的审美想象促成的'思维形式'，如能长期保存在儿童的脑中，又能与后来的理性思维的发展，相互推动，互为补充，他的思维就能全面发展。今后他就能成为具有独立思考能力富有创造性思维的人。"②

"这里必须强调的是，上述这些'形式'并非全由四五年短短的幼儿期造成的。个体的幼儿期没有这么大的威力，在人的大脑结构中，其实它们本来就已潜存着了，只是由于幼儿阅读、审美的经历，将这种潜存的结构激活了，如果没有审美经历，以及孩子在'幻想正盛'的时期，得不到童话、绘本等各种作品，这结构也存在，但没法充分激活，这样人的想象力、创造力就会非常有限。他们长大后在这方面就会变得迟钝。"③

英国专家从人类为什么哭泣，可以导出情感与自我意识发展的关系。"出现情绪化哭泣与自我意识的萌芽及思想意识的发展有关——早期人类最早开始意识到他们的同类，也是有自我意识的生物。这导致早期人类意识到他们自己和其他人能够感受痛苦、感到悲伤，也能离去。"④

"人是在与他人的交往中，在体验到对方与自己一样具有内心的复杂性的时候，情感才会发生——这可能早于人类语言的成熟，在语言还不能充分交流时，眼泪的作用就更重要。人类独有的因情感而哭泣的特征，就在那一阶段形成并积淀下来了。在理性成熟之前，人类就用情感把握世界，也用情感把握他人。"⑤

关于人类如何产生情感和自我意识，马克思有一段话非常深刻。

"我们每个人在自己的生产过程中，就双重地肯定了自己和另一个人……在我个人的生命表现中，我直接创造了你的生命表现，因而在我个人的活动中，我直接证实和实现了我的真正的本质，即我的人的本质，我的社会的本质。"⑥

---

① 刘绪源，美与幼童［M］，江苏少年儿童出版社，2014 年出版：141.
② 刘绪源，美与幼童［M］，江苏少年儿童出版社，2014 年出版：142.
③ 刘绪源，美与幼童［M］，江苏少年儿童出版社，2014 年出版：143.
④⑤ 刘绪源，美与幼童［M］，江苏少年儿童出版社，2014 年出版：144.
⑥ 马克思，1844 年经济学哲学手稿［M］，人民出版社，2000 年出版：184.

马克思讲的是，人们在生产中，产生了社会联系。通过劳动产品，不仅实现了本人的本质（看到权利，产生乐趣），同时实现了使用产品的人的生命需要。生产使人与人产生了根本性的密切联系，这时候情感和自我教育都得到了发展。

人就是这样发展起来的——"语言与情感、理性之间就形成了一种相互推动的关系：情感的发生促使人类语言变得深刻而复杂；深刻而复杂的语言能力又促成了人类理性的生成。"①

由此，在小时候培养这种形式记忆的思维习惯，有利于个体一辈子在语言、情感、理性相互推动中发展。

（六）审美和理性的关系——两者的分与合

1. 交叠

审美和理性是精神活动的两个方面，两者是互相渗透和交织的。正如黑格尔所说："美是理念的感性显现。"现实生活里，审美和理性是交融在一起的。比如买一个杯子，我们既从认知考虑它的用处，也考虑它的美。

2. 分离

理性，走向抽象的过程，让我们"懂得"（越来越深入地分析，怎么去了解杯子的性质、用途）；审美，走向具体的过程，让我们"愉悦"（精挑细选，从各种角度发现杯子的美——造型、颜色、光泽、温润，越看越喜欢所购买的杯子）。

3. 想象力的作用

想象力既为认知提供了图式的框架，又为审美提供了实例。刘绪源提出认知"尽可能多地收集感性材料"，"多多益善"，占有材料越多，才越可能从中整理、发掘、升华。

审美是一种迎向新的情感的过程，审美最怕简单重复。"理性思维……将走向清晰，能清晰地概括一个事物。""审美则走向模糊……是更丰美的形象，此中又伴随着强烈的情感，它带来的是普遍的快乐，而不是清晰的结论。"②

4. 超越

审美把握的深度有时恰恰远胜于理性。例如莎士比亚的戏剧、曹雪芹的《红楼梦》是以审美方式，超前地把握世界和人生的。

刘绪源提出的这个"超越"的观点非常重要。它进一步地挖掘了美的价值。被誉为"美学方面的马克思"的匈牙利学者卢卡奇对此有进一步的论述。他认为，"艺术实质上是人类自我意识的最高的、最适当的表现形式，艺术以塑造一个'世界'的方式来表现人类的自我意识，这个塑造的世界不是先验实体，也不是上帝的启示，而是对客观现实

---

① 刘绪源，美与幼童［M］，江苏少年儿童出版社，2014 年出版：145.
② 这部分参阅了刘绪源，绘本之美［M］，明天出版社，2016 年出版：121.

的反映。"[1] 他认为超越表现在三个层面：一是脑子中图像是对客观事物进行了创造性的加工；二是在反映现象中选择了本质；三是反映的是人类未来世界的蓝图。[2]

从卢卡奇的论述中我们可以发现，《红楼梦》等伟大的作品是通过美帮助我们深层次地把握世界。

六、潜意识与审美密切相关

（一）潜意识早已存在

潜意识在一个人的理性生成之前，就已存在。

例如：常识淡化为潜意识，如苹果成熟后落地这一常识慢慢变成潜意识存在头脑中，很少有人注意它。经过牛顿的提炼才成为"万有引力"的显意识。常识有两种：一种是世代积累的；一种是理性转化而来的（如地球围着太阳转），都成为潜意识存在于我们头脑中，是来自对大自然内在的规律的体验认知。成熟的理智中，也有错误的常识。如一些人把"钱是万能的"变成了潜意识。

审美思维习惯也会淡化为潜意识。

有审美习惯的学生，把节奏、韵律潜移默化存在心中。在课堂上不停地调动他的储存"图式"与老师讲的相结合；如果两者出现矛盾，他的怀疑就会被激活。这是很宝贵的"问题意识"，可惜常常不被教师重视，甚至引起反感。

思维快进要借助于潜意识。

直觉不是靠理性，而是经验积累下来的直觉。婴儿靠母亲的表情，而不是道理去理解母亲的要求。

篮球比赛接球的一刹那，不可能去慢慢思考怎么接球，而是靠以往的经验积累，站好位置，做好姿势，把球接住。

"恍然大悟"这种综合的感悟，也是人人都有体会的。若干次碰壁，会在某一点上突然一通百通。

灵感在科学研究和艺术表达中，屡屡出现，不可或缺。灵感不来，障碍重重，灵感一到，处处顺风。这里并不是有什么神仙协助，其实就是潜意识发挥了作用。

马克思指出："人也按照美的规律来构造。"不仅是指按照美的规律生产产品，也是指按照美的规律生产人类自身。

---

[1] 张伟，走向现实的美学：《巴黎手稿》美学研究［M］，人民出版社，2004 年出版：215.
[2] 张伟，走向现实的美学：《巴黎手稿》美学研究［M］，人民出版社，2004 年出版：138—141.

怎样生产人类自身？那就是教育——包括审美和理性的教育。

既然较之理性，审美能更直接地影响人的情绪、情感和身体，同时也影响着理性。那我们又怎能轻视这样的精神活动呢？我们完全有理由，有必要，把审美提高到和理性同样重要的地位。以这两种最基本的精神方式，共同把握我们的世界和人生。

（二）潜意识的新意有哪些？

刘绪源引导我们从弗洛伊德的潜意识往前走，了解了一个事实存在的更丰富的潜意识。他从以下几方面提出观点：

1. 潜意识的确与身体有关，这一点弗洛伊德没说错。但身体并不只是性，身体是一个很复杂的存在。

2. 潜意识与童年的情绪、情感相关。大量情绪、情感的积压会形成潜意识。此处要指出的是，潜意识并非只是负面情感或情绪的积压。正面的情感比如母爱的温暖，对一个人的性格、性情也会有深刻影响。这同样也是潜意识的作用。

3. 潜意识和成年期的经历有关。凡是意识所不能把握的情感和情绪，都可能形成潜意识。

4. 潜意识与想象和思维的"快进"有关。由于人的意识无法把握，因此一切"快进"都可视为潜意识（如顿悟、灵感、直觉）。

5. 大量的常识可以淡化成潜意识。

6. 几乎所有的审美过程，包括创造中的灵感现象都可用潜意识来解释。

……

总之，创造力是人类最本质的特点。如果仅仅有认知，没有审美、立美意识，不可能出现创造力。创造性潜藏在丰富的想象力（审美与科学理性）之中，借助于活跃的潜意识推动。

人的发展是合力促成的。应该说，既不能缺了美，也不能缺了智慧，人的发展就是依靠德智体美劳的合力，核心是自我意识的发展。

6岁之前，是美与智慧打基础的时期，而这个时期基本上是在家庭中度过的。因此可以说家庭为美育奠基。

第三章
家庭美育的实施

总体上看，美育仍是整个教育事业中的薄弱环节。究其原因是人们对美育的育人功能认识不到位，重应试轻素养、重比赛轻普及的现象在家庭美育中也有所反映。我们应借助学校各学科和社会实践活动中优秀的美育资源提高家庭美育。

一、家庭美育的任务

美育的基本任务是帮助孩子树立正确的审美理想和观点，提高审美能力，培养审美情趣，在掌握有关美的知识的基础上，发展表现美和创造美的能力。

家庭美育的任务具有基础性和长期性的特点，大致包括以下四个任务。

（一）培养发现美的意识和能力

不同于其他教育，美育是通过激发生命活力，个体直接体验、感受，在愉悦中受到教育。家长要善于在长期的家庭活动中，让孩子对美的感受性、细腻性得到提高。

罗丹说过："美到处都有。不是缺少美，而是缺少发现美的眼睛。"审美能力是从发展感觉和知觉能力开始的。一开始，家长要引导孩子在看似平常的生活环境中发现美。一个樱桃、一个茶杯、奶奶的一个微笑，甚至孩子亲手画的"全家福"，家长要具体引导其认识美在何处。接着，鼓励孩子自己去发现美，一首好听的歌、一朵好看的花，甚至一盘香气扑鼻的菜，只要是孩子对美有所发现，就要给予其鼓励。

儿童对美的感受性、敏感性十分强，家长不要错过宝贵的培养美的时机。

审美的感受能力，还需要通过长期审美经验的积累。"操千曲而后晓声，观千剑而后识器"，说的就是这个道理，家长不能操之过急。

（二）培养欣赏美的意识和能力

培养孩子欣赏美的能力，首先需要引导孩子鉴别美丑。在文化多元的环境下，泥沙俱下，鱼龙混杂，不能认为流行的就一定是美的，更不能将西方传播过来的一概定为美的标准。

在全家看电视的同时，开展即时评价，就是一个很好的培养鉴别能力的契机。当然，关键是家长自身要不断提高审美观和审美的水平。

孩子欣赏美的能力，往往是从简单、表面的审美对象开始，在家长的引导下，逐步增加深度、广度。全家去旅游、逛庙会、赶集、观看文艺演出，以及参观博物馆等，都是培养欣赏美的意识和能力的好机会，我们缺少的往往只是这种意识。

经验说明，要想使孩子们离开"冷漠、迟钝"，欣赏美就是一个重要的突破口。欣赏美只是审美情感的最初萌芽，但是还必须发展它，使它进一步变为要求自己去行动的积极愿望。

一个人在青少年时期就能对周围世界的各种现象做出个人的审美评价，这是极其重要的。如果一个人的思想和情绪只是随波逐流，跟着别人转，那么这种教育可说是不成功的。孩子们的审美评价能力，实际是与人的全面发展紧密相关，因为真善美是统一体，审美评价与自我评价也是一致的。

（三）培养表达美的意识和能力

一是在生活情境中培养表达美的能力。孩子通过生活自理的劳动，把自己打扮得干干净净；把自己的生活环境布置得整整齐齐。在和亲人与邻居的交往中，表现出亲切热情，文明礼貌。这些都是在家庭中需要形成的最基本的表达能力。

二是在艺术活动中培养表达美的能力。在家庭中，家长要激发孩子通过音乐、美术等活动，锻炼自己的表达能力。在这个过程中，家长最需要注意的是：不要用成人的眼光来要求孩子，更不要拔苗助长。列宁夫人克鲁普斯卡娅强调，在进行美育时不要阻碍孩子，"通过歌曲、节奏、音乐、舞蹈来表达自己思想的自然成长，不要把成人表达时所采用的复杂而又发展了的形式强加给儿童"。

家长还要善于为全家每个成员的表达美创造条件，例如举办家庭文艺晚会、家庭画展、家庭手抄报等。这些不是做不到，而是往往想不到。

（四）培养创造美的意识和能力

美育的根本目的，是引导孩子去创造一个美好的世界，创造一个美好的人生。创造性是人类的本质，创造性往往会成为孩子发展的重要动力。

在家庭中，首先要培养孩子从小树立审美理想，也就是从小要有创造美好世界和美好人生的梦想。正像乔布斯所说："人活着，就是为了改变世界。"人类应该是一代比一代强，要用美的尺度建造世界和人生，这种审美理想是创造美的能力的基础。

其次，要逐步培养孩子从小具有创造美的心理素养。审美过程涉及的主要心理因素有感知、想象、情感、理解和自悟，在家庭中这些素养都处于启蒙阶段，家长应该着力帮助孩子打好这些基础。

再次，要经常锻炼驾驭表现美、创造美的技能技巧。一个孩子仅仅有美好的梦想和优良的心理素养是不够的，还应该在这个基础上，刻苦锻炼，逐步掌握相应的技能技巧。不过，在这个过程中，最忌讳的是家长忘了美育的根本目的而操之过急。

最后，要充分发挥孩子的个性特点。美的创造性都具有鲜明的个性特点，家长要善于发现孩子的个性特点，保护和发展它，这是家庭的重要责任。在这个问题上，最忌讳的是家长的盲目攀比和从众心理。

▌二、家庭美育的途径

一个人美感和情感的发展在很大程度上取决于儿童时期对审美能力的培养。鉴于这种情况，我们竭力使儿童理解和接受大自然、周围环境、诗歌、造型艺术、音乐的美，在儿童的记忆中留下深刻的印象。①

（一）家庭环境美

1. 家居环境

要使孩子们生活在美的世界里，首先是家居物质环境要清洁、整齐、明亮、温馨。时不时地变换家居，新颖、鲜明的环境有利于发展孩子的审美知觉。

其次是心理环境，这往往是一些家庭忽视的问题。为什么在舒适的房间里，有的孩子感到紧张、终日闷闷不乐？那是因为用应试教育的观念在压迫孩子，剥夺了他们的童年欢乐。

---

① 肖甦，苏霍姆林斯基教育智慧格言［M］，人民教育出版社，2014 年出版：223.

2. 家庭装饰

家的布置，购买什么款式的家具，都反映了审美取向。家居布置应该是简洁的、大方的；家具应该是舒适的、美观的；装饰应该是优美的、富有个性的。①

3. 提倡建立美丽角、艺术角、思想角、图书角

居室的使用面积可能不是很大，但是如果有一个孩子的小天地，那会成为家庭美育的重要平台，比如建立美丽角、艺术角、思想角、图书角，就是很好的方法。引导孩子亲自种一盆花，成为自己的"美丽角"，并且天天为它操劳；收集图书，装进宝箱，成为自己的"图书角"，每天在那里和伟人对话；橱柜上安放自己的艺术品，成为"艺术角"，在那里得到美的享受；一个不起眼的小圆凳，有可能成为孩子的"思想角"——在那里，孩子浮想联翩，发展着自己的思维和想象力……

（二）生活美

1. 人际关系

"美育最重要的任务，就是教会儿童从周围世界的美和人的关系的美中看出精神的高尚、善良和诚恳，并在此基础上为自己确立这种美。"②苏霍姆林斯基指出："如果孩子对他的同学、朋友、母亲、父亲以及他所遇到的任何一个同胞都毫不关心，如果孩子不善于从别人的眼神中，观察出他的心情怎样，那么，他永远也不会成为一个真正的人。我竭力要把我的学生的心灵磨炼得敏锐，使他们能从人们的眼神中察觉人们的情绪、心境与喜忧，而不论他是与自己朝暮共处，还是邂逅相遇者。"③

"对小孩子来讲，认识世界是从认识人开始的。父亲用什么口吻和母亲说话，他的眼神和举止表达什么感情，已经在向孩子揭示善与恶。"④家庭成员相互尊重，相互理解，相互帮助，对孩子来说，是美的世界的重要内容。

2. 发展智力

人在智力上的深入发展，是丰富审美需求和审美感的一个重要条件。因此，审美教育意味着向孩子广泛介绍世界文化成就，介绍人类文化珍品。一个人如果从童年时期开始就感受到美的教育，特别是读过一些好书；如果他善于感受并高度赞赏一切美好事物，那么，他不太会变成一个冷酷无情、卑鄙庸俗、贪婪好色之徒。美能培养细致入微的性格。人的性格越细致，对世界的感悟就越深刻，从而对世界的贡献也就越多。⑤

① 苏霍姆林斯基，学生的精神世界［M］，教育科学出版社，1981 年出版：201.
② 肖甦，苏霍姆林斯基教育智慧格言［M］，人民教育出版社，2014 年出版：222.
③ 苏霍姆林斯基，育人三部曲［M］，人民教育出版社，1998 年出版：95.
④ 苏霍姆林斯基，育人三部曲［M］，人民教育出版社，1998 年出版：23.
⑤ 苏霍姆林斯基，苏霍姆林斯基选集（第 3 卷），教育科学出版社，1981 年出版：887.

3. 培养情趣

家庭生活应该有许多情趣。人生不但要有意义，还要有意思。例如童话与美是分不开的，并有助于美感的培育。没有美感，就不会有高尚的心灵和对他人的不幸、悲伤和痛苦的真诚的同情心。"借助童话，孩子不仅用智力，而且也用心灵认识世界。同时，不仅认识，而且对周围世界的事件和现象做出反响并表达自己对善与恶的态度。关于正义和非正义的最初观念是从童话中汲取的，最初的思想教育也是借助童话进行的。只有当思想体现在鲜明的形象中时，儿童才能理解它。"[1]

以上内容都属于家庭文化生活。家庭文化主要是家庭教育以及其他文化生活。这里还包括家庭学习的制度、习惯，家庭体育、娱乐活动的安排；建立和提升家训、家规，以形成良好的家风。

（三）自然美

大自然的美能培养人的细腻情感。大自然既广袤无垠，又精巧入微，它的美能培养细腻的情感，帮助感觉到人的美。孩子对大自然审美的过程，就是他们情感变得更加敏锐和细腻的过程。正像苏霍姆林斯基说的："体验这些极其重要的具有世界观意义的真理的环境、背景，是大自然的美……少年在认识过程中产生的激动人心的思想的影响下，从情感审美方面对世界的观察变得更敏锐了。"[2]

大自然的美，还能够促使我们思考人生的美。对周围世界的美的观察和感受，会使孩子产生一种重要的思想——即世界、大自然和美的生命是永恒的，而每个人只能生活在大自然指定给他的一段时间内，因此，每个人在青少年时期，最重要的就是要考虑应该怎样度过自己的一生。家长应有意识地做些引导工作。大自然的美不仅培养了孩子细腻的感情，还能够促使他进一步思考怎样获得人生的美。

家庭到大自然进行活动的时候，一是要注意在引导孩子亲身参与劳动，哪怕在景点捡拾垃圾，为花草浇水、除虫，也比单纯地赏花观景更能触动他们的心弦。因为，只有通过自己亲身实践，美化大自然，改变大自然，才能增加与大自然的感情，才能发现自己的本质力量。

二是在亲近大自然的时候，要启发孩子学会思考。孩子观察到大自然的春夏秋冬、一棵小草的成长和衰败，才能把书本上讲的"一切事物都有发生、发展和消亡的自然规律"有所感悟，才能进一步思考世界是怎么回事，人生是怎么回事。

苏霍姆林斯基的经验是："我尽量使每个男孩、每个女孩在大自然中都有自己个人的精神生活的领域。为了使少年热爱与大自然的交往，必须付出巨大的努力。每个少年都

---

① 苏霍姆林斯基，育人三部曲［M］，人民教育出版社，1998 年出版：188.
② 苏霍姆林斯基，育人三部曲［M］，人民教育出版社，1998 年出版：602.

在家里布置了一个自己的'美丽角'。我教男孩和女孩们，在这个角落里读书、思考。逐渐地我成功地使每个少年在大自然中找到了自己喜爱的某种东西：加利亚喜欢水井旁的枝叶茂密的柳树，萨什科喜欢攀爬着野葡萄的亭子，济娜爱上了樱桃树环抱中的一块绿色的空地，柳达喜欢梨树下的有两箱蜜蜂的养蜂场，柳芭和莉达喜欢葡萄园。"①

（四）艺术美

在家庭中进行美育，也必须重视艺术教育，因为艺术教育是美育中最主要的内容和手段。艺术教育包括语言艺术教育、造型艺术教育、表演艺术教育和综合艺术教育。

"艺术进入少年的精神世界中，是从认识语言的美开始的。而最普通的，同时又是最有力量的艺术，就是文艺作品。"②"音乐，这是情感的语言。旋律能够表达语言所表达不了的、人的感受中最细腻的色彩。音乐始于语言的终结处，如果教师仅仅局限于用语言去深入年轻的心灵的最隐秘的角落，如果在使用语言之后不使用音乐（这是渗透心灵中去的最细致入微的、最深刻的手段），那么教育就不可能是完美的。"③

音乐之美是培养人的德育和智育的重要手段，是心灵高尚和精神纯洁的源泉。音乐能够使人看到大自然的美、道德关系的美、劳动的美。人借助音乐不仅可以认识周围世界的美，而且可以认识自身的崇高、壮丽和美好。"音乐是自我教育的有力手段。"④

▎三、家庭美育的方法

（一）榜样——来自父母的自我教育

1. 父母做好榜样，这是家庭教育最主要的方法

一个新家庭的建设中，对孩子影响最大的是父母。每个孩子首先是在家庭中通过父母的相互关系，来了解人与人的关系，以形成最初的价值观、人生观。

苏霍姆林斯基说："我研究了两百个年轻家庭离婚的案例。有189个离婚案件的原因是彼此不善于了解对方。"中国心理学家刘吉吉博士历时16个月，对北京、天津、武汉、长沙4大城市、两千多个家庭，进行了走访调查，结果表明，有93%的家庭对自己的婚

---

① 苏霍姆林斯基，育人三部曲［M］，人民教育出版社，1998年出版：606.
② 苏霍姆林斯基，育人三部曲［M］，人民教育出版社，1998年出版：608.
③ 苏霍姆林斯基，育人三部曲［M］，人民教育出版社，1998年出版：618.
④ 苏霍姆林斯基，育人三部曲［M］，人民教育出版社，1998年出版：66.

姻质量不满意，有 70% 以上的家庭都有过或正处于不同程度的冷暴力。这种情况下，家庭中无美可言。

粗暴、庸俗、冷酷无情、漠不关心、互不信任——某些家庭里父母关系中的这些特征，对少年的精神生活产生了十分消极的影响：纯洁、高尚的感情被伤害了，道德观念被歪曲了，对现实中美好事物的感受被扼杀了。多疑、戒备、凶狠的禀性，首先是由于父母的恶劣关系以丑恶的形式暴露给儿童所造成的。如果孩子经常看到和感到父母互相尊重、互相体谅、互相关心、互相信任，在这样的家庭里，爱情和友谊就像纯洁明亮的光环，永远笼罩着他的心。

2. 父母的自我教育——应该是榜样作用的主要内容

这正如列夫·托尔斯泰所写的："教育孩子的实质是教育自己，而自我教育则是父母影响孩子的最有力的方法。""在一个家庭里，只有父亲自己能够教育自己时才能更好地教育孩子。没有父亲的光辉榜样，一切有关儿童进行自我教育的谈话都将变成空谈。没有父母的榜样，没有父母在相互关心和尊敬中所表现出来的爱的光和热，儿童的自我教育简直是不可想象的。"列宁夫人克鲁普斯卡娅指出："对父母来说，家庭教育首先是自我教育。"①

在家庭美育中，首先父母要有强烈的审美需求，进行自我美育，父母还要善于发现孩子们不同的艺术才能，及时给予关注。在这个基础上形成全家有特色的审美共同追求。

（二）激发孩子的自我教育能力

1. 人要按照美的规律塑造自己的人生——这就是自我教育

人，永远不会满足现有的生活，总要创造更新的生活。而人的自由自觉的活动是按照美的规律来进行的，人在改变世界的同时，也在改变自己。也就是每一个人不但按照美的规律塑造物体，同时按照美的规律塑造自己的人生。

为什么苏霍姆林斯基强调"美是进行自我教育最重要的手段"？因为美育是以自觉自愿的形式进行的。没有说教，更没有强迫，完全是靠美的魅力吸引而来。黑格尔指出："审美带有令人解放的性质。"席勒说："美育通过自由去给予自由，这就是审美王国的基本法律。"

美育，激发了自我教育能力；自我教育，又发展了审美能力。

但是，家庭美育最根本的指向，应该是引导孩子有美好的人生。因此家长时刻不能忘记要引导孩子"感知自然和艺术中的美，同时又能发现人的自身的美"②。"凡是细心观

---

① 德廖莫夫，美育原理［M］，人民教育出版社，1984 年出版：387.
② 肖甦，苏霍姆林斯基教育智慧格言［M］，人民教育出版社，2014 年出版：223.

察和感受美的人，就会成为美的人。相反，内心空虚，外表只会表现出迟钝、冷淡和毫无表现力。"①

2. 引导孩子进行自我教育——按照美的规律塑造自己的人生，这是家庭美育的第二个重要方法

孩子自我教育能力的培养，应该遵循自我认识、自我要求、自我践行和自我评价四个环节；运用发现、唤醒、激励、反馈、引导、等待六个方法进行。

苏霍姆林斯基还特别指出："自我教育和个人的精神生活是从书本开始的……为了培养一个人能在精神上独立生活，必须把他引进书的世界。书应该成为每一个学生的良师益友和明智的教导者。我认为，使每一个学生在小学毕业时能向往单独与书相处——向往默想与沉思，是一项重要的教育使命。单独与书相处并不意味着孤僻。这是思维、情感、信念和观点的自我教育的开始。"②

（三）发挥家长的主导作用

孩子是未成熟的主体，因此家长不能消极等待孩子自然成长，而应积极发挥主导作用，要善于设置条件，给孩子的成长提供美育的平台。

教育不可能单独发挥作用。美育实际上不能离开德育、智育、体育、劳动教育。例如全家去接触大自然，肯定有爬山、涉水等体育活动；也离不开对世界的奥秘规律的了解；更会在这个过程中体悟到人与大自然的关系，全家人付出劳动互相关照的关系——这就是德育和劳动教育。

家庭美育提供的往往是综合的教育内容与方法。例如：

举办家庭演出。平日里，每个家庭成员都有自己的艺术爱好。家庭可安排定期或者不定期的演出活动，给每个成员提供展示自己才艺的机会，同时相互交流。这里不仅有音乐舞蹈，也可以有话剧、诗歌朗诵，还可以有杂技、魔术……

编写家庭杂志。全家每个人创作的文学作品，可以在家庭杂志上发表；杂志的工作，根据能力的大小，分工负责，有人可以配插图，有人可以负责编辑，有人可以做装订……每一期杂志问世之后，大家又是评论员，通过相互的切磋、点评，每个人都可以得到实实在在的辅导。

创办家庭展览。展览的内容，既可以是家庭成员的故事，也可以是家庭历史的介绍，还可以是家庭里热门话题的讨论。根据家庭成员的特长，还可以举办有主题的展览——例如摄影展览、邮票展览。这种展览，和平时随便放在家中的资料不一样，需要动脑筋进行组织，进行美化。

① 肖甦，苏霍姆林斯基教育智慧格言［M］，人民教育出版社，2014 年出版：223.
② 苏霍姆林斯基，育人三部曲［M］，人民教育出版社，1998 年出版：214.

　　组织家庭旅游。家庭旅游应该逐步加强深度，选择内容好、品位高的地方旅游。准备期间，家庭成员应该有不同的分工，有的提前收集旅游点的历史资料，有的准备对当地风土人情的调查提纲，有的计划好购买哪些特产；还需要提前排练好与当地居民交流的文艺节目。旅游中还应该有许多家庭创造性活动。例如，旅途中诗歌、摄影创作，有主题的小比赛，等等。

第四章
家庭美育与学校、社会美育的关系

> 到 2020 年，初步形成……学校美育和社会家庭美育相互联系的具有中国特色的现代化美育体系。
>
> ——《关于全面加强和改进学校美育工作的意见》

一、家庭美育必须与学校紧密合作

（一）应该重视家庭与学校在美育上的合作

每一个人的成长，都离不开社会教育、学校教育、家庭教育和自我教育。美育的贯彻，最终要落实到每一个社会的细胞——家庭。家庭是一个人成长的摇篮，父母是孩子的第一任教师，也是终生教师。在家庭中德育、智育、体育、美育、劳动教育都是奠基性的、持续性的。其中美育尤为重要，家庭美育是美育建设的重要组成部分。

家庭和学校本就有着共同的目标——培养孩子健康成长，但是双方的合作却长期走在一条曲折的道路上。

回顾学校教育与家庭教育之间呈现的关系，大致有三个阶段：第一阶段：以"关门办学"为标志的阶段，除了缴费，家庭和学校几乎没有联系。第二阶段：以"开办家长学校"为标志的阶段，家长基本上就是受教育的角色。现在，学校正在走向新的阶段——第三阶段：以"家庭与学校自觉合作"为标志的阶段（有条件的地区还进入了"家庭、学校与社会社区自觉合作"的第四阶段）。

这个阶段，学校和家庭开始认识到自己都是教育的主人，双方需要自觉合作研究，开展教育工作。尤其是学校认识到了在新时代不但学生是主体、教师是主体，同样，家长也应该是教育的主体，以主动的态度，开始了主体之间合作的新阶段。

家庭教育、学校教育和社会教育，三者不可互相代替。尤其在当前社会迅速发展的形势下，这种自觉的合作显得极其重要。

学校如何在家校合作中推动家庭美育呢？

必须强调的是，家校合作应该是学校和家庭这两个主体之间的合作。目前学校起着主导作用，加强对家庭美育的引导；家庭应该采取积极主动的合作态度。

《关于全面加强和改进学校美育工作的意见》（以下简称《意见》）指出，2015 年起全面加强和改进学校美育工作。到 2018 年，取得突破性进展，美育资源配置逐步优化，管理机制进一步完善，各级各类学校开齐开足美育课程。到 2020 年，初步形成大中小幼美育相互衔接、教室教学和课外活动相互结合、普及教育与专业教育相互促进、学校美育和社会家庭美育相互联系的具有中国特色的现代化美育体系。

要以戏曲、书法、篆刻、剪纸等中华优秀传统文化艺术为重点，形成本地本校的特色和传统。开发利用当地的民族、民间美育资源。

在《意见》第十六条中，特别强调了对家庭美育的引导——探索构建美育协同育人机制。以立德树人、崇德向善、以美育人为导向，加强对家庭美育的引导，规范社会艺术考级市场，强化社会文化环境治理，宣传正确的美育理念，充分发挥家庭和社会的育人作用，转变艺术学习的技术化和功利化倾向，营造有利于青少年成长的健康向上的社会文化环境。建立学校、家庭、社会多位一体的美育协同育人机制，推进美育协同创新，探索建立教育与宣传、文化等部门及文艺团体的长效合作机制，建立推进学校美育工作的部门间协调机制。

（二）家庭美育与学校美育的不同特点

1. 教育的职能不同

家庭具有与人的生存、发展相关的多种功能，教育只是其中之一；学校是有计划、有组织、有目的地实施系统教育的机构，教育是其专门的功能。

2. 实施教育的环境不同

家庭教育发生在自然的家庭环境之中，不需要专门的教学设备和固定的教材；学校是构建的教育环境，在统一的教室里，借助各种教材及教学设施。

3. 教育者和受教育者关系不同

父母与孩子的关系是自然形成的，终生不可改变。父母有不可推卸的抚养教育子女的义务；老师与学生是人为形成的师生关系，而且不断变化。老师有自行选择职业的权利。

4. 教育者自身条件不同

父母有了孩子后就"上岗"了，没有接受过系统的、专业的培训。大多数人有自己的社会职业，不是全职照顾孩子；老师经过培训才能上岗，具有教育教学的专业知识和从业的资格证书，是一份全职的工作、谋生的职业。

5. 教育内容不同

家庭随意性强、灵活机动，教育内容涉及做人、做事的方方面面；学校有统一的教学大纲、教材为依据，以对学生传授知识为主。

6. 教育方法、途径不同

父母主要不是靠语言，而是用自身人格的力量影响教育孩子，家庭教育是融于日常生活中、随时随地进行的；老师主要是靠语言、通过课本和教学设备向学生传授知识、进行教育，学校教育过程是特定的、阶段性的。

7. 教育对象不同

父母面对个体，是对自己所生孩子的一对一的个别教育；老师面对群体，是对被安排在学校就读学生的集体教育。

8. 人际氛围不同

家庭中少有或没有孩子的同龄伙伴，孩子多是与成年人互动，受同辈群体的影响有限；孩子在学校处于群体中，有众多同龄伙伴互动交流、相互学习与竞争，彼此的认同有利于教育教学功能的发挥。

学校教育与家庭教育的种种不同，正是学校和家庭这两个不同的组织特点的体现，这也就决定了老师和家长在教育孩子中角色职责是不同的。了解和认识这些不同，划清彼此职责的界限，有利于各自的角色定位。家长和老师各司其职，是实现家庭教育与学校教育优势互补的基本前提。[1]

（三）家校合作是美育成功的保证

家庭是美育之根，学校是美育之干，成功的美育必须是家校紧密合作。

1. 学校在家校合作中，应该起主导作用

家校合作是两个主体之间的合作，只是目前从整体看，学校方面是代表政府有计划、有目的、有能力，以及有一批专业队伍的力量。学校应该对家庭美育进行指导。

目前，学校对家庭美育的指导特别需要重视两方面的问题：

一是真正尊重家长的主体地位及各种权利，有事情要和家长商量，经常了解家庭情况。根据不同家庭的不同情况，采取既统一又灵活的要求；虚心向家长学习，发现和总结他们的家庭美育经验；在美育工作方面，和家长委员会紧密合作，一起制订工作计划，认真听取他们的意见；落实计划要分工协作，尤其是要邀请有艺术特长的家长，为美育工作出谋划策，并且直接指导学生活动。

① 关颖，家庭教育指导者培训教程［M］，天津社会科学院出版社，2017年出版：185.

二是学校要客观看待自己在指导家庭教育上的水平。在一定意义上，当前学校并不真正了解家庭和家庭教育，也不一定真正理解家庭教育的重要性和特点。家庭教育是一门复杂的学问，有许多自身的特殊规律，它和学校教育有许多不同。如果简单地把学校教育的理念和方法套在家庭教育上，就如有的教师在自己家庭中重复学校教育，往往会导致失败——尽管他可能是一位优秀教师。因此学校要将家庭教育看作是一门学问，从头学起，这样才能有效地发挥学校的主导作用。

2. 家庭在家校合作中，应该积极主动发挥作用

美育实际是在家庭打下的基础。一个孩子的审美立美的意识和能力，早期培养更重要，因此家长要自觉地当好美育的第一任教师。

对于孩子的审美立美的取向和素养水平，以及孩子的微小变化，家长也应该是第一个发现。例如：琴棋书画是具有中国特色的美育内容，孩子参加了棋艺活动之后，家长会第一个发现，其内心产生了哪些微妙的变化。

社团，孩子成长的沃土 ①

"妈妈，我报名参加了数棋社！"

"你不是讨厌下数棋吗？为什么要去报名参加呢？"

"我的好朋友都参加了数棋社，我也就跟着参加了！"

一个月后的某个周五，儿子回到家后，对我说："妈妈，我觉得数棋社太有趣了，我和同学一起切磋，学会了好些新棋法，待会儿我们俩来对战几局，行不行？"儿子的新棋法的确不错，居然还赢了我几局。

自此以后，儿子每周五回到家，总会不停地告诉我他们数棋社的情况。今天社长又组织了几场比赛、大家又讨论了新棋法、他在比赛中又赢了几局……渐渐地，我发现儿子每次提到数棋社，总是那样神采飞扬，充满了自信。

有一次儿子回到家，迫不及待地告诉我："妈妈，我们数棋社今天进行了选拔赛，选出了八名同学参加成都市的比赛。我就是其中之一！""是吗？我听说参加市级比赛的基本是六年级的学生，你们才四年级行不行？""肯定行，你可别小看我们！"儿子带着必胜的信心和队友们拿回了成都市团体赛一等奖。接着，他们社团的同学又参加了区级的比赛也拿回了个人和团体的大满贯……

儿子在社团中成长起来，他是那样地自信。我由衷地感到社团真是孩子成长的沃土。

美育的进行，肯定是在学校与家庭中同时展开的。在家庭的日常生活中美育是随机

---

① 来自成都市成华小学资料，作者为学生家长张虹。

进行的，也应该是大量的，除了家庭已有的美育内容，更多的是要配合学校各阶段的美育工作，家长要善于积极主动地将学校的美育工作，在家庭中落实、强化、丰富。

总之，家庭对学校的美育工作，不仅要表示坚决支持，还需要积极主动发挥具体作用。

根据各学校的初步经验，家长与教师的日常配合，应该注意以下几方面。

（1）经常了解老师对学生的要求，对学校的关注点要大力支持，积极配合。

学校的教育计划，往往比较系统、科学，家长要认真了解，领会精神，才能够配合好。不仅要了解完整的计划要求，还需要知道随时布置的具体任务。

例如：有的老师有计划地开展寻找秋天的活动，引导学生体验"秋叶之静美"，布置了"收集各种树叶"的作业。有的家庭非常重视，全家出动，把寻找秋天作为一个重要的家庭活动。时间安排在双休日，开车驶向植物园，那里树叶的种类肯定十分齐全。最后采集了一大堆各式各样的树叶，经过精挑细选，确定了最有代表性的一批树叶，然后嵌入全家动手制作的标本夹中，亲子合作完成了这项精美的作业。而有的家庭很不重视，只是冷冷地对孩子说："你自己去找吧。"更有甚者，有的家长把孩子辛辛苦苦收集来的树叶，当作垃圾给扔掉了，到了交作业那天，在难过至极的孩子的心里哪里还有什么美育可言？

（2）主动和老师交流孩子的发展情况。

教师面对的是全班几十个学生，对每一个学生的微小变化，不容易发现。而天天和孩子生活在一起的家长，能够及时发现其微小变化。有些极极重要的情况，是教师特别需要而又只能由家长提供的。

由于家庭状况的不同，每个孩子审美立美的基础都不相同，甚至悬殊很大。同一个班，有的学生可能钢琴已经通过了八级，而有的学生可能没有接触过任何乐器。在这种情况下，学校班级开展的美育活动，不同的学生接受起来肯定有区别，这就需要家长及时向老师介绍自己孩子的发展情况，以便老师因材施教。

（3）有准备地和老师专题交流。

家长可以采用通电话、手机短信、让孩子带纸条等简便方法与老师交流，不要过分频繁、随意到学校和老师长谈，特殊需要时要和老师事前约定。

教师的工作非常繁忙，除了上课还需要备课和处理班级的许多事情，因此建议家长每次和班主任、任课教师交流，务必做一些准备，就如同教师的备课一样，每次有一个主题，所谈内容有先后顺序，不要想到哪里就说到哪里，更不要说个没完。

（4）老师对孩子的评价，有时要经过家长的"翻译"（家长理解老师评价的基本意思，改用积极的方式来表达），不要简单地直接把老师的原话告诉孩子，以免引起误会。

例如：家长遇到老师，就会问孩子最近表现怎么样？如果老师回答"最近有点退步"，然后家长把老师的这个回答原封不动地告诉孩子，就会很容易引起误会，不可避免地产生消极后果。因为家长能够理解，这是老师对学生期望比较高、要求比较严的情况下的一种表述，但是孩子不能理解，听后会十分难过。

聪明的家长应该抓住老师回答中的正能量，这样对孩子讲："孩子，老师可喜欢你啦！觉得你进步很大，你是她的骄傲。可是最近有一个现象，感觉有的地方有点退步，她也拿不准，很着急，正想找你研究呢！"

这样的回答能让孩子感受到老师对他的信任与期望，以及正在为他出现的问题着急呢。

（5）家长如果与老师的看法产生分歧，一定不要在孩子面前表露，要主动地进一步与老师坦诚交换意见。注意多摆事实，求大同存小异。

在多元文化的情况下，产生不同看法是很正常的。家长和老师都要善于处理不同意见。要搞清事实，避免偏听偏信。由于孩子年龄小，转述可能词不达意；还有可能由于孩子有顾虑，有意无意会夸大或缩略事实。如果连基本情况都没有搞清楚，家长和老师就没有可能统一认识。

（6）积极参加家长委员会活动，把家校合作提高到新水平。

虽然各个学校基本上都建立了家长委员会，但是发展很不平衡，共同努力不断提升家长委员会的水平，是每一位家长的责任。

（四）当前家校美育合作的途径

家庭美育的途径，有两个方面：一是鼓励、支持孩子参加学校组织的各种美育活动，并把收获带回家庭持续发挥作用；二是在家庭中开展美育活动，由孩子把成果带到学校和同学们交流。

这几年家校合作进展很快，下面将重点结合全国各地"家校合作，解决九大实际问题"的经验，为美育工作做一个梳理。

1. 家长进课堂，缓解师资不足问题

随着美育工作的开展，美育师资的缺少也是当前一大问题。但是家长队伍中藏龙卧虎，往往有许多高水平的专业人才，有的家长还是当地民间音乐、舞蹈、绘画的高手。合理地安排他们担任一定的美育任务，既解决了学校的困难，也发挥了家长的积极性。

2. 家委会参与安全管理，解决校内、校车安全问题

开展各种校内活动——其中有不少是与美育相关的活动（例如全校的舞蹈活动，参观美术绘画展览等）时，由于人数相当多，安全问题首当其冲。有的学校广泛发动家长担任志愿者，相当程度上保证了安全问题。

3. 亲子读书活动，解决家庭教育最后一问题

读书是家校合作最常见的活动，尤其是低年级学生十分喜欢阅读绘本读物。他们阅读时必须有成人在一旁引导，教师往往照顾不过来，这时候家长的作用就更加重要。

4. 家长参与图书馆管理，解决图书使用问题

学校图书馆也是美育的重要阵地。如果能够参与图书馆的部分管理和指导工作，那

么家长在充分发挥图书馆馆藏作用，以及进行个别指导方面，都是学校的得力助手。

5. 家委会参与食堂管理，解决饮食安全与质量问题

衣食住行当中都有美育，家长如果参与了食堂的部分管理工作，通过了解孩子吃饭时的心态，让孩子通过餐饮的具体要求，体会和贯彻热爱粮食、尊重劳动的审美要求。

6. 家委会参与宿舍管理，解决落实规范问题

宿舍是孩子生活的重要地方，宿舍的布置是否美，是否卫生，都是重要的问题。发动孩子一起动手，建设自己的另一个美丽的家园，也是很好的美育。

7. 家委会参与校外实践活动，解决安全与提升质量问题

进行美育，需要参加校外的各种活动，需要接触大自然，安全问题就是一个拦路虎。许多学校通过家校合作，解决得比较好，受益的是广大学生。

8. 家委会参与网评和辨识媒体，解决信息时代新问题

家委会通过活动，帮助孩子识别网络中的各种信息，支持孩子对不良信息进行抵制，引导他们开展健康有益的活动（例如元宵节的艺术活动）。

9. 家委会参与学困生帮扶，解决面向全体问题

对于有艺术天赋的孩子，尤其是在生活上或学习、品德上暂有缺陷的孩子，更需要家委会出面，调动家长的力量，做更细致的工作，让他们健康全面地发展。

现在基本上每个学校都有家委会，但不是每个学校的家委会都会正常开展工作，有的甚至有名无实。最近教育部专门发布文件，再一次强调要搞好家长委员会。

笔者曾经到全国家庭教育先进单位——深圳南油小学讲课，发现该校家长委员会的工作开展得非常好，有非常多优秀的经验与做法。

他们学校和家长委员会是这样开展工作的：

组织领导。学校每学期初会把一学期要开展的工作预先跟家委会交流，然后由家委会进行讨论，详细安排一学期的家委会计划，再分月实施。比如：端午节包粽子、中秋节做月饼、植树、插秧、做风筝、打糍粑，等等。每个月都会由家委会牵头开展一次活动，家长还会不定期一起聚餐。每月开展"家庭阅读坊活动"，家长和孩子一起出去踏青，每次由不同的家长和孩子牵头组织，有孩子们自己朗读故事、词语接龙、创编故事等很多形式。

活动安排。每一次活动都有不同的主题，有时是户外的阅读分享活动，有时是户外的竞赛活动，有时是户外的宣传活动。每次活动家委会都会给全班家长发一封信，说明活动的具体安排，邀请有意向、有时间的孩子和家长参加，结果每次参加的人都挺多。比如在户外玩的时候，看到一大丛勒杜鹃花，因为勒杜鹃是深圳的市花，大家就先从花聊起，然后让孩子们讨论：那么多的花，可以用哪些方法来数数呢？孩子们想出了许多很有意思的办法。

活动效果。通过一系列活动的开展，孩子们之间的感情发展得特别好，就像一个大

家庭一样。家长和孩子都开心，活动也都很好玩。

指导思想。家长希望孩子们能快乐学习、学习快乐。他们说："中国的应试教育很难完全改变，所以我们觉得应先从自己做起。在安排活动的时候，我们都是以玩为主，但是孩子们的玩，其实也是一种学习。"

班级的家委会工作开展确实很花费时间，但是每学期都会给家长们集体开会，调动大家的积极性，让大家意识到孩子的教育不仅是学校的问题，更需要家长的共同努力。

二、家庭要善于吸收和过滤社会美育资源

（一）家庭要善于过滤社会美育资源

在文化多元化的今天，各式各样的理念铺天盖地而来，鱼龙混杂、泥沙俱下的现象不可避免。家庭需要善于过滤社会美育资源，不可让孩子随意、不加鉴别地盲目吸收。"今天中国审美文化现实所面临的诸多问题中，一个最突出的问题就是当代文化相对贫困化，娱乐成为压倒一切的价值取向，震惊的刺激取代了静观的沉思，文化产品知识水平的低落，成人节目的儿童化、过度娱乐化、煽情化和戏剧化等。当下，文化以吸引并消耗受众注意力为目标，注意力的匮乏就体现为超级注意力模式在发挥作用，因而导致了文化的审美危机。"[①] 文化产品知识水平的低落，在儿童美育领域也严重存在。低质量的漫画、绘本、儿童读物，网络世界中的短视频常常吸引着充满好奇心的孩子，这是家庭美育必须把关的重要方面。

当前，在社会上有一种可名之为"自足性美学"，即把美学作为一个自我封闭的知识系统。在一个狭小的学术圈子里，热衷于各种概念和定义的语言或语境条件下的分析，强调论述和分析方式，分析技术的完美等。美学发展趋向于专业化和学科性的知识生产，越来越专业化理论的话语变得越发艰深难懂，讨论的问题离常识越来越远。这种脱离现实生活的所谓美学，也会通过传媒、培训机构，甚至某些教师，潜移默化地影响不成熟的孩子，使他们在树立审美立美观念时走了弯路。

当代文化所面临的第三个难题是，美学所欲求的审美主体解放愈加艰难，流行的快感文化将受众塑造为欣然上瘾的消费者。原因之一是视听或数字化技术手段的进步，越来越多的装置被发明出来以吸引人们的注意力，另一个原因则是资本所支配的愈加扩大的市场化营销，当两者完美结合时，美学传统意义上的主体感性解放的目标变得更加渺茫。"在当代消费社会，美越来越沦为世俗的表现和外观，从时尚到颜值，从身体到装饰，

① 周宪，美学及其不满 [J]，文学评论，2020（6）.

使得美的形而上和精神性为日常起居的平庸琐屑所取代，美在历史上曾有过的那些敬畏感和神圣性如今荡然无存，美的升华功能让位于视听的快感体验。"①

每个家庭并不是生活在世外桃源，信息时代所带来的负面影响，孩子们也不能幸免。每位家长不能掉以轻心，要善于学习，带领孩子鉴别真伪，区别良莠，帮助他们树立正确的审美立美观。

（二）家庭要善于吸收社会美育资源

美育既与学校教育中通过审美和艺术促进儿童和青少年的全面健康发展联系在一起，也与社会的全面协调发展联系在一起，实现社会理想，建立理想社会需要有美育的维度。"富国强兵固然重要，人的心智开发和审美教育也很重要，财富积累重要，品位建设更重要。"②

在生活实践和艺术实践之中，到处存在着"半美学"，它包括人的日常生活中的审美趣味，也包括诗人、画家、音乐家以及电影电视导演的美学追求，这些都是美学研究的基础，也是家庭美育需要吸收营养的地方。在信息时代，获取古今中外的美育信息有许多有利条件，每个家庭需要下一定功夫，发现、选择、加工。

我们对于古代和外国不能泥古不化和崇洋媚外，还是要持古为今用、洋为中用的立场，从古代和外国的美学中汲取营养，为当下美学研究服务，为家庭美育服务。

"美学在技术所带来的挑战中，不能站在技术的对立面，以反技术的立场和怀旧的态度来确立审美的理想，而是应跟进技术的发展，不被飞速发展的现代科技甩在后面，同时保持自身的独立性，思考在这个科技产品日新月异的新的时代，什么才是这个时代的美。美学要针对科技带来的社会新发展，形成自己的理论建树，而不是跟随这个时代的变化做出被动的描述。"③

每个家庭需要用积极的态度，应对现代科技，创造出家庭美育的新内容、新思路。

在当前的振兴乡村、建设美丽中国的进程中，美学要起重要作用。在建设过程中，美学介入，强化美的意识，对可以形成什么样的乡村面貌具有重要的意义。与此同时，城市美学也应该成为美学研究的一个重要分支。最近几十年，迅速城市化正在使民族面貌发生深刻的变化。"要让住在城市里的人有家园感，喜欢自己的城市，为自己的居住地感到满意甚至自豪，这是一个大课题，城市之美也是城市发展的软实力。"④

建设美丽的乡村和美丽的城市，每一个家庭都有用武之地。在乡村和城市的建设过程中，每一个家庭要带领孩子，为美化自己的家乡献计献策，做出力所能及的贡献。在建设美丽中国的进程中，每一个家庭要让孩子接受美的熏陶，成为合格的社会主义建设者和接班人。

---

① 周宪，美学及其不满［J］，文学评论，2020（6）.
②③④ 高建平，新时代美学发展的新思路［N］，文艺报，2020-6-15.

第五章
家庭美育需要掌握孩子的年龄特点

> 儿童世界是一个特殊的世界。儿童有他们自己的善恶和荣辱观念及尊严观念；他们有自己的审美标准……
>
> ——苏霍姆林斯基

没有一个人不爱美，孩子也不例外，但是他们的审美、立美意识和能力与成人还是有区别的。作为正在发展中的孩子，他们尚未成熟，他们的心理结构决定了他们审美、立美的不同特点。因此绝不应该"一刀切"，用成人的标准去要求他们，同时还要面向未来，用持续发展的眼光看他们、培养他们。这是我们家长在进行美育时需要特别注意的。

我们培养孩子们不仅有发现美、理解美、欣赏美的意识和能力，还要有表现美和创造美的意识和能力。不但是审美，更重要的还要立美。因为"美远不止于审美，而是以人的践行为本，从而与宇宙协同共在的'天地之大美'。这'大美'不只是静观。也不只是自然界。没有人类和每个个体的活生生的存在、生活、实践、奋斗，宇宙将是毫无意义的一片荒凉。"[①]

一、掌握孩子审美、立美的年龄特点

由于孩子知识有限，思维能力尚不成熟，他们对"真"的把握，难免有片面性和表面性，不能完善地掌握客观规律；孩子对"善"的把握，也是由于人生阅历不足，不可能充分理解人的需要。例如对"幸福"的理解，一个8岁的孩子和一个80岁的老人，自然有很大的区别。这种区别，就决定了作为尚未成熟的孩子，在"超越真和善各自的片面性，比较自由地把握客体，从而充分地达到自我实现的境界——即美的境界"方面，还需要有一个比较长的发展过程。

（一）年龄不同，审美、立美特点不同

儿童有自己审美的特殊性，和成人世界相比，它没有高低的问题，而是有不同的特点。苏霍姆林斯基曾经指出："儿童世界是一个特殊的世界。儿童有他们自己的善恶和荣辱观念及尊严观念；他们有自己的审美标准，甚至有自己的时间尺度：童年时代，一天犹如一年，而一年则是无限长的。"①

"上海市某儿童画展，一位小朋友的作品上有一个洞，评审们好奇地问，这是不是一幅破损的作品？小朋友说，这是进入世外桃源的入口。孩子的答案，耐人寻味。如何擦亮发现美的眼睛，是一个需要全社会去回答的问题。"②

看来，美好的事物需要发现的眼睛。

苏霍姆林斯基经过多年的调查研究，发现孩子们的年龄不同，审美特点不同，并且梳理了一个比较系统的认识。它可以指导我们家长更科学地掌握美育的年龄特点。

6 至 10 岁的孩子们，在明白易懂的、令人感动的思想，通过神话的形式传到他们的头脑中时，会产生一种特别强烈的审美感情。寓意能加深他们的印象，使他们确立其关于善与恶、正义与非正义、美丽与庸俗的概念。

实践表明，7 至 11 岁孩子的审美感知和同审美感受范围有关的积极活动，都会在人的情感记忆里留下终生难忘的印象。7 至 11 岁儿童由于在自然界和周围环境中，在劳动和创造中感觉到美的事物与和谐的现象，因此随着年龄的增长，产生越来越深刻的审美享受。保留这一年龄的智力记忆和情绪记忆的直接印象的痕迹，都将在以后人的精神生活中，获得越来越新的意味，与此同时，使人的各种新的思想、信念和感受永远保留着第一次印象的色彩。

低年级学生的美感明显地表露在外面，并通过集体生活表现出来，这是很有代表性的；然而以后，特别是在少年时期，学生所追求的这方面的精神生活则趋于个性化。这一点首先可以用不同年龄的学生对大自然的美和艺术创作的美的不同感知来加以证实。

"16 至 18 岁的男女青年的审美态度又有些不同，对他们来说两个人一起——同男朋友或女朋友一起观赏大自然的美，是一种极大的享受。"③

"由于感知自然和艺术中的美，同时能发现人的自身的美……如果说儿童和少年观

① 苏霍姆林斯基，育人三部曲［M］，人民教育出版社，1998 年出版：6.
② 赵婳娜．美育是一种刚需［N］，人民日报，2017-7-4.
③ 苏霍姆林斯基，苏霍姆林斯基选集（第 1 卷）［M］，教育科学出版社，2001 年出版：356—363.

赏美丽如画的自然景色，便能产生美感，那么青年人则能对一些乍看来并不光耀夺目的自然景象，做出高度的审美评价，充满生机和正在发展的事物，使他们心旷神怡，产生美感。"①

（二）年龄不同，美育方法就应该不同

面对幼儿园、小学、初中和高中不同年龄阶段的孩子，在进行美育的时候，务必认真思考年龄特点，采取恰当的方法。

不同年龄的学生的审美认识不同，美育方法也必须不同。

首先，人生的根基是在儿童时期扎下的。

在儿童时期，要培养和发展他们对一切有生命的和美的东西的同情心和怜悯心。这时候要学会观察日出、日落时阳光的美，观察清晨蜻蜓蜕出，在接受阳光照射后，振翅高飞……让他们从内心深处产生一种强烈的感情——要保护好世界上这些美好的事物。

低年级小学生的感觉具有形象性、直接性的特点，它可以促使学生积极参加培养美的情感活动。

"7 至 11 岁的儿童，由于感受到大自然和周围环境的美，很容易被吸引参加积极的劳动活动。创造自然财富（特别是栽树和照看树木）和美化周围环境，成了学生所喜爱的劳动，这不仅可以加强他们对美的感受，而且可以培养他们对美的积极追求，教育他们不要容忍不爱整洁、不爱美观的情况。"②

"少年期的审美认识和对大自然的理解，比童年期复杂得多。如果说儿童只是单纯地欣赏周围环境的美，那么，少年在赞叹美的同时，已不能不去思考，不去刨根问底地探索这种美的源泉。"③ "少年的审美知觉越深刻，他的思想的飞跃就越有力，他就越渴望通过自己的思想去看到更多的东西。"④

而初中学生则会透过大自然的美，思考它后面的规律。"在少年面前，揭示着这样一些科学真理，如物质的永恒性、宇宙的无限性、能量从一种形态转化为另一种形态、生物和非生物的统一。洞察这些真理的本质，对少年来说是多么鲜明的、多么出乎意料的发现……"⑤ 以这些思考，去引导初中学生，发现世界是一个和谐的、丰富多彩的、美的整体，将使他们逐步建立正确而深刻的世界观。

高中阶段的学生则需要将思想逐步系统化、理论化。那些碎片化的知识和各自独立

---

① 苏霍姆林斯基，学生的精神世界［M］，教育科学出版社，1981 年出版：198.

② 苏霍姆林斯基，苏霍姆林斯基选集（第 1 卷）［M］，教育科学出版社，2001 年出版：359.

③ 苏霍姆林斯基，育人三部曲［M］，人民教育出版社，1998 年出版：606.

④ 苏霍姆林斯基，育人三部曲［M］，人民教育出版社，1998 年出版：605.

⑤ 苏霍姆林斯基，育人三部曲［M］，人民教育出版社，1998 年出版：602.

存在的理念，已经不能满足高中学生进一步发展精神世界的要求了。

有调查表明：从小学到大学各个阶段中，其中高中、大学阶段"依据社会舆论和流行时尚"做出审美判断的最多，这说明他们在思想逐步系统化、理论化的过程中，虽然超出了"依据兴趣和爱好"的较低层次的审美判断水平，但是还没有达到较深刻的境界。因此，通过美育，使高中学生在人生观、世界观方面进一步得到提高，是高中阶段的任务。

对于家庭美育，一方面需要从小做起，从基础做起，从感情修养开始，从感性地接触大自然、接触各种美的事物开始，与德育、智育相互促进。家长不能认为孩子还小，就放松，甚至放弃美育。另一方面，家长不能操之过急，把一些孩子还不能理解的成人美育内容，生硬地让他们模仿，造成"夹生饭"。

家庭美育重点是在幼儿和儿童阶段。这个阶段不应该人为地提前强加抽象的理智教育，应该是随着孩子真与善的不断完善，同时积极开展美育，使他们的心灵发展迅速而充实，逐步达到更高的美的层次，最终目的是提高人生的精神境界。

▌二、立足于孩子审美、立美年龄特点的美育

审美、立美是人类独有的特性。一个人诞生之后，就开始了审美、立美能力的发展。"美是人类原始体验的一种。作为自发的情感体验，美感出现比道德感要早。"①

家庭掌握美育的年龄特点，要和幼儿园、学校一致行动起来。

（一）0至2岁孩子的美育特点及教育重点

几个月的孩子已经能够对鲜艳的颜色和悦耳、有节奏的声音产生愉快的反应，但基本上属于无意识的，还不是美感。到了1岁左右，能够辨别各种颜色和声音，并随着语言的发展，在成人富有情感的语言、动作、表情的影响下，开始通过模仿成人，学习审美。

"0至2岁的孩子，他们一般对艺术作品能做感觉层面的接受，他们注意的是比较鲜明、简单和变化着的感觉材料，如色彩、音响等，面对作品的内在形式、结构，如构图、旋律等缺乏把握能力。"②

---

① 朱小蔓，情感教育论纲［M］，人民出版社，2007年出版：81.
② 杜卫，美育论［M］，教育科学出版社，2014年出版：273.

（二）学龄前幼儿的美育特点及教育重点

"学龄前期和学龄初期，正是个人的意识、情感和意志确立的时期，这时期特别重要的是使儿童感觉到美，对美的事物欢欣鼓舞，为永恒的自然美和人类用双手和智慧创造的美赞叹不已。"①

"3 至 6 岁的学龄前儿童，比较喜爱即兴式的艺术欣赏和创作。他们往往把作品作为某种内心情绪的表达，而且经常以身体动作来配合审美感受，开始对形式、结构发生兴趣，旋律感和节奏感的形成便是一个标志。对作品的理解也已从感觉材料深入它的情绪内涵之中。在能力方面，想象力的发展尤为突出。"②

"幼儿的绘画是画他所想，而不是画他所见，想象力在这里得到了充分发展。儿童画就是要'合情不合理'。"因此成人不应该主观地用自己的审美标准要求孩子。

此阶段家长的主要美育任务是引导孩子初步感受环境、生活和艺术中的美，启发他们初步掌握表达美、创造美的情趣和能力。

《意见》指出："幼儿园美育要遵循幼儿身心发展规律，通过开展丰富多样的活动，培养幼儿拥有美好、善良的心灵，懂得珍惜美好事物，能用自己的方法去表现美、创造美，使幼儿快乐生活、健康成长。"

学龄前阶段美育的重点建议如下：

（1）引导学龄前孩子，接触周围环境和生活中美好的人、事、物，丰富他们的感性经验和审美情趣，激发他们表现美、创造美的积极性。

（2）教师、家长在支持、鼓励孩子积极参加各种艺术活动并大胆表现的同时，帮助他们提高表现的技巧和能力。

（3）幼儿园、家庭要为孩子提供自由表现的机会，鼓励他们用不同的艺术形式大胆地表达自己的情感、理解和想象，尊重每个孩子的想法和创造，肯定和接纳他们独特的审美感受和表现方式，分享他们创造的快乐。

（4）教师和家长要指导孩子利用身边的物品或废旧材料，制作玩具、手工艺品等，来美化自己的生活或开展其他活动。

北京市朝阳区教育研究中心学前教研员安平，探索了"基于生活的幼儿美术教育"，她介绍道："基于生活的幼儿美术教育，是基于真实儿童的真实生活的幼儿美术教育。它是一系列符合自身年龄特点和学习方式的感受美、表现美、创造美的活动总和；它使幼儿在自娱自乐、与社会、与人的活动中，获得现实以及未来生活所需要的学习品质、生活态度和商品方式。"

---

① 苏霍姆林斯基，苏霍姆林斯基选集（第 1 卷）[M]，教育科学出版社，2001 年出版：245.
② 杜卫，美育论 [M]，教育科学出版社，2014 年出版：274.

　　基于生活的幼儿美术教育的内涵，可以被凝练成"玩美术，慧生活"六个字。安平介绍说："'玩'是方式，慧生活既是目的，也是状态。玩的本质即快乐。而美术不仅凸显接触美术的愉悦状态和心境，而且是砍掉了幼儿接触美术的门槛，提倡美术活动的过程是平等的、轻松的。'慧'是一种精神、一种状态、一种修养，如积极主动、专注坚持、交往合作、探索创造、自信快乐、习惯感恩。慧生活就是成就一种有精神、有品质、有修养的生活，凸显幼儿美术教育对幼儿发展的价值。"

　　"玩美术，慧生活"，以简要的、凝练的、直白的表达方式，直接回应现实中存在的幼儿美术的功利现象，积极倡导给予幼儿理解、尊重、爱的美术教育，她提倡社会各界都积极行动起来，利用自身资源，为幼儿玩美术提供机会和条件。①

（三）小学生的美育特点及教育重点

　　"小学阶段的教育，其中心是审美教育与身体感性能力的发展。小学阶段审美教育的首要任务，依然是孕育爱的情感，唤起个性之于他人与世界的优美的情感，始终是个体成长的灵魂所在。个体作为自然肉身的存在，受制于个体的性情欲望，难免是盲目而无序的，审美教育的重要功能就是协调个体的性情欲望，促成心灵秩序的和谐。如果说早期的爱的教育是赋予自然肉身以情感的温润，寄予个体最初的属人性，在赋予爱心的亲子交往中协调个人的性情欲望；那么接下来的审美教育，就是要以优美的节奏与和谐的秩序来优雅人的身体姿态，协调人的性情欲望，扩展儿童身心自由的体验，进一步扩展基于身体的感知能力与想象力，在人的内心之中孕育美善事物的原型。"②

　　小学生的形象思维仍然占一定的优势，情感日益丰富，美感有了较快的发展，他们对祖国、家乡、文学艺术作品产生了热爱的感情，掌握了一定的表达美的能力。他们已经有了审美、立美的需要，对于文艺作品、服饰、形象，都有了自己的爱好。这个时期正是打好审美、立美教育基础的时期。

　　苏霍姆林斯基指出："美感在学龄初期儿童的生活中起着很大的作用：它对美化儿童的心灵、促进儿童身心发展、对巩固儿童的道德观点有着特殊的影响。"③

　　毫无疑问，一个人美感和情感的发展在很大程度上取决于儿童时期审美能力的培养。鉴于这种情况，"我们竭力使儿童易于理解和接受的大自然、周围环境、诗歌、造型艺术、音乐的美，在儿童的记忆中留下深刻的印象"④。

① 安平，让孩子在"玩美术"中"慧生活"[N]，现代教育报，2015-12-2.
② 刘铁芳，走向整全的人：个体成长与教育的内在秩序[J]，教育研究，2017（5）.
③ 苏霍姆林斯基，育人三部曲[M]，人民教育出版社，1998年出版：363.
④ 肖甦，苏霍姆林斯基教育智慧格言[M]，人民教育出版社，2014年出版：223.

"从学校教育的第一天起，我们就教育孩子们观看、领会、感知、理解周围世界（自然界和社会关系）的美。感知和理解美是审美教育和审美修养的基础和核心，离开这个核心，对生活中一切高尚的东西就会没有感情，失去知觉。"①

"7 至 12 岁的儿童（小学阶段）开始进入所谓的审美常规阶段。他们已开始对成人的艺术世界发生兴趣，开始尝试着用成人艺术的一些惯常而简单的表达方式来进行创作，但所表现的内容和理解的意义，还是较孩子气的。在绘画方面，再现的（或称'现实主义'的）风格逐渐形成，学会把某些知觉图形作为现实事物的真实描摹来使用。在音乐方面，对旋律与节奏的类型、乐曲结构与风格也有了初步的自觉意识。这一阶段存在着一个危机，即内心冲动与表达手段之间的不协调，出现眼高手低的情况。"②

小学阶段美育的重点建议是：

（1）教师、家长要在生活中选择恰当的资源，尤其是利用文学、音乐、美术等活动来发展孩子的审美、立美的能力。

（2）教师、家长要注意培养孩子的审美想象力。在美育过程（例如朗读、绘画和歌舞）中，唤起孩子丰富的想象，以培养审美的想象力。

（3）教师、家长在审美教育过程中，要帮助孩子将丰富的情感逐步引向理性的轨道，用理性来控制、调节容易变动的情感，使情感更加深沉稳定，走向情感和理性结合的审美。

个体发展早期的教育之所以强调自然教育、情感教育、审美教育，还有一个重要的原因，就是避免早期教育的理智化，以保护人的直觉能力。可以说，整个小学教育阶段都不是知识学习的关键时期，更确切地说，教育的重心不是学知识，而是发展人的基于身体的优雅而充分的感性能力。

"所谓理智化的教育，是指以规范的方式组织起来的教育形式，包括分科知识教学及相关的评价考试体系，明晰的伦理规范教育等。过早的理智化教育难免带来个人身体的规范与紧张，因此而抑制个人天性与身体直觉的发展。理智化的教育形式虽然可以一时让个体获得最初的知识学习的成功，但却不可避免地会贬损个体的自由天性，削弱基于身体本能的直觉能力，不利于今后创造力的提升。从终身发展而言，弊远大于利。"③

（四）初中生的美育特点及教育重点

初中生处在半成熟、半幼稚时期，他们的抽象逻辑思维逐渐占主导地位，独立性和批判性都有所发展。对美的感受日益加深，更加注意自己的形象和服饰，对美的形式和

---

① 苏霍姆林斯基，育人三部曲［M］，人民教育出版社，1998 年出版：243.
② 杜卫，美育论［M］，教育科学出版社，2014 年出版：274.
③ 刘铁芳，走向整全的人：个体成长与教育的内在秩序［J］．教育研究．2017（5）.

内容的把握，比小学生鲜明和深刻得多。

情感教育与审美教育的统一，在少年期具有特殊意义。一个崭新的思维阶段促使人用思想和情感去认识和掌握的已不仅仅是事物、事实和现象，还有观念和原则。个人对社会观念的情感审美态度越明确，道德情感就越深刻。

"在少年时期人对观念和周围世界的情感、审美评价特别鲜明，这是因为人似乎是通过观念和原则去发现并第一次看到世界。崭新的世界观、对许多新东西的发现，促使少年对观念和原则产生个人的态度；使少年表现出高尚的精神，他赞美善而憎恨恶。这是道德情感形成过程中的一个重要方面。"①

开始考虑怎样度过自己的一生，是少年时期美育的重要特点。"对周围世界的美的观察和感受，是理解和体验现实生活的快乐、生活的美的最主要源泉之一，使我们产生了一种思想，即世界、大自然和美的生命是永恒的，而我只能生活在大自然指定给我的一段时间内……重要的是要使每个人在少年期就考虑应该怎样度过自己的一生。我们应该教会人去珍惜生命，教会他去珍惜人，爱护人，保护生命。"②

初中阶段青少年对时尚流行感兴趣，关注性别形象，普遍爱美。聚焦于审美，是满足初中阶段青少年成长追求的需要，也是审美兴趣使然。

"性发育推动了性别角色追求，触发了青少年对自我形象和人格魅力的追求，初中阶段进入第一波高峰。这也是形式思维逐渐成熟的阶段。这些是培养审美情趣、培养欣赏魅力人格能力的基础。审美提升适合于青少年在当下实现自我超越，也适合于他们的终身发展。"③

13 至 15 岁的少年（初中阶段）开始趋于社会化和成人化，审美理解力提高，有批判意识。对细节观察较细致，对艺术作品的形式、结构和媒介有了自觉意识，审美表现与理解的内容也具有社会性和历史性。同时，个性也明显地凸显出来。他们一般较喜欢模仿自己所崇拜的艺术家，也较喜爱内容和形式较为复杂的艺术品，甚至对非主流的文学艺术作品产生兴趣。对自然景观的兴趣有较大的发展，也比较注重自己的言行举止的审美规范。他们的另一个审美特点是，在日常生活及环境中，开始有意识地按自己的趣味来进行审美化创造。④

"中学生，特别是初中学生，他们的独立性和依赖性处于相互纠缠状态，他们很容易因模仿某些作品的构成常规而阻碍了个性的真实表现。这一点在中学生的作文当中表现得很突出。例如写内心生活，往往是从低落到高涨，从灰暗到光明……因此如何在指导青少年掌握一般的艺术构成常规的同时，发挥他们个性化的创造性，逐渐培养他们各自

① 苏霍姆林斯基，育人三部曲［M］，人民教育出版社，1998 年出版：558.
② 苏霍姆林斯基，苏霍姆林斯基选集［M］，教育科学出版社，2001 年出版：562.
③ 李晓文，青少年发展研究与学校文化生态建设［M］，教育科学出版社，2010 年出版：288.
④ 杜卫，美育论［M］，教育科学出版社，2014 年出版：274.

独特的审美构造方式，是一个值得深入探讨的课题。"①

应该指出，片面强调逻辑思维能力的发展，忽视青少年美育，忽视青少年审美态度的培养，对当前青少年的审美发展设置障碍，造成了一些青少年审美态度的衰退或不自觉。有些艺术教育课（包括文学课）教学，违背美育的教学规律，用讲解一般说理文章的方式来讲解音乐、美术或文学作品，一味地把学生的注意力引向作品之外抽象的"思想内容"，忽视了引导学生对作品本身进行直观的玩味和体验，严重影响了他们审美注意力的发展。"在初二年级前后，由于逻辑思维能力的飞跃性发展，青少年审美能力有停滞甚至衰退的发展趋向。在这个阶段更应该注意审美态度的培养，以促进审美能力与逻辑思维能力的协调平衡发展。"②

初中阶段美育的重点建议如下：

（1）教师、家长要着重培养初中生的审美的理解力和评价能力。随着初中生思维能力的提高，应该培养他们在感受到美的愉悦的同时，还应该理解美的内涵和价值，学习用自己的内心体验来理解和评价美的事物，让审美能力与逻辑思维能力协调发展。

（2）扩大审美视野，培养健康的审美趣味。随着初中生学习能力的提高，应该引导他们接触多种多样的审美对象，扩大他们的审美视野。在这个过程中通过比较、鉴别、分析、理解，形成健康的审美趣味。

（3）进一步培养初中生的审美表现力和创造力。要求初中生的审美力要高于小学生，通过各种审美活动，运用自己的思维、想象力和对美的理解力，进一步发展自己有个性的审美、立美表现力和创造力。

（五）高中生的美育特点及教育重点

高中生的美感，随同理智感、道德感一起有了较深的发展，产生与稳定认知相联系的情感体验。爱美的意识，从重外表美，逐渐转向对内在心灵美的崇尚。他们对文学艺术作品有一定的鉴赏力，审美的追求也从狭小的范围，逐渐扩大到广阔的社会生活和自然当中。

青少年的艺术理解能力在迅速提高。青少年对艺术作品的理解，开始进入了作品的深层意蕴。由于知识的扩展和阅历的丰富，加上思维能力的发展，青少年能够较深入地领悟艺术作品当中所蕴含的社会意义、历史意义和人生意义，有时可以把它们提高到哲理水平。③

青少年的个体的审美趣味，呈现出鲜明的个性化倾向，这是他们个性人格逐渐形成

---

① 杜卫，美育论［M］，教育科学出版社，2014 年出版：244.
② 杜卫，美育论［M］，教育科学出版社，2014 年出版：243.
③ 杜卫，美育论［M］，教育科学出版社，2014 年出版：246.

的表现。1991 年春笔者在厦门某中学与学生座谈时，耳闻目睹了一场趣味辩论：一位男同学表示对悲怆、荒凉、伤感的歌曲有强烈的兴趣，对妩媚、甜美的歌曲表示厌恶。一位女同学则立即反驳，认为歌曲应该是优美的，悲伤的歌曲听得让人不快乐，没什么好的。多数同学表示不喜欢戏曲音乐，认为那是老人们爱听的东西，可是有一位同学却悄悄地对老师说，他最喜爱戏曲，因为戏曲是民族艺术，最有意思。①

青少年审美趣味的形成则是受教师与社会双重影响。因此学校美育应该根据青少年审美发展的水平，适当调整教学内容，例如增加一些当代文艺作品，注意美育的思想性与娱乐性相结合，从而在适合青少年审美要求的基础上，提高他们的审美品位，培养起既高尚又真诚的审美趣味。②

高中阶段美育的重点建议是：

（1）要进一步培养高中生的审美的能力、表现美的能力和创造美的能力。结合学校学科教学和校外各种形式的活动，家庭也应该创造条件，引导他们在感性直观的活动中去理解美，通过表演、操作等实践活动培养创造美的能力。

（2）要注意培养高中生高尚、健康的审美情感。青年初期有了新的审美追求，但是容易满足于肤浅的感性刺激。应该帮助他们选择优秀的文艺作品、优美的自然景观，体验美好，陶冶感情，不断提升自己的审美境界。

（3）学校和家庭都要进一步加强对高中生的审美观的教育。这种教育来自对优美、崇高审美对象的反复欣赏，来自适当的美育理论的学习体悟，特别是来自和人生观、世界观教育的紧密结合。当然这种结合绝不是空洞的说教，而是在丰富的实践活动中感性和理性的结合。

---

① 杜卫，美育论［M］，教育科学出版社，2014 年出版：248.
② 杜卫，美育论［M］，教育科学出版社，2014 年出版：2.

第六章
家风之美

不论时代发生多大变化，不论生活格局发生多大变化，我们都要重视家庭建设，注重家庭、注重家教、注重家风。

——习近平

中华民族文化源远流长，其中依托家庭文化（包括家庭教育、家风、家训、家规、家学等）的延续，起到了相当重要的作用。在中国历史上，"齐家"与"修身""治国""平天下"具有同等重要——始于家庭而达于天下。

习近平总书记在 2015 年春节团拜会上指出："不论时代发生多大变化，不论生活格局发生多大变化，我们都要重视家庭建设，注重家庭、注重家教、注重家风。"

家风是中国文化的特色之一，在中国传统文化中占有重要的地位。为了提高家庭教育水平，做好家庭美育，需要认真研究中国的家风，挖掘和继承家风之美。

家风有"世代相传，蔚然成风，价值为魂，与时俱进"四个重要的特征。

一、世代相传

家庭文化和家风都不是短时间内能够形成的。在中华五千年文化中，往往是经过世代相传，家风才能稳定下来。如孔子家族、钱姓家族、二程家族的家风，都是经过了几千年的考验，逐步形成了各有特色的家风。

据历史考证，夏商周三代，家风多数体现在贵族宦家有家训，强调家训与治国方略统一、居官与修德一致。

到了唐宋期间，家训开始走向民间，司马光的《家范》是其中的代表。北宋以前，家训多数以修身、劝学、治家、为官等人伦道德为主。之后，商贾气、治生风渐成常态，重生重商的社会风气开始彰显现代气息。这期间，家训形式也日趋市井化、大众化，诫书式的抽象经典，也渐为通俗易懂的格言所替代。此时家训已很普及，不仅官宦之家有，地方名流或小吏之家也都有，《袁氏世范》就是典例。

到了元明清时期，家训成为引导民风的重要方式，而且多以故事和生活事例为内容，形式简约并逐渐规范化和体系化。清代《双节堂庸训》等最为典型。

进入近现代，家风虽为民间古训，不同程度地影响社会各阶层，但真正像《曾国藩家书》成体例的已淡出民风。家风虽存，但少有真正意义上的发展。

从当代家风的存续现状上说，当代社会已进入"小家庭"时代。相比于传统，现代家庭的教化功能弱化，文化传承、礼仪习得和人格培养，主要依赖学校教育、社会影响和同伴熏陶，传统家教之风作用淡化，传统家风传承渐弱。现有家风多来自长辈言传身教，无形说教多、有形规诫少，但仍保留传统惯性礼俗的影响。

但是，从全国层面看，家风的传承也表现为不平衡，有的家庭、村庄，甚至比较大的地区，家风仍然世代相传，发挥着重要的作用。

在倡导继承中华民族文化优秀传统的今天，在家庭建设上，研究和挖掘家风，让还在民间产生着巨大影响的优良家风流传下去，成为复兴中华民族伟大事业的重要组成部分。

▌二、蔚然成风

从传统家风的主要类型上讲，就社会阶层，基本可分为仕宦家风、耕读家风和商贾家风；而就生活内容，大致可分为"读书志在圣贤"的家国情怀类，"积善之家必有余庆"的积德行善类，"一粥一饭，当思来之不易"的勤俭持家类，以及尊老爱幼、修身处事、择善为邻等类型。

家风的形成，一般是每一代人中，首先由威望比较高的佼佼者大力提倡，然后通过家训、家规、家学等形式确定下来，再通过一代代人言传身教，潜移默化，在日常生活中，互相影响，"润物细无声"中自然而然形成的。长年累月，一代又一代的默默坚持，是一种无形的精神力量在推动，久而久之，优良的行为习惯，为人处世的风气，在一个家族中蔚然成风。

下面结合我的家庭，说说我们冉家的家风——"傻子"精神。①

---

① 冉乃彦，我的家风——傻子精神 [J]，中华家教，2017（3）.

（一）祖辈的"傻子"精神——为救百姓，出城谈判

据我母亲告诉我，我的太祖（可能叫冉永）是从山东逃荒出来的，由于没有文化，我家所谓的家史，只能是口耳相传，留下一些零星的记忆碎片。

太祖带着祖父（冉鹏飞，字凌云）到河北谋生。由于祖父心灵手巧，善于学习，在他学会了干木匠活之后，生活状况才开始有些好转。祖母是一个卖菜的劳动妇女。但据母亲说，父亲最忌讳提及这一点，可能当时觉得有些丢面子。

祖父的生意愈来愈发达，在保定的"马号"（类似于现在的商场）里开了一个"凌云帽铺"；在南关安祥胡同十八号营造了一所小四合院。大门上，和许多家庭一样，照例贴有红底黑字的对联"忠厚传家久，诗书继世长"。

忠厚，就是我家的家风。有了微信群之后，我们冉家国内外联系到六十多个亲人，大家都认同"忠厚""爱帮助人"就是我们家的家风。

家人最津津乐道的是祖父的一件光彩的事情：军阀混战时期，曹锟与吴佩孚打仗，吴佩孚的军队包围了保定城，扬言要炮轰保定。于是人心惶惶，城内士绅们一致推举祖父代表保定老百姓去谈判、求和。虽然一般情况下是"两军交战，不斩来使"，但是就怕万一军阀翻脸，还是有一定的风险。大家把祖父放在一个大筐里，用长绳把祖父慢慢从城墙上放下去。祖父举着白旗，走进了吴佩孚军营。谈判过程中，有什么交换条件，不得而知。但是保定城最后没有被炮轰，老百姓的平安保住了。

在生死攸关的时候，祖父竟然敢于进入"虎口"，在有些人眼里就是傻，因此祖父就得了一个"冉傻子"的绰号。

（二）父辈的"傻子"精神——抗日救国，因公殉职

此处根据堂姐冉邦彦、冉家彦、母亲马承淑（字湛如）和我的回忆所记录。

1942年初，日军从印度、缅甸攻打中国西南的滇西，当时我父亲奉命带测量队，到中印边境做中印公路线路勘测，想打通一条抗日战争的生命线。由于中国远征军被英国出卖，牺牲巨大，勘测队也被日本鬼子追赶着，父亲冉超他们一路跋山涉水、风餐露宿，全力保护着全队成员和测量仪器设备的安全，十九天才回到云南滇缅路西段工程局所在地云南祥云。可是父亲因为过度紧张、疲劳，在澜沧江边露宿时，牙床发炎破肿化脓，细菌感染了脑部，高烧不退，

沿途没有医药，只能擦些万金油。父亲是由两个缅甸的少数民族克钦人抬回来的，赶到祥云时已不省人事。

昏迷不醒的父亲，一只手始终紧紧地攥着一个小皮箱的把手，虎口都烂了。小皮箱里放着两件重要的东西：一是大家冒着生命危险绘制的中印公路线路勘测图；一是勘测队的资金——剩余的一块黄金。

父亲被临时安置在工程队自己盖的一座简易的木结构两层楼里，父亲躺在床上，原来魁梧、强壮的身躯，变得又黑又瘦。以前略带鼻音的浑厚声音变得嘶哑、微弱……

亲友、同事急得不得了，联系医院，寻找消炎药。而父亲大部分时间都在昏睡。

从昏迷中醒过来时，他急切地问："孩子们呢？复兴到哪儿去了？"（复兴是我的小名，原来奶奶给我起的小名是福星，在逃难的路上，大家结合抗日形势，给我改为复兴。）

"他们在下面玩呢。"

"我，我想看看……"

妈妈知道，战争时期很难找到车辆，去昆明已经来不及了。在爸爸被送去祥云的小医院之前，他要再看看自己的孩子。

病重的父亲已经站不起来了，但他执意要看，只好由母亲和十三岁的大哥冉哲彦，两人架着他，站在楼上栏杆前，父亲用尽气力撑着木质的栏杆，最后一次看着正在院子里玩耍的孩子。我抬头看见了又黑又瘦、极度衰弱的父亲。这是父亲留给我的最后的印象。

医院的担架来了，焦急的亲人、同事都聚拢到父亲身旁。父亲吃力地向年迈的奶奶告别，望着满面愁容的奶奶，他用力地说："妈，你放心！我这身子骨，一个星期就会好。"父亲还对奶奶说，他仅是外伤，内脏是好的，让奶奶放心。

担架走远了，奶奶还在那里哭喊着："老天爷啊！这是我最好的儿子啊，你千万不要……"

祥云是一个小县城，抗日战争时期，更是缺医少药，再加上医院的设备过于简陋，已经不能医治父亲的重病了。医院虽然已经派人去昆明取药，但是从祥云到昆明路途崎岖遥远，短时间内肯定回不来。取回来之前，只好用其他的药来应付。在那资源稀缺的年代，唯一可以用的药竟然是万金油。

据说当时，只要有一支盘尼西林，就可以使父亲转危为安。但是到千里之外的昆明取药，远水不解近渴。父亲的病日益严重，口腔部分已经化脓，蔓延开去致使整个脸部都肿胀起来。医生决定，必须动手术把脓排出去。当时不仅没有麻药，竟然还没有手术刀，只好用刮胡刀代替。

在病床上，父亲深情地看着亲朋好友们，风风雨雨几十年，有多少话要说，无奈严重的炎症使他无法用声音表达。大伯懂得他的意思，立刻拿来笔、纸，希望他把要说的话写在上面。谁也没有想到，父亲提起笔来，神情庄重地只写了两个字——"简殓"。

母亲整整六天六夜在床前伺候父亲，已经疲劳到了极点。那天，父亲神情有些异样，病情似乎不像昨天那样沉重，在父亲睡着之后，母亲也趴在床头昏昏沉沉睡着了。

不一会儿，母亲忽然惊醒，抬头一看，一个已经十几天不能行动的病人竟然独自走到病房的另一端。

母亲赶忙跑过去，把父亲扶回来，躺下。这一晚，在梦中他也许去视察了他魂牵梦萦的中印公路。不过，父亲再也没有醒过来。

父亲因公殉职时年仅40岁。他是铁路上的副总工，为抗日战争修建西南对外通道，付出了全部心血。他逝世的消息震动了滇缅路全线职工，大家无不为之悲痛不已，感到损失巨大。

在祥云开了追悼会。父亲的顶头上司祝寿萱伯伯代表滇缅铁路督办公署，宣读褒奖命令。他说："冉超工作起来非常积极，从来不讲价钱。他的绰号叫'冉傻子'！对于贪污腐化，他疾恶如仇，曾经因为检举不良行为，还得罪了人。这次担任中印公路勘探队队长，就是他主动请缨的。他明知这是非常危险的工作，但是一片爱国心，使他义无反顾地上了前线……现在，冉超走了，他留下了他钟爱的妻子和四个孩子，孤儿寡母，今后的生活肯定十分艰难，希望大家发挥咱们铁路上的好传统，有钱出钱，有力出力……"

（三）我们这一辈的"傻子"精神——痴迷教育，抛弃名利

在一次国际情感教育研讨会上，中国教育学会副会长朱小蔓向外宾介绍我："这位冉乃彦是一位'傻子'……"当时我大吃一惊，心想："怎么这样向世界介绍我呀。"不过接着听就明白了。朱小蔓说："我们都是'傻子'，我们都痴迷于教育！"

我退休之后，仍然没有一天停歇地进行教育研究，参加各种研讨会，包括作为中国教师代表团成员到乌克兰参加苏霍姆林斯基诞辰活动。因为退休，单位不能报销，都是自费。但是，这些并不能阻挡我的积极性。

有一年，我写下了这样一段话：

2012年，我遇到两群"傻子"，我也成为其中一员。一群是"家庭中自我

教育研究"QQ 群，我们在除夕晚上，十分投入地讨论了"家庭中怎样培养孩子的自我教育能力"；另一个群是全国生命关怀志愿者论坛，大家都是自费来到北京，大年初一聚在北京大学，极其热情地交流如何"做好事，好做事，事做好"。我们还为在汶川大地震中牺牲以及因积劳成疾而英年早逝的志愿者们致敬，永远纪念他们。

除夕夜，大年初一，我们放弃和家人团聚的机会，自费聚在一起讨论"自我教育"，交流"生命关怀"，而且讨论得那么忘我、那么执着，在别人看来，简直是一群"傻子"！

但是，"傻子"真不好吗？记得孙中山的绰号就是"傻子"！雷锋也被称作"傻子"！我看，"傻子"比那些机灵鬼可靠，比偷奸耍滑要好，比"精致的利己主义者"更要好。

我认为在历史上、当今社会中，真正推动社会前进的就是一批批"傻子"，他们付出时间、精力、财富，甚至生命，推动了社会的进步；希望我们社会更多一些"傻子"，弘扬"傻子"精神，让那些坐享其成的机灵鬼越少越好。全世界的"傻子"们联合起来！"傻子"万岁！

社会发展越快，越需要老实、踏实、真实的人。我们冉家的下一代也要继承家风——"傻子"精神，坚持正正派派做人，老老实实做事。

▌三、价值为魂

不同家庭的家风，可能有各式各样的特点，家训、家规、家学的内容也各有不同，但是有一点是共同的：价值观，这是家风的灵魂。

从传统家风的基本构成上看：家风浓缩的也是社会核心价值观，反映了家国同构的社会体制；内容几乎涉及家庭乃至社会生活的方方面面；其形式因地域、阶层、民族等差异而多种多样，多以家规、家范、家书、家诫、家法等形式出现，最主要的形式是家训。历史上影响较大的家训主要有《周公家训》《颜氏家训》《帝范》《朱子家训》《袁氏世范》《曾国藩家书》等，它们都集中体现了当时的社会性质，反映了一个家族的核心价值观念和行为准则。

家风之美，首先在于价值观的正确。

当代家风应该体现出什么样的价值观呢？那就是社会主义核心价值观。习近平强调，培育和弘扬社会主义核心价值观，必须立足中华民族优秀传统文化，要切实把社会主义核心价值观贯穿于社会生活的方方面面。

现在生活着的每个家庭，即使学习了许多外来文化，也都是祖祖辈辈繁衍而来的，传承了古老的中华民族文化。但是这里面难免鱼龙混杂，泥沙俱下，不能认为老一辈传下来的东西全是好的、对的，因此推陈出新的任务很重，家风中的精华一定要继承；糟粕一定要去除。

历代传承下来的好家风，难免都有一定的时代局限性。凡是向上的、向善的，属于正能量的家风，我们都应该谨慎地、批判性地继承下来。例如中国历史上一些望族，他们为什么越来越兴旺？为什么能够对中华民族做出令人敬佩的贡献？这些家族的成功经验，的确需要总结、传播。

（一）《钱氏家训》中的"利在一身勿谋也，利在天下必谋之"是正能量

绵延一千多年的钱氏家族何以如此兴旺发达、彪炳于世？记得 2008 年 6 月"吴越钱王与长三角繁荣主题报告会"在杭州临安举行时，钱学森在贺电中说："我们的先祖，他的政绩只是'致富一隅'，而我们后人的事业，是使整个中国繁荣富强。老祖宗地下有知，是会高兴的！"想起写在无锡钱氏祠堂的《钱氏家训》中有一句话是"利在一身勿谋也，利在天下必谋之"，此言或许正是钱家为中华民族培育了无数大师精英的原动力吧！

钱氏家族盛产名人，在不大的无锡城同时期产生了三位国学大师，除了与江南经济富裕、文化发达有关，钱氏家族还有其成功的秘诀。

一是世代相传的家训引领。《钱氏家训》从个人、家庭、社会和国家四个层面，为子孙订立了详细的行为准则。钱镠是钱氏后人发奋学习的榜样。他出身贫寒，从小酷爱读书，直到晚年还坚持阅读，并立下家训"子孙虽愚，诗书须读"。钱氏子孙一直秉承着这样的家学渊源。钱镠在临终前，曾向子孙提出了十条要求，被后世称作《武肃王遗训》。

从宋代开始，钱氏家族就形成了族内相互扶携的风气。家训规定："家富提携宗族，置义塾与公田；岁饥赈济亲朋，筹仁浆与义粟。"为了让族中的贫困子弟有书可读，各地的钱家都设立义田、义庄、祭田，并明文规定，其中一部分田产或盈利必须作为教育经费。

这种早期的"教育基金"模式，保证了钱氏子孙无论贫富，都有受教育的机会。建在无锡鸿山七房桥的"怀海义庄"就是一个典范，宗旨是"救灾周急、恤孤矜寡、排难解纷、兴学育才"。族内凡是鳏寡孤独者均能领到义庄的钱粮；钱姓子弟不论贫富都能上学；佃农和附近农家子弟学费酌减。钱穆和钱伟长都是在义庄的资助下才得以上学的。千百年来，《武肃王遗训》和《钱氏家训》世代相传，得到子孙后代的身体力行，成为钱氏家族立族之本、旺族之纲。

第二个秘诀就是崇文倡教。

钱基博、钱锺书的祖上几代都是文人。钱基博的祖父钱维桢是清朝的廪贡生，曾创办江阴全县义塾；大伯父钱福炜是清朝的举人，选授苏州府长洲县学教谕；二伯父钱熙元是廪贡生，江南乡试副举人，设私塾授课四十多年；其父钱福炯二十岁中秀才。钱基博四岁起就由其母教识字，五岁便与孪生兄长钱基成一起读书，十岁就会做策论。

钱锺书不仅名字就与书有关，更有旷世才学。在他出生的那天，有人送他家一本《常州先哲遗书》，大伯父为他取名"仰先，字哲良"，即仰望先哲之意；而钱锺书抓周那天抓的就是一本书，全家都很高兴，于是正式起名锺书。钱氏家族学风绵长，不论是钱基博、钱穆还是钱锺书，都文史兼治，学贯古今，渊博汇通，钱基博、钱穆两人均爱自修苦读，以此弥补了他们没有受过高等教育的遗憾，确立了他们在中国近现代国学大师的地位。

在钱锺书故居的大门上，有钱基博亲自撰写的一副对联："文采传希白，雄风劲射潮。"告诉钱家后人，文采要紧追北宋文学家钱易（字希白），立马千言援笔就成；武略要承继吴越王（钱镠）强弩射潮的气概。我国著名的科学家钱伟长是钱穆的侄子，也生于无锡，他在回答为什么钱氏家族有很多成功的人才时说："我们钱家人喜欢读书，书读多了容易当官，当官的容易出名。"尽管语带调侃，却道出了钱氏家族读书的动力和成功的秘诀。

（二）"勤俭持家"的家风有当代价值

勤俭持家的家风，来自《朱子家训》中的"一粥一饭，当思来之不易；半丝半缕，恒念物力维艰"的教导。这种尊重劳动、尊重劳动产品的态度、理念，是符合社会主义核心价值观的。

作家张晓风在下面这篇文章中所表示的"我要学会珍惜父亲的珍惜"，就是继承了"勤俭持家"价值观。

我家独制的"太阳水"①

六月盛夏，我去看远居在屏东的双亲。母亲80岁，父亲90岁。我对父亲的年龄充满敬意，在我看来，他长寿，完全是因为他十分收敛地在用他的"生命配额"。依照中国民间流传的说法：一个人一生的"福禄资源"是有定量的。你如果浪费成性，把该吃的米粮提早吃完，司掌生死簿的那一位，也就只好开除你的"人籍"了。

---

① 张晓风，我家独制的"太阳水"［J］，父母课堂，2017（9）.

我的父亲不然：他喝酒以一小杯为度。他吃饭，食不厌粗。一件草绿色的军背心，他可以穿到破了补，补了又加补的程度。"置装费"对他来说是个离奇得不可思议的字眼。事实上他离开军旅生涯已经40年了，那些衣服仍穿着。真穿成烂布的时候，他又央求妈妈扯成抹布来用。

我算是个有环保概念的人，但和父亲一比就十分惭愧。我的概念全是"学而知之"，是思考以后的道德决定。我其实喜欢发光的进口石材铺成的地面，喜欢华贵的地毯和兽皮，喜欢红艳的葡萄酒盛在高脚水晶杯里，我之所以选择俭朴是因为逃避，逃避不该有的堕落与奢华。

但父亲，出身农家的父亲，他天生就环保，他是"生而知之"的环保人士。回到家里，晒衣绳上到处有父亲三四十年来自制的衣架。衣架制法简单：找根一两厘米宽的竹条，裁做三四十厘米长的竹段，中间打一个小洞，穿过铁丝；铁丝扭作"S"形，就可以挂衣服了。

父亲的藏书也离奇，他不买精装书，只买平装书。他认为国人的精装书多半是"假精装"，只是把硬纸粘贴在封面外面而已，勤看书的人只消一个礼拜就可以让它皮肉分家。父亲的书是真正买来看的，他保护书的方法是买来书就加道装订手续。他用线装书的方法装订，每本书都钻四五个孔，再用细线缝过。30年后竟没有一本书脱线掉页的。

我偷了父亲一本《唐诗三百首》放在自己的书架上。其实这本书我已经有好几个不同的版本了，何必又去偷父亲的？只因那本书父亲买了50年。他用一张牛皮纸把书包好，我打开来一看，原来那是一个拆开的大信封的反面。老一辈的人惜物至此，令我觉得那张黄旧的包书纸，比书里的三百首诗还有意思。

夏天，父亲另有一项劳己利人的活动：他拿六七只大铝壶接满水，放在院子里晒，那便是我家独制的"太阳水"。到下午等小孩放学以后，可以用来洗澡。至于那些大壶也不是花钱另买的，而是历年囤积的破壶。那年代没有不锈钢壶，只有铝壶。南部水硬，壶底常结碱，壶的损坏率很高。壶漏了粘补一下，煮水不行，晒水倒可以。

可惜父亲3年前跌了一跤，"太阳水"就没人负责制造了。我多么怀念那温暖如血液般的"太阳水"！

父亲年轻时念师范，毕业以后从军。军校六期毕业，也曾短期赴美，退役的时候是步兵学校副校长，官阶是陆军少将，总算也是个人物了。但他真正令我佩服的全然不是那些头衔，而是他和物质之间那种简单素朴的疼惜珍重。

我把他的高筒马靴偷带回台北。马靴是父亲50年前骑马时用的。那马靴早已经僵硬脆裂，不堪穿用了。但我要留着它，我要学会珍惜父亲的珍惜。

四、与时俱进

时代在不断地变化，社会在迅速地发展，家庭既然是社会的细胞，家风也需要与时俱进，才能跟上社会发展的步伐。

每个家庭的家风虽然各有不同，但都继承了中华传统文化。传统文化中精华与糟粕并存，因此我们新一代必须认真进行鉴别，去粗取精，去伪存真，结合新时代的需求，采取与时俱进的态度，建立好家风。

时代的变化，为家风中的民主提出了挑战。应该承认，中国过去的家庭中，民主、平等的确做得不够。父母成了"常有理"，孩子必须听话。如何恰当地建立新型家庭的民主家风？首先需要在理念上树立尊重孩子的意识，然后探索行之有效的方法。

让女儿拥有一本秘密日记[①]

女儿 13 岁了。我发现她最近变得有些爱发呆，和我们说话很没有耐心，而且不像以前那样黏着我，晚上一吃完饭便躲进自己的房间里。"你看女儿这些天是怎么了？也不和我们说话，一副闷闷不乐的样子。"丈夫把我拉进卧室担心地问道。想了想，我告诉丈夫，女孩子早熟，到这个年纪难免会有些小心思，又不愿意和大人讲，觉得谁都不理解她，所以便闷在心里。

丈夫一听就皱眉，提醒我说："你这个当妈的，可得注意点。现在的孩子心思多，承受压力的能力又差，你得想着开导。"我顿时苦笑。前几天我也想找女儿聊来着，可她问我："妈，您觉得 13 岁的女孩和 43 岁的女人有的聊吗？"我一下子被问住了。是啊，小姑娘嘴里那些时尚的名词我都不懂，她的想法怎么会愿意说给我听呢？

"那就没办法了吗？"丈夫顿时急了。我不禁想起自己像女儿这么大的时候，也不愿意和我妈讲太多。但是我有一个小本子，我把自己的憧憬和愿望，甚至那些刚刚萌动的小心思，都写在里边。因为我妈不认识多少字，所以我放心大胆地写，每每写完都觉得心里很舒服。也许，女儿也需要一个小本子？

逛超市的时候我发现了一种日记本，上边挂着一把精致的小锁。我拿起一本欣喜不已。

丈夫说："你不会要给女儿买吧？这样一锁，我们不就啥也不知道了？"我白了这个爱女心切的男人一眼，说："我妈当年不也啥都不知道，我出什么事了没？"其实我知道，女孩子有小秘密，是这一阶段特有的事。给她一个倾诉和纾

---

① 王子华，让女儿拥有一本秘密日记 [J]，父母课堂，2017（9）.

解的空间，有利而无害。

当女儿见到这个日记本的时候，竟然激动得紧紧拥住了我。

她说她早就想买一本，但是怕我和她爸爸不同意。

"你放心好了，爸爸妈妈都支持你，用完了妈妈再给你买。"我拍拍女儿的背，她在我怀里一个劲地点头。

看着桌上那本别致的日记本，我有些感慨。虽然从此以后女儿有了自己的秘密日记，不会像儿时那样什么事都对我说，但我觉得我们之间充满了信任，心也贴得更近了。

这位母亲，尊重和理解青春期的女儿，这是民主家风的基础啊！

艰苦奋斗、吃苦耐劳，也是需要继承的好家风，但是当代的孩子，在优越的生活条件下习惯了养尊处优，要想让他们继承这些好家风，家长还必须下一番功夫。

下面这篇文章描述了两代人是如何传承好家风的——过程是典型性的"先苦后甜"。

这粥再难喝，我们也得把它喝光 ①

女儿 12 岁那年，我带她去西藏旅行，有一天一大早要去爬海拔四千多米的青朴山。

爬到山顶时已近晌午，女儿说饿了。我们忘了带吃的，四周也没有卖东西的，我担心女儿缺乏体力下不了山。这时正赶上山顶寺庙中的出家人开饭，女儿眼巴巴地看着热气腾腾的粥锅。于是，我向一位尼姑求了碗粥，好心的尼姑把我们请到她休息的寝室。

谁知女儿看着灰色的几乎看不到什么米粒的粥，喝了一口就再也不喝了。我尝了一口，里面应该有我们不习惯的酥油、青稞面，还有几根叫不上名字的野菜，确实不合我们的口味。

但是，我知道这碗粥对于山上的尼姑弥足珍贵。青朴山上物资十分匮乏，在此居住的都是清苦修行的出家人。我们看到那位尼姑站着喝粥，吃完后转着圈地将碗一下一下舔干净。然后，她带着平和的微笑看着我们。

我示意女儿一定要把这碗粥喝下去。她在那儿掉眼泪，泪水滴到了碗里。她说她实在咽不下去。那位尼姑似乎看出了什么，笑着从柜子里拿出了一盒饼干和一袋方便面。那一定是别的旅客给他们的，她们都舍不得吃。我站起身笑着拒绝了。虽然她听不懂汉语，我还是对她说，也是说给女儿听的："谢谢您，这一碗粥足够了！"

---

① 奶牛妈妈. 这粥再难喝，我们也得把它喝光 [J]. 父母课堂, 2018 (1—2).

女儿看我那么坚定，似乎彻底绝望了，她的眼泪流得更凶了。我坐回到她身边说："这粥再难喝，我们也得把它喝光，这是对别人最起码的尊重！我们一人半碗，我先喝，什么时候喝完什么时候走！"说实话，我也是强忍着不适才喝下去的。

现在每想起当时女儿和着眼泪把粥喝完的情景，我都会觉得有些心酸，但同时也会有满满的感恩与欣慰。因为我知道，那碗粥将让女儿受益终生。就像她后来在一篇作文中写的那样："我一口一口地喝下剩余的半碗粥，苦楚、酸涩，却在我的记忆中点点回甘……"

在孩子记忆中，苦变成了甜，这就是在新时代家风传承的成功。母亲在这件事情中的坚持，也闪烁着家风之美。

第七章
家庭关系之美

孩子的发展能力取决于父母的发展，存在于现存社会关系中的一切缺陷是历史的产生，同样也要通过历史的发展才能消除。

——马克思

一、夫妻关系之美

夫妻关系是所有家庭关系中最重要的关系！——这是许多家庭教育工作者和广大家长多年实践得出的一个重要结论。

最初，许多家庭把亲子关系放在第一位，以为只要夫妻都是全心全意爱孩子，亲子关系好了，夫妻关系自然就会好了。有的夫妻为了让孩子安心准备高考，暂时把双方的矛盾压下来。其实，实际效果恰恰相反，如果夫妻关系不和，又不积极去解决，明里暗里、自觉不自觉地都会把夫妻矛盾辐射到亲子关系上。孩子也会慢慢有所察觉，心里惴惴不安。夫妻天天演戏，感觉十分别扭，结果是大家都很痛苦。

夫妻是家庭的核心，夫妻关系肯定影响其他关系，所以夫妻要把建设、经营家庭，充实、发展爱情放到第一位——因为它决定性地影响孩子的成长。

那么，夫妻关系应该建立在什么基础上？夫妻关系之美有以下四点基本要素。

（一）忠诚

真是美的基础，虚假和美背道而驰，婚姻也是如此。为什么人们说："金窝、银窝，不如我家的草窝。"亿万富翁和绝世美女组成的家庭并不一定幸福，那是因为如果都是为了利用、占有对方，各怀心思，只能生活在欺骗、怀疑之中。婚姻生活中，没有真诚，感觉不可能甜蜜；没有忠诚，关系不可能长久。

有的人，在谈恋爱的时候，想的只是如何占有对方，对方稍有不从，就大打出手，甚至发展到伤害。从性质上来说这是一种动物行为。动物出于生物本能，根据森林法则，对配偶恃强凌弱，这种关系根本不需要相互的忠诚。只有人类，把两性关系从动物性提高到前所未有的高度。苏霍姆林斯基说："说到底，教育的实质就在于克服自己身上的动物本能并发展人所特有的全部本性。"[①]

马克思也说过，性爱是人类保留的最深层次的动物本性。因此，人在性爱上最能表现出不同于动物，也就是仅仅在深层次有着动物本性，更多的是和动物有着本质不同的一种更高层次的爱。这种更高层次的爱，就包括忠诚、尽责、亲密、合作。

中国民间传说中有许多歌颂坚贞爱情的故事，世代流传，经久不衰，就是因为它们突出了夫妻关系中的"忠诚"这一基础。

> 董永卖身葬父，天庭的七仙女被其孝行感动（今孝感市因此而得名），于是私自下凡与其结为夫妻。七仙女一夜之间织了十匹锦布，帮助董永偿债赎身，奴期从三年减至一百天。奴期满后，夫妻还家，以为可以过上幸福美满的生活，这时候玉帝却下令七仙女返回天庭，为了董永，七仙女只好忍痛与丈夫诀别。

在我国的少数民族地区，也有类似的传说：

> 相传土司热布巴拉家向阿诗玛家提亲，没有结果，便把阿诗玛抢走。这事被阿黑哥知道了，他翻过七七四十九座山，从远方牧场匆匆赶回去救阿诗玛。回到家后，阿诗玛已被抢走三天三夜了。他骑上神马跨过九九八十一条河赶到热布巴拉家。经过几番周折，终于救出了阿诗玛。
>
> 阿诗玛和阿黑哥欢天喜地，骑马踏上归途。在回家的路上，阿诗玛伸手想找个石头扶扶，不料一下粘在了崖壁上，再也下不来了。阿诗玛就被永远粘在那块大石头上。阿黑哥则日夜呼唤心爱的姑娘。天长日久，在雨水的不断冲刷下，那石头便形成了我们现在看到的那个样子。

古往今来的诗歌中，歌颂爱情的也非常多，其中强调忠诚的则属第一位。如莎士比亚曾写过以下诗歌：

---

① 苏霍姆林斯基，育人三部曲［M］，人民教育出版社，1998 年出版：696.

你说你喜欢雨，但是下雨的时候你却撑开了伞；

你说你喜欢阳光，但当阳光播撒的时候，你却躲在阴凉之地；

你说你喜欢风，但清风扑面的时候，你却关上了窗户。

我害怕你对我也是如此之爱。

（二）亲密

长期的夫妻关系，不再像恋爱时期那样轰轰烈烈，但是会像陈年老酒那样越发香醇。历史上流传着一个通俗而感人的故事：元人赵孟頫欲纳妾，其妻管道升特作了一首词，表示她对丈夫深浓不可分的亲密感情：

你侬我侬，忒煞情多；情多处，热如火；把一块泥，捻一个你，塑一个我，将咱两个一齐打碎，用水调和；再捻一个你，再塑一个我；我泥中有你，你泥中有我；我与你生同一个衾，死同一个椁。

黑格尔对这种夫妻关系当中"你中有我，我中有你"的现象，从哲学视角进行了以下分析：

这种把自己的意识消失在另一个人身上的情况，这种忘我无私的精神（只有凭这种精神，主体才会重新发现他自己，才真正实现他的自我），这种忘我的精神（由于忘我，爱情的主体不是为自己而存在和生活，不是为自己而操心，而是在另一个人身上找到自己存在的根源，同时也只有在这另一个人身上，才能完全享受他自己）就形成爱情的无限性。

这里的美，主要在于爱情这种情感并非始终都只是冲动和情感，想象围绕着爱情的关系创造出一整个世界，把一切其他事物，一切属于现实生活的旨趣、环境和目的都提升为这种情感的装饰，把一切都拉入爱情这个领域里，使一切都由于与爱情的关系而获得价值。

"爱情在女子身上特别显得最美，因为女子把全部精神生活和现实生活都集中在爱情里和推广成为爱情，她只有在爱情里才找到生命的支持力；如果她在爱情方面遭遇不幸，她就会像一道光焰被第一阵狂风吹熄掉。"[1]

在现实生活中，如果夫妻关系不和，我们还常常可以从孩子那里听到痛苦的回声。

---

[1] 黑格尔，黑格尔美学（第2卷）[M]，商务印书馆，1981年出版：327.

总是吵架的爸爸妈妈 ①

我的名字叫乐乐，可是我一点儿都不快乐。我有爱我的爸爸和妈妈，但我不明白的是他们为什么总是吵架。

公园、商场、菜市场……到处都可能变成爸爸妈妈吵架的战场。我觉得他们可以不分场合、不分时间地吵架，而且吵架的原因也让人莫名其妙。周末爸爸妈妈说要带我去海边沙滩上写生，出门的时候还是好好的，还没到楼下，他们两个人就吵了起来。吵架的原因仅仅是爸爸穿了一双不适合在沙滩上走路的大皮鞋。拜托，穿的鞋子不合适只要回家去换一下，不就好了吗？吵架的内容像滚雪球一样越滚越大，最后演变成了妈妈控诉爸爸不关心我们，爸爸说妈妈翻旧账、无理取闹。

最可怕的是两个人还非要让我站队，问我到底支持谁？我才不要选，如果我支持爸爸，妈妈肯定会说我是个小没良心的，然后开始遥想当年，从她怀胎十月生下我开始说起；如果我支持妈妈，爸爸准吹胡子瞪眼地说："你们娘儿俩合伙对付我是吧，你就跟着你妈过吧。"然后扔下我们自己跑掉。可是如果我不选边站的话，搞不好他们两个会合起伙来围攻我，这可真让人忧伤。

最让人尴尬的是，这可是在小区的院子里，隔壁的王奶奶正在小花园里遛狗，对门的阿姨正带着她家小豆豆在小广场上玩轮滑。他们肯定都听到我爸爸妈妈吵架的声音了。

真是丢死人了！

亲密，并不等于两个人之间丝毫没有距离，人们常说"距离产生美"，这是很有道理的。在夫妻之间之所以"距离产生美"，最主要的是体现了相互尊重。夫妻之间的亲密应该是有度的，因为夫妻两个都是独立的人，应该保有各自的空间，有自己的看法，展示自己的个性，因而密而不粘，和而不同，才是一种美。

（三）尽责

有一位女性深情地回忆起她的恋爱经历："我爱上他，就是在一刹那——有一次下车时，突然下雨，正在发愁的时候，感觉有人为我撑起一把雨伞……"

这种情感反映出，在夫妻关系中，敢于担当、有责任感、处处尽责的重要性。在夫妻关系中，各种各样的、及时的，哪怕是微小的尽责表现，都会让人感到愉悦，感到美。

神话传说中，人们也是歌颂那些敢于担当、有责任感的人。

---

① 乐乐，总是吵架的爸爸妈妈［J］，父母课堂，2016（12）.

柳毅、龙女的故事①

唐代高宗皇帝时期，一位来自湘乡的书生柳毅，赴京考试落榜后，于返乡途中遇见洞庭湖龙王之女正在放羊。龙女遵父母安排，远嫁做泾河龙王的儿媳，却终日受丈夫虐待，即使不断诉求抗争，也得不到公婆的理解，欲哭无泪。

柳毅同情龙女的遭遇，慨然允诺龙女怀揣书信送至洞庭龙王。因此其龙叔得以诛杀泾河逆龙，还龙女自由之身。

自此，龙女爱上了勇敢的柳毅，不依龙王再次为自己安排的婚姻，化做民妇来到柳毅身边，与他结为夫妇，过着恩爱美满的生活。

家中无大事，尽责往往表现在一些小事情上。例如生理心理学研究发现，女性用语言抒发感情的需要，比男性要高出几倍甚至几十倍。回到家中，妻子唠唠叨叨没完，就是她的一种特殊需要，这时候丈夫就应该停下手边的事情，担当起倾听的责任。

而有些丈夫遇到事情，愿意自己扛着，闭口不言。其实这对事情的解决不利，对身体也不好。聪明的妻子这时候就应该担当起启发的责任，循循善诱，让丈夫把事情说出来，共同想办法，共同分担困难。

（四）合作

夫妻之间的真诚、亲密，绝不是口头说说就可以的，重要的是落实在行动上。在两人结合的时候，自私的动机越少，日后的夫妻关系就会越好。因为两个自私的人之间，实际没有情意，只有互相利用。

要想有美满的结合，必须有两人的一致努力；而要想破坏这种结合，只需一人就足够了。两性有许多不同的特点，因此，要想合作，还需要学会了解对方、理解对方。女性和男性不仅在思维方法上有所区别，在生活方式、情感表达上都有区别，因此，要善于求同存异，多看并且欣赏对方的优点，少看并且包容对方的缺点。

有一对夫妻，十分重视互相的逐步了解、理解，这首诗道出了他们能够携手同行的真谛。

情人节赋诗一首

冉乃彦

你像一首诗，

一首慢慢才能读懂的诗。

有时欢快，

---

① 摘自青神龙女博客，2014-06-25.

有时激动。
像蝴蝶一样追寻着美丽，
像蜜蜂一样酿造着成功。

我像一本书，
一本慢慢才能读懂的书。
有时简单，
有时朦胧。
像孩子一样充满了幻想，
像傻子一样怀抱着憧憬。

携你之手，
与你同行，
慢慢闻着书香
慢慢品着诗情。

传家的是忠厚魂魄，
继世的是诗书精灵。
路还长着呢，
慢慢读，慢慢行……

……原来，我的这本书里啊，镌刻着你浓郁的诗情。

不仅如此，夫妻生活的延续，必须不断有新的追求，追求者的生活应该永远是崭新的。如果两个人都是在追求新的生活，他们就会比翼齐飞；如果一个人没有新的追求，两个人的距离会越来越大。

例如，一对夫妻在七夕幸福之日，妻子因为工作需要出差在外，丈夫就写了一首诗和妻子交流，寄托了两人追求美好生活的愿望。

七夕赠妻

（七夕将至，妻赴外地出差有感）

冉乃彦

我在京中耕耘，你在京外织锦。

耕耘不辍成书，飞梭织锦成云。

莫等藤下听书，休待鹊桥渡云。

博客微信上阵，今人超越古人！

二、亲子关系之美

亲子关系是家庭关系中的重要组成部分。健康的亲子关系的形成，需要认真理解和积极体现家庭教育的四个重要特点——整体性、实践性、持续性、亲密性。

（一）整体性——要求全面发展

培养孩子的目的，应该是让其成为德智体美劳全面发展的人。这个目的，现在受到了严重的挑战，应试教育的阴影笼罩着许多家庭甚至学校。当然，应试教育思潮是由几个环节——政府、社会用人单位、学校、家庭、社会文化等形成的，解决起来同样需要这些环节合力投入。

当前，这几个环节都做了一定的努力。政府主导的考试改革、教育资源均衡化的措施相继出台；社会用人单位"看文凭不看水平"的现象有所改变；学校单纯以分数评价学生的态度得到扭转；社会上"赢在起跑线上"等错误舆论受到批判。

在这种情况下，家庭对待孩子全面发展的态度，就成为非常重要的因素。家长不能仍然一味地强调外因，而看不到自己的错误理念已经在把孩子的发展引向歧途。例如学校减负之后，家庭偷偷增加负担；重智轻德、重智轻体育等这些现象说明，有的家庭在培养孩子上严重地背离了全面发展的方向。如果背离了全面发展的方向，家庭中就不可能有健康的亲子关系。家庭也一定要贯彻全面发展的理念，错误的理念是当今亲子关系出现问题的主要根源。

（二）实践性——避免单纯说教

家庭对于每一个人的成长，尤其对儿童来说，是全方位接触、最具有实践性的环境。一天 24 小时，衣食住行，全部生活实践都在家庭中进行。无论是物质环境，还是精神环境，都会对孩子产生潜移默化的影响。

家庭环境的这种实践性特点，使得美育尤为深入和持久。因为真善美是统一体，美必须建筑在真与善的基础上。美是容不得虚假，容不下恶劣的。不诚实、自私自利的家长，即使能够说出美丽的辞藻，他对孩子的教育只能是丑的；而那些能够实事求是、为人善良的家长，即使文化水平不高，也会使家庭美育逐步产生深远的效果。

在家庭中，家长是孩子模仿的榜样，是孩子成长过程中的"重要他人"。能让孩子受到影响的，不只是家长说的话，更是和言论相一致的行为。

有一个家长早上懒得起床，还在被窝里给领导打电话："我的车堵在半路上呢！今天肯定要迟到了。"这个家长的话和行为，都被共同生活在一起的孩子听到和看到，这时候产生的教育效果，肯定是极其恶劣的。孩子可能会从道德上认为，说谎并不可耻，甚至还可能学会了如何花言巧语。

这时候，家长即使对孩子讲了许多诚实美德的重要性，肯定毫无作用，甚至还可能让孩子感到其很虚伪。

家庭教育的实践性，还体现在不死读书上，积极引导孩子参与实践活动。下面这位家长就是善于反思，在实践中理解了孩子的需要，进行了就在身边的"美育"。

跟女儿一起触摸春天

经过一冬的蛰伏，明媚的春天终于闪亮登场。今天的阳光格外好，正适合把冬装都拿出来洗洗晒晒。

可是，女儿却在我身边不停地捣乱。"跟我走，我送你去外婆家！"我怒不可遏。

电瓶车快速地前行，风从耳边"呼呼"地刮过。"妈妈，怎么这么快！"坐在车后座的女儿突然兴奋地叫起来。"不快能行吗？妈妈还有一大堆家务等着做呢！"我撇撇嘴说。"不是，我说的是树叶，它们长得好快呀！"女儿指着路旁一棵极其普通的树说道。

我顺着她的手指望过去。是的，那些树叶前两天还是小小的、嫩嫩的芽儿，星星点点、若隐若现地缀在枝头。没几天绿意就已四处蔓延、肆意渲染开了。

只是我没有闲适的心情去关注眼前的这一切，我牵挂着的是泡在水池里的那堆衣服。

"妈妈，我想摸摸树叶。"

女儿伸出手，努力去够树叶。

看着她跃跃欲试的样子，我不禁想：也许只有孩子才会有这么浪漫的想法吧？尘世的劳累、生活的琐碎，早已熄灭了我们心中的浪漫。有多久了？我们无心关注花开花谢、日升月沉。"妈妈，我摸不到！"随之传来一声长长的叹息，里边有掩饰不住的失落。

我的心禁不住一动。我刹住了疾驰的电瓶车，把车停到路旁，说："你站起来摸摸吧！"

女儿踮起脚尖，伸长手臂，使劲向上够。"摸到啦！我摸到春天啦！"她欣喜地叫着，红通通的小脸上写满了兴奋。

"你摸到的春天是什么感觉呀？"女儿的童真感染了我。

"绿绿的、嫩嫩的、滑滑的、软软的。"还在上幼儿园的小人儿，竟一下子蹦出这么多美丽、生动的词语。

是啊，一片片树叶被春风裁剪出了精致的诗情和画意，我却只顾着匆匆前行，忽略了沿途这么多美丽的风景。

"宝贝，妈妈不送你去外婆家了，妈妈带你去看春天。"我把车上了锁，牵着女儿的手慢慢走，我要跟她一起去触摸春天！①

（三）持续性——关注年龄特点

家庭教育不但要日日月月，坚持进行；而且随时随刻，自然进行。这就使得家庭美育有条件"点点入地""润物细无声"，变成一种无痕的优质教育。

家庭美育的日常持续性，有利于审美的重复与积累。为什么小孩子对爱听的故事，不仅总让你反复讲，他自己也会不厌其烦地反复说，这就是因为他有审美心理的需要，而家庭则有条件比较好地满足这一重要的需要。

虽然"常情"与"美情"有区别，不可能处处把"常情"变成"美情"。但是，"常情"究竟是"美情"的基础，一旦有条件，在关键时刻、典型事件中，例如年节、生日，就不能只有吃喝，还应该有诗意的回顾、畅想、祝福、勉励，把美的感情表达得淋漓尽致、深刻感人。

亲子关系的持续性，长达一生。一位家长调侃道："我对孩子的操心，一辈子也完不了。上学前，为孩子不会说话、不会认字着急；上学后为孩子不守纪律、分数低着急；小学毕业为上好初中着急；初中毕业为考高中着急；高中毕业为考大学着急；大学毕业了，为找不到工作着急；工作找到了，又为找不到对象着急；然后，又为生孩子的事情着急；接着，为孩子的孩子的成长着急……总之，着不完的急，操不完的心。"

但是，说话的家长往往是笑着说，因为是"着急、操心并快乐着"，他在享受着这种充实的天伦之乐。

持续性还要求家长关注孩子的不断发展，关注孩子的年龄特点。

有一位大学生回忆道："我的老妈每次送我出门，都是一句话——'到学校听老师的话，别淘气'。从上幼儿园到上大学，十六年一贯制，没有变过样。最近我说：'老妈，我都上大学了，怎么还怕我淘气啊？'说得老妈自己也笑了起来。"

在父母眼里，孩子总是长不大，这种固定的看法，必然影响亲子关系。因为不同年

---

① 陈洪娟，跟女儿一起触摸春天 [J]，父母课堂，2018（1—2）.

龄的孩子的需要是不同的。下面这个实例说明，当家长按照孩子的年龄特点去满足他们的需要时，就能够获得美好的亲子关系。

陪孩子一起看电视 ①

我们总以为自己是大人，应该做大人该做的事，而孩子做的事都"非常幼稚"。所以我们对孩子的游戏不闻不问，更别说陪他们一起玩了。

那天，儿子正在看电视。

我一看，电视上放的是日本动画片《哆啦 A 梦》。这片子我很熟悉，小时候也看过，当时叫《机器猫》。片子很精彩，到现在我都难以忘怀。于是，我饶有兴趣地坐下来观看。

"爸爸，你也喜欢看吗？"儿子好奇地问。"嗯。"我不好意思地回答。"可这是小孩看的啊。"他说。"对啊，是小孩看的，你不就是小孩吗？爸爸陪你一起看，不好吗？"我随口敷衍两句，儿子听了却非常高兴。他把小凳子移过来，依偎在我身旁和我一起看。

从那以后，只要是儿子认为精彩的电视节目一出现，他便会喊我："爸爸，快来看电视！"

不仅如此，我给他买了好吃的、好玩的，他也总是和我一起分享，连他最爱喝的牛奶都要一人喝一口。陪儿子一起玩，就是把他当朋友，所以他也会把我当朋友。

无形中儿子懂得了平等、关爱、与人分享、和别人友好相处。我呢，知道了儿子需要一个可以当朋友的爸爸，而不是一个"居高临下"的爸爸。

亲子交往中，家长不仅需要注意孩子的年龄特点，还要用孩子能够听得懂的话交流，才能取得最佳的效果。下面这些经验之谈很有借鉴价值。

怎样跟孩子聊天更有效 ②

1. 问"小"不问"大"

抽象的问题对孩子来说很难回答，家长不妨改问些很简单、一定有答案的问题，而且不妨从细节开始。

不要问"你今天在学校过得如何？""你今天在学校做了什么？"这种问题，孩子只会简单地回答："还好。""没做什么！"这样聊天很难持续下去。

---

① 任予迪，做孩子的朋友 [J]，父母课堂，2017（11）.
② 成墨初，怎样跟孩子聊天更有效 [J]，家教世界，2017（2）.

你可以改问"你今天在学校上了哪些课?"当孩子说出自然、音乐、语文的时候,你就有机会接着问"那自然课今天教什么?"孩子就接着回答你的问题:"教气象啊! 什么气温、风向的,无聊死了!""那音乐课有没有好一点儿……"你就可以借机了解他今天做了些什么,并持续交谈下去。

以前孩子刚上学时,我跟孩子聊天的开头常常是:"你今天早上去学校跟谁玩? 画画课画些什么呢?""你们班最多人喜欢的男生是谁啊? 你喜欢谁呢?"通过一些生活小事打开话匣子比较容易,这些问题简单易懂,不会让孩子感到有压力。

2. 从别人的事谈起

"从别人的事谈起"是一个比较好的聊天方法,比方说谁吃饭吃得最慢、谁最常被罚、谁功课最棒等。由此,我们就能窥见他对同学的行为有什么样的看法,然后了解孩子在我们看不见的时候怎样去处事。

3. 只要"同理",不要"否定"

大人跟孩子聊天,很容易发生的一个状况,就是大人常常喜欢否定孩子的感受。只要你这么一说,这个话题就聊不下去了! 只要"倾听",不要"说教"。

和孩子聊天,最忌讳的就是说教。任何一种话题的聊天,只要沦落到说教与听训,那就没趣到极点了。所以,聊天时可以对对方、对话题保持高度的兴趣,这样就很容易让话题源源不绝地继续下去。

4. 注意肢体语言

聊天时,适当的肢体语言,会让孩子觉得你重视他、想要和他认真地聊天。适当地使用一些亲密的肢体语言,会在聊天时产生非常正面的效果,比如:握握他的手,摸摸他的头,顺顺他的头发,等等;不要随意乱笑,不论孩子的话多么幼稚、多么奇怪,你都要保持诚恳、一本正经,否则他很容易觉得大人在嘲笑他,而不愿意继续聊下去。

最后要提醒大家的就是,在跟孩子聊天时,当孩子一时说出些令你惊讶、反感的事时,切记"不动声色",在尚未明白事情真相或者尚未想出如何应对时,先保持朋友般的倾听,这很重要。

(四)亲密性——把握情感教育

夫妻是因感情而走到一起的,家庭的亲密性应该是必然的表现。夫妻之间由于爱,彼此接纳,彼此包容,使得关系越来越亲密。这种亲密关系必然影响全家的关系。

亲密性并不意味着没有矛盾、没有争论,而是由于长期生活在一起,生活习惯变得越来越融洽,越来越一致。即使有了隔阂,有了别扭,也容易化解。对鸡毛蒜皮的小事情，更是谁也不计较。互相之间亲密依靠，天长日久慢慢变得谁也离不开谁了。

由于亲情关系相互关注的内容实实在在，是对方所真正需要的，没有虚情假意，更没有敌情恶意，这就是亲密关系中的真与善。

彼此关注的内容几乎无微不至，彼此的接触比较全面和细腻，在这个基础上产生的真情实感，那就是美，一种家庭中特有的美。

父亲的爱①

爹不懂得怎样表达爱，使我们一家人融洽相处的是我妈。他只是每天上班下班，而妈则把我们做过的错事开列清单，然后由他来责骂我们。

有一次，我偷了一块糖果，他要我把它送回去，告诉卖糖的说是我偷的，说我愿意替他拆箱卸货作为赔偿。但妈却明白我只是个孩子。

我在运动场打秋千跌断了腿，在前往医院的途中一直抱着我的，是我妈。爹把汽车停在急诊室门口，他们叫他驶开，说那空位是留给车辆紧急停放的。爹听了便叫嚷道："你以为这是什么车？旅游车？"在我生日会上，爹总是显得不大相称。他只是忙着吹气球，布置餐桌，做杂务。把插着蜡烛的蛋糕推过来让我吹的，是我妈。

我翻阅相册时，人们总是问："你爸爸是什么样子的？"天晓得！他老是忙着替别人拍照。妈和我笑容可掬在一起拍的照片，多得不可胜数。

我记得妈有一次叫他教我骑自行车。我叫他别放手，但他却说是应该放手的时候了。我摔倒之后，妈跑过来扶我，爹却挥手要她走开。我当时生气极了，决心要给他点儿颜色看。于是我马上爬上自行车，自己骑给他看。

他只是微笑。

我念大学时，所有的家信都是妈写的。他除了寄支票外，还寄过一封短束给我，说因为我没有在草坪上踢足球了，所以他的草坪长得很美。

每次我打电话回家，他似乎都想跟我说话，但结果总是说："我叫你妈来接。"

我结婚时，掉眼泪的是我妈。他只是大声擤了一下鼻子便走出房间。

我从小到大都听他说："你到哪里去？什么时候回家？汽车有没有汽油？不，不准去。"爹完全不知道怎样表达爱。

除非——会不会是他已经表达了，而我却未能察觉？

---

① 艾尔玛·邦贝克，父亲的爱，节选自《普通话考试朗读材料》.

三、隔代关系之美 ①

（一）隔代关系在当代非常重要

首先，隔代教育是中国家庭教育必须面对的现实。

根据调查，中国城镇当前有近五成的孩子跟着爷爷奶奶、外公外婆长大，孩子的年龄越小，与祖辈在一起生活的比例就越高。而且，留守儿童的隔代教育还有特殊性——父母不在身边。作为农村家庭，父母外出打工的情况较多，隔代教育不可避免。

"很多家庭父母都是一周才跟孩子团聚一次，有的一个月，有的甚至一年！目前，在我们学校这样的家庭比较多。"

在中国，隔代教育是一个现实的存在，全国有一半以上的家庭是三代人生活在一起，祖辈越来越多地参与家庭教育，这个事实本身就说明了隔代教育很重要。

其次，隔代教育也是中国家庭教育的重要特色。

隔代教育是中国文化的特色，也是一个优势。中国人不信鬼神，崇拜祖先，讲究孝道，提倡尊老爱幼，三代人生活在一起，虽然表面看矛盾好像多一些，但是总体上优势远多于劣势。

有人说："家庭本身就是中国人情感的归宿。与西方老人与狗为伴不同，更多的中国老人，还是愿意和孙子孙女在一起。西方人到了老年，一个人跟只狗相伴，真是晚景凄凉呀——这是我们中国老人对老外老年生活的普遍反映。有孙辈在身边，是一件让中国老年人乐呵的事情，毕竟，含饴弄孙是一大天伦之乐，值得享受的事情！"

有人说："长辈的开明很重要，我们家六十多年来一直是四世同堂，甚至五世同堂的大家庭，但做长辈的都很开明，也就形成了家庭的一种文化。"

俗话说："家有一老如有一宝。"晚饭后，灯光下，儿孙围绕，听老人家讲他们的故事。这个画面在我脑海里一直是最温暖的，也是隔代教育中最好的部分。

许多人的童年回忆中，祖辈的印象十分强烈。尤其是外婆唱的儿歌、和外婆共同玩的游戏，那些备感温馨的场面，往往一辈子都不会忘记。

再次，家风传承需要依靠老一辈。

有的家长已经认识到"我们最应该从老人家身上学习的是，这么多年风雨人生的体验，听他们讲故事"。所以，隔代教育当前最大的问题是我们错过了老一辈最好的价值，没有把老一辈的阅历、资源充分给孙辈分享，而这些财富往往是父辈难以给予的。因此，需要提倡父辈善于提供隔代人相处的机会。

---

① 本小节主要资料来自中亲联教育研究院网上研讨会。

隔代教育问题，也促使我们研究家风问题……三代人当中可能都有佼佼者。总结他们的经验，是我们光荣的任务。隔代教育的美好，来自人生体验的相互交融，是一种家族传承。让老人们围着厨房转的是我们，错失了老人们人生体验的传授的同样也是我们。

　　我自己就遇到过这样一次让我感动的事情：有一次儿子打电话，提出明天能不能聚一聚？我当即回答说后天要去实验学校，明天需要做许多准备。儿子又说："其实，是你的孙子想和你聊一聊几个大问题——人生应该树立什么目标？你一生坎坷，在遇到挫折时是怎样对待的？"

　　我一听，十分高兴，我的孙子是年轻的大学生，开始想和祖辈探讨人生大事，我再忙也要支持。于是我们三代人开了一次研讨会，都感到很有收获。

（二）父辈为核心，祖辈、孙辈各司其职

我国正处在迅速发展的时代，家庭教育会出现多元并存的局面。隔代教育是重要的不可少的一种类型，关键的问题是三代人如何定位。当然这实际上仍然是两种教育思想在家庭教育中如何落实的问题！

1. 两代人在家庭教育中的定位要正确

我们可以从下面几个角度，全面理解"定位"。

如果祖父母和父母的关系摆正就好了：父母是孩子的第一法律监护人，祖父母是辅助者的角色。

从长远发展看，祖父母逐步退居二线当顾问，总指挥应该是父母。

两代人教育上的不同定位：年轻父母将总方针握在自己手里，给祖父母的任务分配得条理清晰，可操作性很强。相反，当年轻父母不想承担父母的角色而把责任推给祖父母，或者祖父母想代替父母教育孩子时，就会出现很多矛盾。

要适度协调两者教育责任边界，不要过度依赖祖辈教育。要处理好祖父母和父母的教养地位、权力和边界问题。

祖父母不能因为自己的努力、负责，反而影响了年轻父母学习当好家长的必要过程。

2. 两代人统一到正确的家庭教育理念上

普及家庭教育，祖父母、父母都要进一步学习现代化家庭教育理念。

在有孩子之前，就建立两代人的良好关系，提前和老人讲第三代的教育问题。有些聪明的年轻父母就是这样做的。

（三）和谐为美

更重要的目标是要建设一个和谐的三代人家庭。

三代人的和睦关系本身也是对孩子的一项良好教育，对于在教育孩子的过程中出现的问题要与老人一起商量，然后找出解决的办法，决不能为了些鸡毛蒜皮的小事，破坏大家庭的安宁和温馨。

整个家庭中充满了爱，很多事情都可以很好地解决。

其实任何关系都是人在处理，不同的处事原则会产生不同的结果。所以需要智慧的不仅是一代人而是所有人，老人和小孩同样需要得到承认和尊重。

1. 要看到隔代教育中两代人各有优劣

由于祖辈和父辈在教育经验、社会阅历、人生经历方面的差异，导致他们之间对教育的理解存在一定程度的不同。这种不同，各有其优劣。

隔代教育的最大优势是血缘的维系，祖父母的爱远远超过保姆的爱。祖辈尽心尽力，是父母最放心、最贴心的助手。祖辈还是非常想把孩子教育好的，这个出发点，其他人很难比得上。

祖辈经验丰富，有耐心，有时间和精力。

爷爷奶奶抚养和教育孩子的经验非常丰富，一般都带过好几个孩子，孩子在什么时候容易出什么问题、生什么病，应该怎么办，他们都很清楚。事实证明，许多爷爷奶奶或外公外婆在孩子的生活饮食、身体成长和安全保障方面普遍都做得很好。

现在这个时间段做祖父母的群体，年龄大约在55到65岁。祖辈，特别是退休没事干的，更希望帮助带孩子。

教育家叶圣陶的孙子在回忆中提到：

> 爷爷在八仙桌上教我识字。印象最深的是在冬天，北京烧炉子，屋内暖和些。爷爷一回家就换上棉袍，在八仙桌前坐定，掏出几张识字卡片——他将用过的台历裁成方纸，拿红色的毛笔写上字，教我认。
>
> 爷爷建议，在饭堂的电话机旁放一块小黑板，让我在接到电话后，用粉笔记录通话内容，留言给其他人直接看。爷爷时刻关注着黑板上的各种小字，如遇"佳作"一则，还会在饭桌上表扬一句。爷爷的意思是，让我们在生活细节中，锻炼听说读写的能力。
>
> 当然，爷爷也有严厉的时候。有一次，我急匆匆扒拉了两口饭，放下碗筷蹦着离开，不小心"咣"一声摔了门。爷爷"噌"地起了身，厉声叫住我，"重新关一次门"。结果他越严厉，我就跑得越快，躲到了北屋，不肯出来。爷爷吃完饭，跑去北屋，揪着我的耳朵，一字一句地要求我，"把门再关一次"。我只

能老老实实、轻手轻脚地，又关了一次门。

这件事情，我现在想起，仍然记忆犹新。

这些零零碎碎的生活日常，就是爷爷的"教育"。他总在细枝末节的地方严厉苛刻，跟我们较劲儿，却从不列什么书单，也不过问我们的成绩。1968年"文革"期间，念初一的我去陕北延安插队，姐姐叶小沫已经到了黑龙江依兰，爸爸去了河南"五七"干校，一家人南北东西，互通消息全靠写信。即便如此，爷爷每次回信，都要先一一挑出错别字，发现用法不当的词，还要仔细分析一番。叮嘱完毕，再进入正题。

爷爷说过："我想，'教育'这个词，往精深的方面说，一些专家可以写成著作，可是就粗浅方面说，'养成好习惯'一句话也就说明了含义。"①

如果不学习，观念容易陈旧。

祖辈教育问题可能在认知和经验上表现为"三观"（亲子观、教育观、人才观）的差异。

二十多年就是一代，老一辈和孙辈之间隔了五十年左右。相差五十年的人按照以前的方法照料孙辈，肯定在隔代之间有很大的矛盾。

隔代溺爱严重，祖辈把孩子看成一颗明珠，含在嘴里怕化了，顶在头上怕闪了，捧在手里怕碎了，结果造成孩子自私、任性，患上"四二一"综合征。

2. 耐心解决认识上存在的严重误区

隔代教育是不可回避的现实，目前存在的问题，主要是在认识上存在误区。解决了认识上的不足，才能更好地发扬隔代教育中中国文化的优势。

（1）隔代教育不能替代父母教育，现实中替代现象严重。

现在年轻人，有的不负责任，把教育孩子任务推给学校，推给老人。这是值得注意的坏现象！也有些年轻人是比较懒，一旦将孩子甩给老人，他们就很少过问。

年轻的父母不能有啃老思想，不能觉得父母是应该的、必然的，看不好孩子还要责怪。首先要对老人心存感恩。其次，自己要做一个好父亲或好母亲，做到让老人放心。自己学好了先进的教育理念吗？真的做到了让老人放心吗？孩子在老人那里哭闹耍赖，有办法让孩子不哭吗？如果父母能看到年轻人把孩子带得好好的，他们为什么不听取建议呢？就怕年轻人一下班回家就躺着看手机，也不看孩子。

（2）为下一代准备好一切的补偿心理，把孙辈当宠物，代替子辈学习教育孩子的过程——这些是祖辈的认识误区。

有些祖辈也有为下一代准备好一切的传统错误思想。隔代教育中祖辈存在不少补偿

---

① 叶永和，爷爷叶圣陶在饭桌上的教育经［J］，环球人物，2017（23）.

心理，就是把对自己教育孩子的亏欠还到隔代身上。甚至有的祖辈把孙辈当宠物。

祖辈过于积极，很容易代替了子辈学习教育孩子的过程。现实中祖辈很多是教育抚养下一代的主力，而不是辅助。

（3）年轻父母要提高自己的素养。

当80后真正学会做好"父母"后，一切问题就解决了。不依赖，不指责，承担起父母的责任来。当祖父母看到你带孩子很有方法时，看到你能把孩子培养得很好时，他们自然就相信你了。什么溺爱啊，什么孩子没有男子气啊，还是由于年轻父母参与太少，放手给祖父母太多。大多数祖父母即使再辛苦，他们的劳动也不一定被承认。

祖父母带孩子，很多时候都要考虑孩子父母的感受，现实中存在这样的情况：把孩子放给祖父母带，还不信任祖父母。祖父母带孩子都不敢过于管教，也是放纵孩子的一个因素。父母的素质是影响隔代教育的一大因素。

（4）祖辈也要加强学习。

祖辈的价值观念、生活方式、知识结构、教育理念和教育方法等或多或少都会有些陈旧和落后。因此，隔代教育对幼儿的个性发展难免会有不少不利的影响。关键是如何善用其长，以避其短。我们要学会让祖辈接受新观念，在教育理念和方法上跟上时代的脚步。

（5）隔代教育需要进行有中国特色的创造。

要贯彻以上原则，并根据每个家庭不同的具体情况，探索最佳的隔代教育。

隔代教育往往包括不同年龄现状、文化现状、身体现状、经济现状等情况。探索建立不同的隔代教育模式，并且力争达到最优化。

关于两代人相处，有人总结了十招。第一招：真诚并委婉地沟通。第二招：慢慢来，不着急。第三招：让合适的人出面。第四招：谁合适就谁带。第五招：与老人约法三章。第六招：借别人的嘴，给老人"洗脑"。第七招：让事实说话。第八招：坚持必须坚持的。第九招：理解、关心老人。第十招：卸掉老人心头的包袱。

第八章
家庭艺术之美

音乐——想象——幻想——童话——创作，孩子就是按照这样一条途径发展他的精神力量的。

——苏霍姆林斯基

一、家庭中的诗词歌赋

（一）外公在家庭中的"诗教"

中国的诗词歌赋有悠久的历史，可惜用诗歌进行教育在一些家庭中已经失传。有一位七十多岁的外公程金焰，仍然坚持在家庭中用诗歌教育外孙，并且取得了特殊的效果，值得大家借鉴。

上微信写诗，激励外孙的上进心

秉承宽厚、宽容、宽松的"三宽"教育理念，就要尊重孩子的天性。孩子的天性是什么，那就是一个字：玩！所以，对孩子正当的兴趣爱好，我从来不反对，不否定，更不会指责。我还煞费苦心地用原创诗歌（主要发在微信中），来赞美、鼓励、支持，让他们玩得高兴，玩有所得。

外孙想学习击剑。我就给他送上赞美诗以表支持：一柄长剑／刺破青天／白色的骑士服／犹如中世纪的侠客／风度翩翩／黑色的头盔／遮不住／双眼里射出的两道闪电／套着高筒袜的脚／步伐矫健。

攻击守卫／退后向前／格斗中的芭蕾／神情自若舞蹁跹／在狭窄的剑道

上 / 画出了勇与谋的风景线。

提剑风雷动 / 敢与强手争英雄 / 人生千年等一回 / 潇洒就在一瞬间。

外孙读着外公的诗，饶有兴趣，但并不很懂。我就给他讲行侠仗义，举起了剑，就要讲正义，讲道义，讲情义，讲仁义，义无反顾，死而后已！

我给他讲拼搏的人生中要有勇有谋，有进有退，有战必争胜的剑客锐气，也要有爽朗潇洒的骑士风度，等等。类似这样的诗，我经常给孩子们写。

一个七十多岁的老人极力用诗情，把一个十岁左右的孩子热爱体育和艺术的心点燃，让孩子在玩中认识世界，提升情商和智商，锻炼体质和意志。如今，十二岁的外孙升入初中，品学兼优，爱好广泛，担任了学校学生会的文体部副部长。他从六岁开始习重剑、练拉丁舞和弹吉他，曾多次获得中国击剑俱乐部联赛少儿组团体和个人冠军，还获得 2015CIDU 中国北京首届国际舞蹈公开赛拉丁舞少儿组第一名，2016 英国皇家国际音乐比赛（第六届 URIMC）中国赛区总决赛吉他专业小学高组银奖。希望外孙不仅学习好，还能成为一个品格高尚、多才多艺，会享受生活的人。①

（二）诗词之美，表现在什么地方？

中国是诗的国度，诗词在中国文学创作中处于核心地位。学习诗词，是继承中华民族文化传统的一个重要途径。它的作用应该不亚于读《论语》。学习诗词更是培养审美能力，进一步塑造完善的人格的重要方法。

通过学习诗词进行美育，对于人的成长，有着深远的影响。诗词专家叶嘉莹先生认为，对孩子进行传统文化教育非常重要。她称自己从小学习诗歌，是古典诗歌的受益者。她以为这种受益，不只是自己会吟诗写诗，更重要的是对为人处事、修养性情，都有相当的影响。所以她一直强调，教孩子诵读中国的古典诗歌是非常重要的事情。

纵观中国历史，一些有成就的人往往是热爱诗词，饱读诗词，善写诗词的，而且能够从诗词中陶冶情感，汲取力量。例如古代的屈原、曹操，近代的鲁迅、毛泽东；数学家中的华罗庚；教育家中的陶行知……

在中国，诗词已经深深地融入人们的日常生活。在节假日，人们心中不由得念起"每逢佳节倍思亲"；在聚餐，人们总爱谈起"谁知盘中餐，粒粒皆辛苦"；在大雪天，人们情不自禁地吟诵"北国风光，万里雪飘"；在爬山时，人们总会说出"欲穷千里目，更上一层楼"……

人们对诗词的总体评价历来都非常高。古人说："正得失，动天地，感鬼神，莫近于

---

① 选自三宽教育研究院研讨会上的发言。

诗。"今人说："诗词比别类文学更严谨、更纯粹、更精妙。"

从审美角度看，诗词之美表现为以下五个特点。

（1）语言美

语言是诗歌的载体，诗词的语言是最凝练的。有人把诗词中最精彩的语词叫作"诗眼"，因为它好像人的眼睛，最能传神。如"春风又绿江南岸"的"绿"字，"随风潜入夜"的"潜"字。

唐代诗人杜甫的《登高》，"无边落木萧萧下，不尽长江滚滚来"中的"无边""不尽"，使"萧萧""滚滚"更加形象化，不仅使人立刻联想到落叶窸窣之声、波涛汹涌之状，而且也在无形中传达出了韶光易逝、壮志难酬的悲怆。

再如元代诗人马致远的《天净沙·秋思》："枯藤老树昏鸦，小桥流水人家，古道西风瘦马，夕阳西下，断肠人在天涯。"短短五句，不仅再现了凄凉、衰败的景象，也把人悲痛、绝望的心情表达得入木三分。

宋代诗人柳永《雨霖铃》中的"执手相看泪眼，竟无语凝噎"运用白描手法，生动地再现了离别的情景，一对有情人紧握双手，泪眼凝视，哽咽无语。这两句把彼此悲痛、眷恋而又无可奈何的心情，抒写得淋漓尽致。

（2）韵律美

诗词注重押韵、平仄、对仗，读起来朗朗上口，有节奏，有变化，有起伏，有波澜，具有抑扬顿挫的韵律美。

从中国诗词的发展史来看，开始时，诗和乐是不可分的，发展到词则更为明显，称之为依声填词。随着诗词和乐曲作为不同的艺术门类而分离，运用汉字四声五音之别，直接创造出诗词的"音律之美"的方法，却得到进一步发展，成为中国古典诗词的传统特色。[1]

所谓平声"哀而安"，所谓上声"厉而举"，所谓去声"清而远"，所谓入声"短而促"，就是诗人充分运用汉字的四声的变化，更精确地表达自己的思想感情，使中国的古典诗词体现出一种"音律之美"。只有领略了诗词的"音律之美"，才能更好地、完整地领略诗词之美。

（3）情感美

刘勰在《文心雕龙》中说："夫缀文者情动而辞发，观文者披文以入情。"[2]脍炙人口的诗词名篇之所以能流传不衰，产生动人的美感，最重要的一点是诗词有机地融进了作者独特的情怀。

学习诗词，就需要深入理解作者的思想感情，体味诗词中的情感美。如屈原"路漫漫其修远兮，吾将上下而求索"中刻苦坚忍、执着追求的精神；李白"安能摧眉折腰事

---

[1] 顾咏梅，浅谈古典诗词教学中的审美教育［J］，扬州大学学报，2015.
[2] 刘勰，文心雕龙［M］，上海古籍出版社，2010.

权贵，使我不得开心颜"中追求个性自由和蔑视权贵的精神；杜甫"会当凌绝顶，一览众山小"中不怕困难勇攀高峰、俯视一切的雄心和气概；苏轼"大江东去，浪淘尽，千古风流人物"的豪迈与旷达；王维的"劝君更尽一杯酒，西出阳关无故人"的悲壮与深情；王勃的"海内存知己，天涯若比邻"的豁达与深刻……

（4）意境美

意境，是指作者将自己的审美体验、内心情感，与经过提炼加工后的生活图景融为一体，从而形成的一种艺术境界。例如杜甫的《春望》。

春望

国破山河在，城春草木深。感时花溅泪，恨别鸟惊心。

烽火连三月，家书抵万金。白头搔更短，浑欲不胜簪。

这八句诗，情景交融，把读者带入一个感人至深的境界——一个忧国忧民的白发老人，看到国家败落的景象，内心愁苦，看到花开而落泪，听到鸟鸣而心碎。天天痛苦地搔头，以致白发脱落得无法用簪子别住。作者在这首诗中营造的意境，会使读者内心产生强烈的共鸣。

再如，女中豪杰秋瑾写过许多优美诗词，但在临刑前，她只写了一句七个字的诗句："秋风秋雨愁煞人"。表面看，这好像只是描写秋天景色，让人发愁。如果联想到当时的历史背景，读者就会进入一个悲壮的意境。

如果再读一读她早期的诗作《对酒》，就会感悟到，秋瑾早就下定决心用自己的鲜血挽救世界，但是，当时她面对的世界是如此黑暗，那七个字表示的正是自己的极度悲愤。

对酒

不惜千金买宝刀，貂裘换酒也堪豪。

一腔热血勤珍重，洒去犹能化碧涛。

（5）人格美

"诗言志"是诗的特质。有人问"诗词有什么用？"诗词专家叶嘉莹回答："就是使你的心灵不死。"歌德也曾说过："在艺术与诗里，人格确实就是一切。"

塑造完美的人格，既是审美教育的出发点，又是审美教育的最终目的，学习诗词也不例外。诗词最重要的品格是透彻地表达心灵美。"诗词的精妙在于不脱离人，不遁于世。"[1]语言美、韵律美、情感美和意境美，最终都是为了表达人的精神世界，尤其是表达丰富而深刻的人生体验和人生境界。

---

① 刘相美，诗词的精妙在于不脱离人，不遁于世——《顾随全集》编辑札记［N］，光明日报，2017-3-9.

诗人郭小川的《青松歌》，以雄奇的笔调，咏叹青松，描摹人生，读来感人至深："绿荫哟 / 铺满山路香气哟 / 飘满峡谷 / 青松的心意啊 / 装满咱们的肺腑……而青松啊! / 决不与野草闲花为伍! / 一派正气 / 一副清骨 / 一片忠贞 / 一身英武 / 风来了 / 杨花乱舞 / 雨来了 / 柳眉紧蹙 / 只有青松啊 / 根深叶固!"这首诗写出了青松的高风亮节，歌颂了青松的美好品格。

杜甫《茅屋为秋风所破歌》中的诗句"安得广厦千万间，大庇天下寒士俱欢颜"；"何时眼前突兀见此屋，吾庐独破受冻死亦足"表现了诗人的博大胸襟。

文天祥的《过零丁洋》，"人生自古谁无死，留取丹心照汗青"，表达的是悟透了人生意义的一种崇高美。

谭嗣同在菜市口临刑时，高喊就义诗："有心杀贼，无力回天，死得其所，快哉快哉!"更是一种惊天动地的壮烈之美。

（三）在家庭中怎样学习诗词之美?

我们虽然生活在诗的国度中，而当前，青少年学习诗词的状况却令人担忧。有一个针对高中一、二年级 300 名学生所进行的调查表明：喜欢诗词的约占 52%。但令人奇怪的是另外的三个调查数据：平时不读诗词的竟然有 59%；不愿意上诗词课的有 40%；认为"上诗词课，对提高审美能力没有帮助"的占 49%。这看似矛盾的百分比，在最后一个调查数据上找到了答案——学习诗词的目的是"为了考试"的占 71%!

由此可知，不是学生不爱诗词，而是应试教育把他们引错了方向。这是当前开展美育最大的问题，也是首当其冲要解决的关键问题。

在家庭中，最为重要的是主张——美文需要"美教"，因为美只对心灵开放。"家长的每一句话，应成为一种情感——审美的刺激因素，能激发出富有诗意的思维。只有有了富有诗意的思维，才能对人的美产生深刻的审美感。"①

建议家长采取以下措施来引导孩子。

1. 亲近经典

选择优秀的诗词作品学习，是一种重要的审美态度。"如果我们相信教育的强大力量，那么产生这种信念的最重要的源泉之一，就是诗歌的美，诗歌的语言反映着经过数百年的锤炼，才达到的人类语言智慧的深度。"②

在中国传统文化中，有大量的经过几千年的筛选而积淀下来的经典作品，例如《诗经》，唐诗宋词。家长自己要喜爱诗词，通过介绍诗词产生的背景、作者的精神面貌、不同风格的气势，引导孩子去接触经典，亲近经典，喜爱经典。

---

① 苏霍姆林斯基，育人三部曲 [M]，人民教育出版社，1998 年出版: 629.
② 苏霍姆林斯基，育人三部曲 [M]，人民教育出版社，1998 年出版: 608.

2. 耳濡目染

有经验的家长，主张"美读"，即抓住诗词中关键的词语，引导孩子细细咀嚼品味，反复体悟诗词之美。这个过程是审美的准备阶段——审美注意。通过耳濡目染，诗词教学真正发挥"母语对后代的精神哺育"（特级教师于漪语）。

苏霍姆林斯基的体会是"只有当教师的心灵中语言是有生命的时候，才可能培养孩子对诗歌的热爱，培养对朗读的精神需求和对诗的语言的体验。对抒情诗我总是背诵。这是直接诉诸儿童的精神世界的方法之一"①。

3. 激发想象

进入审美、立美的实现阶段——家长就需要引导孩子参与进来，并善于激发孩子的想象力。中国诗词的特点是诗中有画，通过品读诗句，想象出各种意境并不是很难。对于比较含蓄的诗词，通过孩子相互交流自己的想象，加上家长的引导，也会达到互相启发，深入一步的效果。

北京西四北四条小学的孩子们，他们常常是争先恐后地朗读自己的诗：②

落叶

一片片落叶
折叠着你的昨天
思考是在搭桥
让成功顺利通过
骄傲是光荣的复制品
可它却让光荣不复存在

自行车

两个句号，转动成新的起点
省略号咬着牙说，省略了动力
它将寸步不前。

激发审美想象的另一个方法就是改写。鼓励孩子通过改写，深化对诗词的理解，同时也锻炼自己的想象力。

例如，六岁的王子乔在幼儿园时，老师教了孩子们罗塞蒂的诗《谁也没有见过风》并让他们模仿创编，王子乔发挥了想象力，创作出了《风在算钱》。

① 苏霍姆林斯基，育人三部曲［M］，人民教育出版社，1998 年出版：616.
② 陈祖芬，想象力比知识更重要［N］，光明日报，2006-8-26.

风在算钱

谁也没有见过风，

不用说我和你了，

但是纸币在飘的时候，

我们知道风在算钱。①

4. 纵横比较

通过各种比较，人们可以从多角度掌握诗词之美。首先是诗人与诗人的比较，李白的"飘逸""狂放"与杜甫的"沉郁""严谨"是不同的美。其次是诗与诗的比较，台湾著名诗人余光中先生的《乡愁》与杜甫的《春望》，都是抒发思念祖国、家乡之情，然而又是不同的表现风格。再则是跨界的比较。中国的文、史、哲不分家，诗、画、歌有融合。当我们引导孩子欣赏诗词的时候，如果能够同时欣赏相关的绘画与歌曲，融会贯通，肯定有助于更好地掌握诗词的奥妙。

5. 善用传媒

进入信息时代，学习诗词也需要巧妙地运用当代的传媒手段。当代孩子对音乐、歌曲接触比较多，完全可以从这里入手，引导孩子欣赏、理解诗词。运用现代化的各种传媒手段，帮助孩子了解诗词的历史背景，熟悉典故。

当代的传媒十分丰富，且极具吸引力。当然，传媒要使用得当，不能喧宾夺主，变成终日迷恋手机，不加选择地吸收一些垃圾文化。孩子追求美，有利于引导他们进行自我教育，使自己完善起来。这时候，家长能够积极地、耐心地引导他们开阔眼界，深入思考，追求美的人生，是使孩子提高审美、立美能力的重要条件。

6. 鼓励创造

培养孩子掌握诗词等各种艺术作品，不应该只停留在单纯被动地接受，应该有四个层次的逐步升级：汲取、理解、评判、创造。美育的本质是解放，是心灵的开放。有了创造的激情，学习诗词才可能主动投入。

从改写过渡到自己创作，需要家长的点拨和鼓励。首先是鼓励孩子大胆发挥自己的想象力，用诗词的形式表达出来。一开始大致押韵即可，不必太拘泥于平仄；其次再学习韵律，逐步达到比较理想的层次。

七岁的江二嫚写的诗：灯把黑夜，烫了一个窟窿。② 令人赞叹。

刚刚三岁的于梦凡，也创作了颇有想象力的《太阳和眼睛》：

---

① 果麦，孩子们的诗［M］，浙江文艺出版社，2017 年出版：120.

② 果麦，孩子们的诗［M］，浙江文艺出版社，2017 年出版：封底 .

太阳和眼睛

太阳晒我的眼睛，

把我眼睛晒黑。①

相信在诗词歌赋的熏陶下，在家长的鼓励下，孩子充满想象力的、有中国味道的诗，会越写越好。

二、家庭中的琴棋书画

在中国古代，弹琴、下棋、书法、绘画是文人骚客（包括一些名门闺秀）修身所必须掌握的技能，因此合起来称琴棋书画。在今天，常常表示个人的文化素养，它也是家庭美育的一个重要方面。

"琴棋书画"作为高雅艺术教育，在陶冶、激活孩子的情怀意趣以及整个精神世界方面的积极作用是显而易见的。"琴棋书画"是一种有中国特色的文化，是孩子需要培养的一种全面而健康的素养。

（一）琴

抚琴弄乐不再是文人墨客的专利，如今很多孩子都有机会在课堂或兴趣班里，甚至在家里学习乐器弹奏。下面我们以"琴"为线索，探讨一下家庭中的音乐教育。

1. 音乐应该美化人的全部精神生活

音乐应该从情感和审美上美化人的全部精神生活。"教育的主要目的不是培养音乐家，而是培养人。人借助音乐不仅可以认识周围世界的美，而且也可以认识自身的崇高、壮丽和美好。音乐是自我教育的有力手段。"②

苏霍姆林斯基对音乐教育有许多重要的见解。他指出："对音乐不理解，不能感受音乐，对于听音乐并因此而获得享受，没有强烈的精神需求，就不可能认识情感的世界。没有音乐，就很难使一个正在步入世界的人，相信人是美好的，这种信念就其本质而言，是情感修养、审美修养和道德修养的基础。"③

苏霍姆林斯基认为："音乐——想象——幻想——童话——创作，孩子就是按照这样

---

① 果麦，孩子们的诗 ［M］，浙江文艺出版社，2017 年出版：89.
② 苏霍姆林斯基，育人三部曲 ［M］，人民教育出版社，1998 年出版：66.
③ 苏霍姆林斯基，育人三部曲 ［M］，人民教育出版社，1998 年出版：618.

一条途径发展他的精神力量的。""音乐旋律能唤起孩子一些鲜明的表象。它是培养理智创造力的无与伦比的手段。……音乐甚至把最消极的孩子的思维能力也激发起来了。似乎音乐给思维物质的细胞注入了一种能产生奇效的力量。我认为音乐影响下的这种智力高涨，就是思维的情感源泉。"①

的确，我们能够看到音乐是通向孩子心灵的一条途径。音乐曲调在熏陶孩子的灵魂，使他的情感人性化。在音乐中和在语言中一样，都能表现真正人性的东西。我们发展孩子对音乐的敏感性，也就是在提高其思想和志向。要让乐曲在每个孩子的心灵里，开辟出生气勃勃的情感源泉。不论是生动活泼的语言还是乐曲，都在向孩子揭示周围世界的美。

音乐，是人类感情的语言，它传达给孩子心灵的不只是世间的美，还向他们展现人的伟大和尊严。孩子在欣赏音乐时，会感到自己是一个真正的人。孩子的心灵，如同敏感的音乐家的心弦。家长若能触动它们，就会发出有魅力的音乐。可以说，童年不能没有游戏和童话，同样也不能没有音乐。

2. 从倾听大自然的音乐开始

如果说，音乐是用情感的语言去阅读的课本，那么这门学科的初级课本是从倾听大自然的音乐开始的，从认识我们周围产生的各种声音的美开始的。

重视听音乐，听音乐作品和自然的音乐，首要的任务是引起孩子对旋律的情绪反应，使他们确信音乐之美的源泉在于周围世界的美；音乐旋律好像在召唤人：你停下来，听听大自然的音乐，欣赏欣赏世界上的美，要爱护这种美，增添这种美。

"孩子们聆听大自然的音乐，也就从感情上为合唱做好了准备。我们要极力使孩子们能在大自然中，辨认出与我们将要学习的歌曲相协调的音乐来。"②

苏霍姆林斯基还特别强调，让孩子自发随意地去听音乐、看电影并不好："对同一批学生，从幼年到成熟期的多年观察，使我确信，电影、广播、电视对儿童的那种自发的、无组织的影响，不利甚至有害于正常的审美教育。大量自发性的音乐印象则尤其有害。我认为教育儿童的重要任务之一是，要使音乐作品的感知，同那种能够使人借以理解和感受到音乐美的背景的感知交替进行，也就是同感知田野和草原的寂静、树林的飒飒声响、晴空云雀的鸣唱、成熟麦穗的窃窃私语、蜜蜂和熊蜂的嗡嗡，等等，交替进行。这一切也就是大自然的音乐，就是人在创作音乐旋律时从中摄取灵感的那个源泉。"③

3. 音乐与语言的关系十分密切

音乐，这是情感的语言。旋律能够表达语言所表达不了的，人的感受的最为细腻的色彩。音乐始于语言的终结处。如果我们家长和教师仅仅局限于用语言深入年轻心灵的

---

① 苏霍姆林斯基，育人三部曲［M］，人民教育出版社，1998 年出版：70.
② 苏霍姆林斯基，育人三部曲［M］，人民教育出版社，1998 年出版：201.
③ 苏霍姆林斯基，育人三部曲［M］，人民教育出版社，1998 年出版：66.

最隐秘的角落，如果在使用语言之后不使用音乐（这是渗透心灵中去的最细致入微的、最深刻的手段），那么教育就不可能是完美的。

音乐——这是强大的思想源泉。没有音乐教育就不可能使孩子得到长足的智力发展。音乐的本源不仅仅是周围世界，还有人本身，他的精神世界、思想和言语。音乐以新的方式向人们揭示现实事物和现象的特点。当孩子把注意力集中在音乐从另一种角度展现那些事物和现象时，他的思想便描绘出一幅鲜明的图画：这幅图画又要求用语言来描述。孩子从世界摄取素材，并进一步用语言进行创作。

音乐与抒情诗有着紧密的联系，似乎是人精神发展中的一个阶段。音乐把人类的道德、情感和审美的修养联结在一起。

"对音乐的诠释应具有某种诗情画意的特点，要使语言接近于音乐。我努力在我的学生的情感记忆中找到它：我借助语言建立起一种情景，这种情景能激发对往事的回忆，还能激发出感受和来自情感记忆深处的语言，这种语言能调整心弦去感知音乐。"①

用情感语言阅读的最初的篇章，也是最鲜亮的篇章，这就是民歌。"民族的歌曲向孩子们指出，民族语言是人民珍贵的精神财富。通过歌曲，孩子们领略到语言音韵的细微之处。"②

4. 音乐教育如何进行？

"高雅的耳朵"需要培养③

带孩子去听音乐会，不失为一次成功的教育投资，听音乐会可以让孩子从感性角度对音乐有一种认知，提高孩子的音乐欣赏品位，培养孩子有一双"高雅的耳朵"。如果家长想知道自己的孩子对音乐有没有兴趣，那么通过听音乐会来判断，不失为一个很好的途径，当然这一点不是听一场音乐会就能看出来的，要尽量让孩子去听多种形式的音乐会，比如钢琴、小提琴、单簧管、长笛等乐器的独奏音乐会；还可以听不同形式的乐器合奏音乐会。除了乐器的音乐会之外，还可以带孩子去听歌剧等，总之形式要尽量多样。

对于没有接触过乐器的孩子可以通过音乐会的熏陶以及家长结合音乐会的正确引导，让孩子慢慢地对乐器产生兴趣，可以先给孩子讲各种音乐故事和一些著名作曲家的事迹；也可以提前想方法借到光盘，放给孩子听，让孩子对音乐有一个初步的印象。而对于正在学习乐器的孩子，听音乐会也是一次不错的学习机会，可以拓宽他对音乐认知的范围，如果正好听到他所学习的乐器的音乐会，还可以让他身临其境地体会到这件乐器表现出来的音乐的美，会更加喜爱他所学的乐器。

---

①② 苏霍姆林斯基，育人三部曲［M］，人民教育出版社，1998 年出版：203.
③ 刘雅兰，"高雅的耳朵"需要培养［N］，现代教育报，2017-12-8.

在带孩子听音乐会之前，家长最好对音乐会演奏的曲子做一个功课，大概给孩子讲讲今天去听的音乐会的曲目，演奏乐器的介绍和作曲家的简单介绍，这样便于孩子更好地理解他所听到的音乐。

除此以外，在带孩子听音乐会前，还有三个事项需要注意：一是提前带孩子去厕所，避免在音乐会中出出进进影响别人的同时也打断自己欣赏音乐会。二是把手机调成震动模式，并提前跟他说好听音乐会时要安安静静的，不要大声说话。三是要告诉他，在每首曲子结束的时候要报以热烈的掌声，这是代表对演奏家的尊重和肯定。

（1）富有艺术性的讲解

苏霍姆林斯基主张：对音乐作品，特别是对孩子们不熟悉的作品的讲解，要求极有分寸和具有高度的教育素养。任何时候都不能忘记，音乐语言是感情的语言；即使一支民歌，虽然歌词朴实，有时甚至很简单，但是只因为配上了音乐旋律，领略起来就成为艺术品了。为了解释音乐作品中艺术形象的本质，必须了解作曲家塑造形象的手法的特点。讲解应当是让孩子听到一篇具有特色的、有头有尾和富有艺术性的故事。这篇故事本身就应该能激发感情，引起感触，并在孩子的想象中描绘出一幅幅栩栩如生的图景。

（2）激发孩子的想象

"我深信，音乐的美是思维的丰富源泉。在音乐旋律的影响下产生在儿童想象中的鲜明形象能活跃思维，如同把思维中无数的溪流汇集成一条河道。孩子们极力要把他们想象出的和感受到的都用语言描述出来。对于智力发展迟缓的孩子来说，音乐确实是思维的丰富源泉。我尽量做到让孩子在听完音乐作品之后，能无拘无束地谈一谈自己的印象。"[1]

（3）选择音乐作品

苏霍姆林斯基说："我关注的是关于爱情的音乐，对年轻的心灵所诉说的东西，是语言所不可能表达的。我要对年轻的老师们提出一个建议：少举行一些关于爱情的座谈、讲座、辩论和问答晚会，让少年静静地、默不作声地倾听关于爱情的音乐。努力使少年的心灵能够理解人类情感中最为细腻的一些色彩——爱情。"[2]

"我们逐渐辑成了孩子们喜爱的音乐作品集。我们常常来活动室欣赏音乐。我把作品集叫作'音乐宝盒'，孩子们也喜欢这样叫，他们自豪地说：'我们有个音乐宝盒。'于是产生了一个想法：我们一年年把音乐文化宝库中最优秀的作品搜集起来建立一个'音乐室'，我们就在里面欣赏大自然和人所创造的美。我们将唱歌，学习演奏小提琴和钢琴，不过这是将来的事，暂时我们先学着吹奏简单的芦笛。"[3]

---

[1] 苏霍姆林斯基，育人三部曲［M］，人民教育出版社，1998 年出版：206.
[2] 苏霍姆林斯基，育人三部曲［M］，人民教育出版社，1998 年出版：622.
[3] 苏霍姆林斯基，育人三部曲［M］，人民教育出版社，1998 年出版：74.

在家庭中，我们也应该建立起家庭的"音乐宝盒"。

（4）音乐与品德联系起来

通过音乐还能够拉近亲子关系。经验证明，音乐——这是教育者与儿童产生精神上的一致性的最好基础。音乐能开启人的心灵。家长和孩子通过感受和赞赏乐曲的美，就会变得亲近起来。在那只有音乐才能唤起的共同感受出现的时刻，家长才可以在孩子身上看到，在没有音乐的情况下永远不会见到的东西。在乐声的影响下，当心灵陶醉于崇高的感受中时，孩子会把他的激动和不安都告诉你。

人具有这样一种品质——细腻和富有感情的天性。这种天性表现在环境能使他的感受能力更加敏锐。天性细腻和富有感情的人不会忘记别人的悲伤、痛苦和不幸；良知要求他去给予援助。音乐和歌曲就能培育这种品质。

有一位老师曾经说过"没有感动，就没有教育"，而音乐就是感动人的一股力量。

> 我清楚地记得，刚刚进入中学，在开学典礼上，浑厚的《国际歌》歌声给了我极大的震动。以后看到电影中江姐唱着《国际歌》走向刑场，想起列宁说过：你在世界上任何地方，只要通过《国际歌》的歌声，就会找到自己的同志。这时候，想起自己的使命、自己的理想，我就会感到全身热血沸腾。音乐真是有一种能够感动人的力量。

感情丰富是受过德育和美育的人所特具的品性，这一品性表现在他的心灵易于领会善意的话语、教导、忠告和赠言。"如果您想使语言能够教人生活，想使您的孩子渴求善良，那您就要把幼小的心灵培育得细腻和富有感情的敏感性。在众多的作用于幼小心灵的手段中，音乐当居重要的地位。音乐与品德——这是一个尚待深入研究和探讨的课题。"①

在家庭中，开展琴棋书画活动，进行音乐教育，绝不只是学习一种技能，更不仅仅是一种放松心情的措施，它能够提高孩子的感受性，培育细腻的情感。这一切是孩子品德培养和人格建树的重要基础。

（二）棋

围棋对弈，过去又被称为"手谈"，双方以落子作为语言进行交流，每手棋都传递着信息。从战术上讲，围棋中有"金角银边草腹"之说，意思是指围取同样多的地，在棋盘角上可利用棋盘的两条边，所需子力（手数）最少；在棋盘边上只能利用棋盘的一条

---

① 苏霍姆林斯基，育人三部曲［M］，人民教育出版社，1998 年出版：203.

边，所需子力（手数）较多；在棋盘中腹，没有边可利用，所需子力（手数）最多。所以主流下围棋的方法，多优先在棋盘角和边上围地。

围棋又是一门经济学。不同于其他棋类项目，以先擒获对方某种棋子为胜，而是追求达到目标的过程，围棋以控制地盘大者为胜方，追求数量的优势。与其他棋类项目一样，围棋也是双方轮流下子，棋子及落子的机会就是棋手所掌握的稀缺资源。

围棋是中华民族传统文化中的瑰宝，它体现了中华民族对智慧的追求。

被人们形象地比喻为黑白世界的围棋，是我国古人所喜爱的娱乐竞技活动，同时也是人类历史上最悠久的一种棋戏。由于它将科学、艺术和竞技三者融为一体，有着发展智力，培养意志品质和机动灵活的战略战术思想意识的特点，因而几千年来长盛不衰，并逐渐地发展成了一种国际性的文化竞技活动。

现在的"棋"，实际上不只围棋，还有国际象棋、军棋，跳棋，等等。棋类教育属于文体合一，慧心启智，对此学生和家长都会感兴趣。

中国的不少家庭，都在默默地进行传统文化的传播，生动活泼地进行德智体美教育，开展棋艺活动，就是家庭美育的一项重要内容。

家有棋儿

儿子6岁时，对跳棋兴趣很浓，时不时摊开棋盘、摆好棋子，叫我和他对弈。一旦他输了，就不依不饶非得再开一局，直到自己赢了才住手。因此，儿子能从开始的一步一步蹦，到后来曲里拐弯连着跳上好几步，是多次练习的结果。每当他跳出理想的一步，自会得意扬扬。若能抢先占领我的"领地"，他更会高兴得拍手大笑。跳棋的走法虽然简单，但我很乐意和儿子沉浸其中，因为下跳棋，一样能锻炼人的观察力与思考力。

后来，儿子又对象棋产生了兴趣。他从商店买来指甲盖大的棋子，嚷嚷着"楚河汉界"，要与我一分高下。"马走'日'字，相飞'田'字，大车直线走，火炮隔山打牛，将帅不出宫，兵卒朝前走……"教儿子这些的老师，还是我。起步阶段，儿子下一局输一局。他觉得自己所记的口诀，都在实战中失了灵气，不禁有些失落。在输了两局之后，我看到他不时地擦眼睛。我知道，好胜的儿子哭了。在一旁观战的妻子不停地使眼色，意思是让我有意输给儿子。可我视而不见，结果自然还是儿子输。当他放声大哭的时候，我心里想这样也好，儿子的棋输了，却让他明白了一个道理："人生路上没有一帆风顺，更没有一蹴而就的成功。人生在世，要经历和面对许许多多的失败和挫折。"

后来，儿子和邻居的哥哥们"兵戎相见"，在"将军、将军"声中倒也沉得住气了。一旦他得胜，兴高采烈是免不了的；失败了他也不灰心，总结经验，泰然处之。

现在，儿子又爱下军棋了，天天追着问我："军长和师长谁大？炸弹和地雷谁厉害？军旗是做什么的？大本营起什么作用……"看他认真、执着的样子，我只有再一次倾囊相授。

我想，下棋也是一种好的兴趣。不管它今后对儿子的影响有多远、多大，至少棋盘对阵带给了他欢乐的童年；不奢望儿子将来能在棋艺方面有所建树，至少培养了他积极的生活态度。

家有棋儿，其乐无穷。我愿永远与儿子分享这份快乐。①

棋艺活动的确能够使德智体美劳教育，在轻松的氛围中有效地进行。下棋能够让孩子感受到中华民族的文化源远流长；下棋还能够磨炼孩子的性格，理解一些人生的道理。

我曾经在北京调查了108名优秀高中生，发现他们大多数从小就有一个"争强好胜"的特质。其中有一位家长回忆道："我的女儿4岁的时候，我教会了她下棋。她兴致很高，但是她有一个习惯：如果输了，她总要求再下一盘，非要赢了才睡觉，而且不许我让子。有一次竟然下到夜里两三点钟，她赢了，才心满意足去睡觉。"

看来，家长在下棋的过程中，能够更真切地了解孩子，并得以因势利导去培养孩子。

还有一位父亲，他回忆道，他和儿子去商城，商城里有各种各样的东西卖，孩子想要的东西几乎都有。他儿子拿着剩下的钱买了一副质量很不错的军棋。因为家里有一个棋盘，一面是象棋的，翻过来另一面是军棋的棋盘，这副军棋就能用上了。这位父亲的感想是："这孩子多么热爱生活啊！这两天我俩每天都玩一局，虽然都是他输。"

（三）书

汉字是中华民族文化的重要载体，也是世界上最富有美感的文字。汉字虽小，但是它是中华文化的源头，是中华文化最小的承载体。因此，要想继承中华民族文化，最基本的就应该是学习汉字，用好汉字。

汉字之所以能够流传至今，它的美应该是重要原因之一。汉字之美可以说是世界之最。我们每一个中华儿女都应该认真学习汉字，研究汉字，体会汉字蕴含的美，善于运用汉字向世界表达一切美，并且以此为骄傲！

的确，练习写字，掌握书法，铺纸挥毫、修身养性。

书法给孩子的不只是一手好字②

几年前，一个小男孩因为作业本上的字写得实在太难看，班主任特地找到

---

① 张峰青，家有棋儿［J］，父母课堂，2016（10）.

② 李然，书法给孩子的不只是一手好字［N］，现代教育报.

我，说让这个孩子进书法小组，跟我练练字。辅导了一段时间，他的毛笔字逐渐变得有模有样，开始参加市区级的书法比赛，并且取得了很不错的成绩。

往日那个喜欢在楼道里追跑打闹、满地打滚的孩子变得安静了；往日那个尽是红杠的作业本上打钩增多了，往日那个学习一直不怎么靠谱的孩子，成绩提高了。

毕业之后，有一次她妈妈和我聊，说自从学了书法，他就像换了一个人，学习踏实了，做事认真了，以前不好的习惯慢慢地没有了，什么课外班都没有报，唯独喜欢书法。

这些年处在教学一线，碰到不同秉性的孩子千千万，总是感觉学习书法的孩子有所不同。他们认真、细心、刻苦，做事一丝不苟。书法有一种魔力。准备工具：培养孩子不急不躁、沉着冷静的心性；临摹字帖：培养孩子认真观察、敢于表现的能力；书法创作：培养孩子追求完美、热爱艺术的品格。一旦拿起毛笔书写，心就会被吸引，专注力就会提升，全身心地投入。眼、脑、手的配合，提高孩子的理解力、接受力、想象力和创造力。

孩子从小学习书法，不仅能够提高他们的书法素养和艺术修养，更重要的是能够提高他们严谨和踏实的学习态度和良好的学习习惯。那些学习书法的孩子道德品质高尚，性格开朗，身心健康，善于交往，往往他们的学习成绩也是很优秀的。那些粗枝大叶、草草了事的态度，可以通过书法的练习慢慢改正。一旦养成了良好的学习习惯，认真的学习态度，对他们今后的发展都是很有益处的。书法带给他们的，不仅是一手漂亮的字，那些潜移默化的好处将伴随他们智慧的一生。

汉字是记录事件的书写符号，在形体上，逐渐由图形变为由笔画构成的方块形符号，所以汉字一般也叫"方块字"。中国地域广大，虽然口音各异，却共同使用着统一的汉字，这不能不说，它对中华民族文化的流传，起了重大的作用。

汉字是世界上最古老的文字之一，对周边的影响也是非常巨大的。在东亚汉文化圈内，有借用、借源于汉字来创造本民族文字的，这样便形成了"一母多文""一文多语"的汉文字书写传播圈。

中华文化博大精深，源远流长，为什么小小的汉字竟能够承载得起如此重任？

有人说："一个象形字，就是一幅画；一个汉字就是一个故事。一个指事字，图文并茂；一个形声字，音象具备。"此话的确很有道理。汉字具有集形象、声音和意义三者于一体的特性。这一特性在世界文字中是独一无二的，因此它具有独特的魅力。汉字是中华民族几千年文化的瑰宝，也是我们终身的良师益友，更是每个人的精神家园。在生活中，汉字往往可以引起我们美妙而大胆的联想，给人美的享受。使用汉字，已经是每个中国人生活中不可缺少的内容。

汉字更是中华民族灵魂的纽带。在异国他乡，汉字便成为一种精神寄托，哪怕是一块匾额、一个指路牌，甚至一张纸条，上面的方块字会像磁铁般地吸引着你，让你感受到来自祖国、来自故乡的亲切。中国人的情思，已经浓缩为那最简单的横竖撇捺，每一笔，都是饱蘸着世世代代先人的心血。

中华民族历来就有尊重汉字的传统。记得我小时候，长辈反复叮嘱：凡是写过字的纸不能乱扔。我也看到有人在街上，背着一个筐，上有条幅，写着"敬惜字纸"，那是在专门劝诫人们尊重汉字，认为汉字有神奇的魅力，对它不能等闲视之。可见尊重汉字，有时候几乎达到了崇拜的程度。

鲁迅先生曾说过，汉字有"三美"：音美以感耳，形美以感目，意美以感心。这"三美"统一于汉字。汉字的字形跟字义、字音之间有一定的联系，汉字是形、音、义的结合体。概括起来说：汉字美在形态如画、音韵如歌、灵性如诗。

1. 形态美

"中国古代的象形文字，它既是文字，同时又是一种合乎美的形式规律的创造。这正是中国文字发展成为一种艺术的根本原因。"[①]

一个"日"字，既可以看到火热的太阳，又能够抽象为四笔的方块字；一个"月"字，既可以看到婀娜多姿的月牙，又能用简明的四笔来表示；一个"山"字，便可以看到巍峨起伏的峰峦，只需三笔，足以抽象表达。

汉字的形态美，还表现在甲骨文的古朴、金文的高雅、篆书的委婉、隶书的端庄、楷书的方正、行书的潇洒、草书的飞动，它们带给人的都是美感。

汉字的结构美，圆融而有力，讲究"平、奇"，即平稳和有新意，表现在：一是整齐，横平竖直是基础。二是参差，错落有致，疏密不同；不重复——直不等长，曲不同态。三是定动结合。四是呼应与避让结合。如"烈"字下面四个点，互相呼应，并不是在一个方向上。

2. 音韵美

有人把汉字比喻为凝固的音乐，思想奔流的河床。汉字的书写，通过笔画的大小、粗细、疏密，成为一种韵律，能在书写中表达自己的感情。

有人把汉字比喻为交响乐队的协奏，心灵之声的呐喊。一般来说，一个汉字代表一个音节。有时一个音节，有好多个汉字来记录，如"xi"音节就有"夕、汐、西、息、悉、昔、犀"等；"yu"之四声，竟然就有"迂、淤、于、鱼、语、与、雨、育、玉、遇"等近百字；有些字可以通过声旁，确定音类或大致的读音。如"张、帐、怅、账、胀"等，"长"就是这组字的声旁。

汉字还有平声、仄声；平声、仄声中又有阴平、阳平、上声、入声。声音有高低强

---

① 李泽厚、刘纲纪，中国美学史（第一卷）[M]，中国社会科学出版社，1987 年出版．

弱、长短起伏，读起来或慷慨激昂、热情奔放，或妩媚温婉、娓娓动听。让你心神愉悦、妙不可言。汉字的音韵美，尤其是四声，是全世界罕见的特色，往往也是外国人最难掌握的部分。

说汉语让人更有乐感①

一个由国际研究人员组成的团队，在一篇研究文章中指出，在 3 至 5 岁的学龄前儿童中，母语为汉语的孩子，能够比母语为英语的孩子更好地处理音乐中的音调。这项研究表明，在一个领域学习到的大脑技能，能够影响另一领域的学习。研究人员对年龄相仿的年幼的汉语学习者和英语学习者，展开了两项单独的实验。他们测试了 180 名孩子的音调升降曲线和音色。在讲英语的测试者和讲汉语的测试者中，在音色方面表现相似的情况下，讲汉语的测试者在音调方面的表现明显胜出。

汉语是一种音调语言。在音调语言中，一个字的音调，不仅能够传达出不同的强调内容和情感内容，而且能够表达完全不同的意思。例如，取决于说话者的音调，汉语音节 "ma" 可以表示 "妈妈""马""大麻" 或 "责骂" 等意思。而英语中的 "ma" 真的仅能代表一个意思，即 "妈妈"。这篇文章最后总结说，正是这种对音调语言的关注，令说汉语的孩子能够在感知音乐的音调方面占据优势。

3. 意蕴美

汉字之美，一方面是造型，这是已经流传了三千多年，基本固定下来的；而另一方面，是每个字的内涵，却是可以不断挖掘、不断创新的。

中国汉字 "横、竖、点、撇、捺、钩" 奇妙组合成几万个不同的字形，它们不是僵硬的符号，而是有着独特性格的精灵。每个字都有不同的风韵。"太阳" 这个词，让人感到温暖和热烈，"月亮" 又使人眼前闪耀着清冷的光辉。"哭" 字一看就像流泪，"笑" 字一看就是笑逐颜开的样子。

会意字比象形字更好、更美，是因为渗透了更多的祖先的智慧。汉字的意义生成常常是 "言有尽而意无穷"。例如，"习" 字，代表了天空中有一大一小的两对羽翼，那是母鸟在带领小鸟学习飞翔；"盗" 字，则是对一个人看到器皿中的财富，流下口水的生动写意。

在家庭中如何培养孩子的书写能力？

汉字见证了五千年辉煌灿烂的中华文明，积累凝聚了丰富深厚的华夏文化，是中华民族源远流长、富有生命力的文化载体。如何让中华民族的世世代代，铭记汉字书写之

---

① 摘自《参考消息》，2017 年 1 月 22 日版，原作者无从查证。

优美，挖掘汉字文化的内涵，传承汉字艺术的精髓，提升汉字文化的影响力和传播力，是我们每一代人，尤其是教师、家长必须完成的使命。

4. 欣赏汉字之美

每个孩子天生爱美，而汉字之美，正好符合了他们的需要。只要教育得法，孩子们就能够在愉快的审美过程中，自然而然地掌握汉字。我们每个人都可以回忆起，小时候认识"山""日""月"字，根本不需要死记硬背。现在小学使用的全国统一的语文课本，就是改成先从认方块字开始学习汉字，效果不错。

5. 理解汉字之美

认识一个个汉字是学好汉语的基础，但是真正掌握汉语，是在长期运用汉字的过程中逐步实现的。通过学习诗词歌赋、谚语寓言、历史文献，通过用汉字写文章，表达自己思想感情的过程，我们不仅继承了中华文化，也进一步理解了汉字之美。

6. 继承中华文化精髓

字如其人。一个人的性子或急躁，或沉稳，或深谋远虑，或拘谨小心，都直白地流露在笔尖的墨迹里，这是书写各种文字共有的特点。但字体作为一种艺术，尤其是书法，却是中国独一无二的。"羲献父子、颜筋柳骨、颠张醉素"，使书法作为文人的技能，登入了大雅之堂，早早地跻身"琴棋书画"四技的行列。因此，通过汉字书写还能看出每个人的文化水平和道德修养。还可以说，练习写汉字本身就是修身养性的良药，所以，书法也是家庭美育不可少的内容。

（四）画

在家庭里进行美育，必须重视艺术教育，因为艺术教育是美育中最主要的内容和手段。艺术教育包括语言艺术教育、造型艺术教育、表演艺术教育和综合艺术教育。

绘画、雕塑、艺术摄影等都属于造型艺术。

应该说，确立人自身的美是学习造型艺术的根本目的，而美的源泉是来自外部世界。苏霍姆林斯基指出："美育最重要的任务是教会孩子能从周围世界（大自然、艺术、人际关系）的美中看到精神的高尚、善良、真挚，并以此为基础确立自身的美。你一旦能面对美发出惊叹，你心灵里也会有美开放。"[1]

所以，当我们与孩子一起欣赏绘画，与听音乐是一样的，也是施加"情感审美"影响的一种复杂的方法。但是，由于童年时期思维的具体性、形象性，我们向孩子揭示出造型艺术的概括的内容（如有的造型艺术采取了比较含蓄的表达方式），他们就会有一定的理解上的困难，所以我们还需要采取一些具体措施对他们加以训练。

---

[1] 苏霍姆林斯基，帕夫雷什中学［M］，教育科学出版社，1983 年出版：435.

1. 直接观察大自然

许多家长可能还不知道，绘画创作最初的训练，应该是直接观察大自然。为了让一个孩子能看懂，并能体验和爱上绘画作品，就必须让他们在自然界经历长期的情感教育。每个人都应该在童年时代学习去发现大自然的美，使精神生活与大自然之间通过一条条智力的、情感的、审美的、创造的纽带联系在一起。

苏霍姆林斯基回忆道："我努力使我们每次去大自然的旅行，使每次与周围世界的美的会面，都能在儿童和少年的心灵中留下点滴欢快。这是使对艺术作品的重复观赏，成为情感发展的一个新阶段的重要条件。"①

"……这个男孩子就能从傍晚的昏暗所笼罩的树丛中看出一头暴怒的公牛来。这不单纯是小孩的幻想游戏，它同时也是思维的艺术因素，诗的因素。同是这些树丛，另一个孩子则从中看到另一种东西，属于他自己的东西——他在形象中加进了他个人感知、想象和思维的特点。每个孩子不光在感知，而且也在描绘，在制造，在创作。儿童对世界的视觉，是一种特殊的艺术创作。被孩子感知同时也是被创造的形象，都带有明显的情感色彩。儿童在感知周围世界的形象并通过幻想往里添加什么东西的时候，他们也在体验极大的快乐。"②

许多家长也有同样的体会：有一位家长，他多次带着孩子到植物园去活动，有时候是在远处，欣赏开阔的茂密树林；有时候是在近处，聚精会神地欣赏花蕊和叶脉。这样做的结果是：即使是一棵普普通通的树，孩子也会发现，在任何一个季节、任何一个时间、任何一种天气的情况下，都能看见这棵树的最富于细微差别的美。

通过这种训练，孩子的审美能力提高了。他们开始发现，每天匆匆路过的道路两旁的树木，一棵棵的树，原来都是那么美；在家里，司空见惯的盆花竟然也是那么鲜艳夺目。于是，孩子个个都好像长出了一双会发现美的眼睛，每天都会兴高采烈地向家人诉说，他们对美的新发现。

2. 观赏绘画等艺术品

在观察大自然的基础上，孩子对大自然产生了感情，有了一定的审美能力，就会带着欣赏大自然的美的记忆，再去观赏绘画等艺术品。组织孩子到美术馆，或者在家里观赏绘画，就是为了让他们加深对事物的认识，尤其重要的是，在这个过程中加深对情感世界的体验和认识。

孩子的每一次观赏，都能从中看到某种新的东西。对绘画作品的反复观赏，能丰富和发展情感记忆，培养对美的感知的敏锐性。正是由于反复的感知，造型艺术才能逐步地进入孩子的精神生活中去。

怎样通过这样的艺术作品去揭示真正的人类的美？这种美怎样能使人的情感得到

①② 苏霍姆林斯基，育人三部曲［M］，人民教育出版社，1998 年出版：47.

升华?

苏霍姆林斯基的做法是:"把反映人——崇高理想的斗士的道德美、道德功勋的绘画作品,放在第一位。"[1]

肖像画是对孩子进行智力教育、情感教育和审美教育的一种特别有力的手段。在我们的教育工作体系中,这是占有重要地位的一项工作——它是培养孩子去感受人的一种能力,这种能力就是用自己的心去感受他人心灵的最细微的运动,善于从他人的眼睛中看到他的痛苦、委屈、忧患、不安、孤独的情绪。而最重要的是,必须善于引导孩子,能够从自己亲人的眼睛中看到和感受到其所需要的同情和帮助。

教育工作中的最细微的,也是最困难的问题之一,就是培养孩子在情感上对他人的思想和情感的敏感并富有同情心,而眼睛就是思想和情感的镜子。眼睛,这是反映思想、情感和体验的最复杂的内心世界的窗口。观赏肖像画能够帮助孩子提高这种能力。

3. 激发孩子进行绘画、雕塑、艺术摄影的创作

在家庭中,培养孩子绘画、雕塑、艺术摄影等这些造型艺术的能力,应该是不拘一格、因地制宜、因陋就简。最重要的是不仅让孩子参与审美活动,还要尽可能多地参与创造美的立美活动。

比如,家庭布置让孩子参与设计、制作。中国许多的节日和民间活动给孩子提供许多艺术创作的机会。比如,中秋节做面食,就可以用面团捏出鸡鸭猪牛,元宵节可以绘花灯,等等。

4. 家长要善于通过语言,帮助孩子欣赏绘画

在赏析达·芬奇等人的名画时,家长必须善于把感知的审美修养与语言联系起来。家长的每一句话应成为一种"情感—审美"的刺激因素,能激发出富有诗意的思维。只有有了富有诗意的思维与语言,才能对人产生深刻的审美感。

看齐白石画鸳鸯与荷叶

1951 年我在北京师大附中读初一,由于我酷爱画画,就报名参加了邓海帆老师组织的美术小组,成为一名积极分子。一天,我们几个热爱美术的积极分子,由中国少年报社的编辑带领,去拜访著名画家齐白石。

齐白石的住宅是一个典型的北京四合院。最引人注意的是,不大的院子里满是水缸、花盆,房檐上挂着大大小小的鸟笼,墙角摆满了虫罐,不时传来鸟叫虫鸣声。齐白石的弟子告诉我们:齐白石在这里植树栽花、饲鸟养鱼,是为了近距离仔细地观察它们,更好地创作。

没有多说什么,齐白石老爷爷就着意要教我们画画。只见他拿起一根像小

---

[1] 苏霍姆林斯基,育人三部曲 [M],人民教育出版社,1998 年出版: 625.

笤帚似的大笔，蘸饱了墨汁，刷！刷！刷！大笔迅速地在画纸上走过。那个动作，在那一刹那，一个93岁的老人，利索得像个小伙子了。当时，我们都看傻了，没想到画画竟像练武术，有这么大的气魄！随着画笔的一起一伏，落在纸上一大片有浓有淡的墨迹，我们一时看不出是什么。过一会儿，齐白石老爷爷轻轻地加了几笔之后，立刻，几片硕大、多汁的荷叶显现出来了。由于我小时候生活在四川农村，住在荷塘边上，因此对荷叶十分熟悉，觉得齐白石画的荷叶，美在富有生命力。

接着齐白石老爷爷又教我们画鸳鸯，在画鸳鸯眼睛的时候，他停下来，歪过脑袋看着我们，特意告诉我们："画眼睛的时候，注意！不要画得溜圆，像庙里的菩萨眼睛那样。要画得有点扁，才有神呢！"我看他画鸳鸯眼珠的时候，的确顿了一下笔，是一个不规则的圆，但画出的眼睛却活了起来。齐白石老爷爷的那几句话，至今还深深地留在我的记忆中。

5. 从绘画回到大自然，回到生活

如果孩子把在画中所看到的秋天景色，能够与此时此刻大自然中的景色进行对比，这就是打开了情感记忆的源泉。这时候孩子往往会萌生一种热切的愿望，想再看一看金色的秋天，当然不是在画中，而是在生动的大自然中。可是现在已经不是秋天了，怎么办？于是，这时候对艺术作品的兴趣就提高了。

苏霍姆林斯基主张：让每一个孩子，能够在大自然中发现并且爱上一个，属于自己的、独特的、唯一的角落——美丽角。这种角落的选择，既和孩子过去记忆中积累的绘画作品有关，例如酷似《清明上河图》上的某一个地点，或者很像《富春山居图》中的某一个景象；也可能与生活中的事件有关，例如为了孩子要给敬老院的老人们送去丰收的苹果，对苹果树就会倍加爱护。为了给老师送上玫瑰花，就会精心照料一个花圃。总之美丽角应该是和孩子有着强烈的情感联系。

苏霍姆林斯基强调："如果一个人不能对周围世界进行细致的'情感—审美'观察，他就不能当教师。"在孩子身边常常会发生许多事情，如果家长和教师没有抓住，这对于道德教育和情感教育来说是无可挽回的损失。为什么家长和教师没有发现？是因为家长和教师自己没有养成和发展对世界进行"情感—审美"的观察的能力。这种能力不是什么天赋的精神品质，只有通过生活才能获得、理解、养成、完善，而且能更聪明地对其加以运用。

有一位美术教师，在"三八"节前，给孩子布置了一项任务——画一张送给母亲的画，并且让母亲亲自打分。这项家校合作的任务极大地激发了孩子的积极性。

可是等画收上来，老师发现其中有一张画画的是马。老师好奇地问这个孩子："莫非你的母亲喜欢马？"孩子回答："不，是我父亲喜欢马。"老师着急地说："这是给母亲的礼物，怎么画父亲喜欢的马呢？"孩子从容地解释道："我观察到母亲和父亲最近在闹矛盾，我为了促使他们俩和好，故意画了这张画……"这位老师在家校合作的任务中，及时发现了孩子的美好心灵，并立即在全班展开了一次成功的"情感—审美"教育。

▌三、家庭中的舞蹈、戏剧

（一）舞蹈

舞蹈是以身体为语言，作"心智交流"的运动表达艺术，一般有音乐伴奏，以有节奏的动作为主要表现手段的艺术形式。在人类文明起源前，舞蹈在仪式、礼仪、庆典和娱乐方面都十分重要。舞蹈在五千年以前的奴隶社会，就已经出现了，发展到秦汉之际已形成了一定的特色。

舞蹈是一种有益身心健康、增强体质、开阔心胸、纾解情绪的活动。舞蹈可以让人身体曲线变得更美，身体变得柔软。舞蹈不仅对肌肉的刺激则是全面性的、综合性的，而且兼顾头、颈、胸、腿、髋等部位。

舞蹈是时间与空间的艺术，是用身体和节奏表现思想感情的。舞蹈者在表现自己的同时，还培养了自信和气质。

每个孩子都有舞蹈的潜质。婴儿高兴的时候，会不由得手舞足蹈；儿童一听到节奏感强烈的音乐，往往会情不自禁地发明一些动作进行配合。这个时候，如果有恰当的教育，就会发展出较好的舞蹈素养。

1. 提倡在家庭中进行舞蹈活动

舞蹈艺术是家庭艺术教育的重要内容之一，是孩子喜闻乐见的艺术形式。舞蹈要求动作优美，富有表情和节奏感，它一般与音乐相结合，给人以美的感受，可以培养孩子健美的形体和韵律感。

舞蹈动作大部分来源于人的自然动作，也有一部分是对鸟兽等的动作和自然物的模拟。我国的传统舞蹈与武术有着密切的关系。舞蹈可以给孩子的生活带来许多快乐，根据孩子的生理、心理特点和理解、感受、表达能力，应该让孩子学习适合其接受能力的舞蹈。

儿童舞蹈动作的一般特点是：模拟动作较多，模拟动作与基本舞蹈动作相结合，有韵律，节奏明快活泼，动作协调优美。"家长在进行家庭舞蹈教育时，应注意培养他们正确的姿势，发展基本动作的技能技巧，提高对音乐的感受能力，让儿童随着音乐节律的变化，用动作表达感情。同时还要注意培养儿童的节奏感，让他们运用动作造型、动作速度与力度的变化去传情达意，使儿童在轻快活泼的旋律中，感受舞蹈的美，领悟舞蹈的内涵，达到舞蹈教育的目的。"①

2. 进行儿童舞蹈活动需要注意的问题

首先，要了解儿童。所谓了解儿童，就是要了解儿童生理、心理的特点。从生理的角度上来看，儿童骨骼较软，容易变形，弹力小，收缩力差，容易疲劳，但他们的大脑发育很快，容易兴奋，而且弹跳力较好。所以，在儿童舞蹈教学内容的选择时，就会考虑到儿童身体发展的自然规律，动作力求舒展，短促有力，节奏欢快，从而表现出他们活泼可爱的性格。

> 在上课中我发现，6岁以下的孩子，在做压胯、压腰的练习时，其软度非常好，但感觉孩子在做动作时有气无力，松松散散的。
>
> 为了解决问题，我在音乐的选择上，会选一些节奏鲜明、动感很强，而且歌词朗朗上口的音乐来配合练习，当孩子们听到音乐时，我先不刻意强调动作规范，而是先交流。我问孩子们：你们觉得这音乐听起来是高兴，还是难过呢？是有劲的，还是听着就想休息呢？这时孩子们会你一言我一语地来回答你提出的问题，描述他们对音乐的感受。这样让孩子们从听觉上把音乐的位置感找着，然后让孩子们自己去根据音乐做一些形体动作。比如在做地面压腿时，我让孩子们坐在地上，根据他们听到的音乐去做，这时教师不要过分强调动作的规范，比如脚直，上身立等，然后在他们做的过程中发现问题、指出问题、改正问题。

其次，要通过教学的舞蹈内容解决孩子注意力不集中的问题。孩子好奇、好动、好模仿，易幻想，内心感情易外露，因此注意力不易集中。我认为要善于从孩子的生活实践经验中，采用拟人化的动物动作，具有童话或科学幻想的舞蹈形式，用短小、形象、生动活泼、故事性强的舞蹈特点，培养孩子对舞蹈的兴趣，使他们感到亲切易学、易接受，并逐步养成良好的学习习惯。

第三，既然是儿童舞蹈就必须从内容上反映孩子的生活和他们的情趣，而不能是成人舞蹈的再版。所以在教学内容的选择上，必须表现孩子的喜、怒、哀、乐，并加以提炼，成为反映孩子生活的舞蹈。②

---

① 缪建东，家庭教育［M］，北京师范大学出版社，1985年出版：186.
② 摘自百度，儿童舞蹈教学要抓住儿童特点，2021-6-13.

3. 如何激发孩子学舞蹈的兴趣

舞蹈是美的化身，是用形体表现的造型艺术。许多家长都希望自己的孩子能歌善舞，但仍然会有一些孩子对舞蹈不感兴趣。怎样才能培养孩子对舞蹈的兴趣呢？

首先，家长最好自己也对舞蹈感兴趣。因为家长的举止、言谈、爱好，会对孩子起到潜移默化的感染作用。

其次，家长还可以利用电视、电影等传播媒介，有意识地带领孩子观看舞蹈表演，让孩子从中感受舞蹈的优美，激发孩子的舞蹈兴趣。平时，家长可以经常带孩子参加一些集体活动，让孩子感知艺术美，让优美的舞姿吸引孩子。

三是为孩子创造一个美的环境。如窗户上可剪贴一些舞蹈造型的窗花，墙壁上可以布置一些舞蹈形体图，书橱里为孩子添置一些舞蹈画册等，让孩子观察、模仿、阅读，使孩子的生活空间充满舞蹈的情趣，由此对舞蹈产生兴趣。还可经常播放一些孩子喜爱的优美、抒情、活泼的乐曲，让孩子听一听，跳一跳。也可以播放一些有关小动物的乐曲，让孩子伴随乐曲蹦蹦跳跳，感受一下乐趣，因为小动物形象生动，对孩子有吸引力，让孩子在音乐声中模仿小动物的动作，在观察中加以美化和创造。

四是召开家庭音乐舞蹈会。和孩子一起表演节目，一方面可以提高孩子对舞蹈的兴趣，另一方面成人可以与孩子进行沟通。根据孩子的爱好，制作一些动物头饰、服装、道具等，使孩子在愉快、欢乐、轻松的情景中，感受到舞蹈的高雅情趣。

最后，成人可以给孩子讲一些关于艺术方面的知识，尤其在舞蹈动作上加以儿童化、趣味化，以艺术化的语言来激发孩子对舞蹈的兴趣。久而久之，孩子一定会对舞蹈产生浓厚的兴趣的。

（二）戏剧

为什么几乎所有的孩子都会对木偶戏极其入迷？为什么一些名校和名师，都不约而同地特别重视戏剧等综合艺术教育？

例如苏霍姆林斯基的帕夫雷什中学，学校就成立了木偶戏剧团和话剧小组；美国第56号教室，雷夫老师领导孩子们，每年排练一出莎士比亚的戏剧；北京的十一学校，话剧团是学校最受学生欢迎的社团之一。北京不少中小学校中戏剧之所以蹿红校园，原因就是戏剧这一综合艺术教育有着其他艺术形式所没有的独特的美育功能：它是最贴近生活、震撼心灵的艺术形式；是受到欢迎的一种重要思想教育手段；是发现和培养各式各样人才的又一途径。

以下为家校合作的戏剧活动案例。

当童年遇上戏剧 ①

多年来，××实验小学坚持戏剧教育的办学特色，探索并实践戏剧教育一体化实施路径。

在校园里，民族教育和艺术教育相得益彰。回民实验小学金帆艺术团班级剧组、年级剧组、学校剧团，分别进行过语文剧场、皮影剧和歌舞剧的展演。语文剧场是以自然班为单位，为学生提供了学习语文的情景场、体验场、实践场，把学习探索过程多维立体呈现，用戏剧教学方式，培养学生的语文素养。

当天的演出现场，呈现了古代故事《西门豹》的教学片段，学生在小剧场中与剧中人物对话、讨论剧情、展示自身的成长过程等，真正"让学生站在学习中央"。小学语文中的《七颗钻石》也被学生搬上了舞台，并被改编为皮影剧《爱，能点亮那颗心》。

更让人惊讶的是，这个剧还从三个维度弘扬了社会主义核心价值观：第一，剧目根据俄国著名作家列夫·托尔斯泰的童话《七颗钻石》改编而成，童话从不同的文化视角演绎了永恒的爱的故事；第二，剧目排演中，将传统文化中的皮影艺术自然融入，不仅突出表现了童话故事神奇的特点，更是体现了对传统文化的传承；第三，教育资源多元性的特点，在演出中得到充分呈现。

现实生活中的一对父女和一对母女成了剧中的亮点，家长的真情出演，再次表现出学校戏剧课程深入了每一个家庭，也加深了亲子关系。歌舞剧《潘冬子的成长》是学校红色经典剧目《闪闪的红星》升级版，突出了"做党的好孩子""在党旗下茁壮成长"的主题。其故事主线更加清晰，人物形象走下神坛，更加符合现代儿童的认知规律，语言表达也更加生活化。

1. 戏剧等综合艺术教育有独特的美育功能

苏霍姆林斯基指出："感知美和理解美是审美教育和审美修养的基础和核心，离开这个核心，对生活中一切高尚的东西都会没有感情，失去知觉。教育者的最重要的任务，就是要使儿童、少年和青年形成关于人的美、关于人的思想、情感和体验中的高尚神圣东西的观念。我们要使这种观念成为有血有肉的东西——用具有高尚道德行为的生动实例来充实它。"②

那么，到哪里寻找生动实例呢？除了日常生活以外，戏剧等综合艺术教育就是一个最好的选择。因为它最贴近生活，其中有三点其他艺术形式缺少的独特功能。

一是戏剧和影视艺术综合了绘画、文学、音乐、舞蹈、摄影等艺术的各种元素，并生发了"源于生活，高于生活"的独特美育功能。它使每个人在观看时，各种感官全部

---

① 方媛，当童年遇上戏剧［N］，现代教育报，2016-6-8.
② 肖甦，苏霍姆林斯基教育智慧格言［M］，人民教育出版社，2014年出版：222.

进入充分感知的状态。喜好各种艺术的人，几乎都可以在戏剧中得到审美的满足。例如"中国戏曲……通过音乐舞蹈、唱腔、表演，把作为中国文艺的灵魂的抒情性艺术，发展到又一个空前绝后、独一无二的综合境界。它实际上并不以文学内容，而是以艺术形式取胜，也就是以美取胜"①。

二是，戏剧艺术是最接近生活的表现形式，逼真、具体、可信，能够打动人。观看戏剧时，每个人都感同身受。在剧院中，常常看到观众一会儿哈哈大笑，一会儿痛哭流涕，即使散场后，心绪仍然不能平静。

三是，戏剧艺术将生活中复杂而分散的矛盾和冲突，加以提炼和浓缩在有限的时间和空间里，出现强烈的剧场效果，容易激起观众的情感共鸣。这种占时少、内容精的形式是教育孩子最好的手段，所以应该在学校、家庭教育中大力提倡。

2016 年，我在国家大剧院观看了著名演员冯宪珍演出的《办公室的故事》。一个小小的舞台，有限的几个人物，就能够把每个人的内心世界和当时社会上的流行文化，展现得淋漓尽致。剧场里，不时发出一次次会心的笑声。在演出后的座谈会上。我请冯宪珍说一说：如何培养下一代青少年儿童热爱戏剧？她说："戏剧是伟大的艺术，应该多让孩子们接触。剧场里，演员和观众在同一个空间，是平等的……要让孩子们理解戏剧的伟大，不同于其他艺术。"西方文化好像对戏剧比较重视，而当代中国电视等传媒对年轻人更有吸引力。现在，我们需要先让孩子们多接触戏剧，逐步了解戏剧，最终喜欢戏剧。

2. 戏剧能够给孩子记忆留下深刻的印象

我们在乌克兰参观首都基辅苏霍姆林斯基幼儿园时，孩子们演出的童话剧给我们留下了极深的印象。

孩子们演出的是苏霍姆林斯基编写的童话剧《一个苹果的故事》。演出时，孩子们完全沉浸在剧情中，两个小姑娘表演，怎样克服困难，勤奋劳动，种了一棵苹果树，接下来是全家人，浇水、除虫，尽心照看。

秋天到了，苹果树结出红红的大苹果，姐妹俩摘了一个大苹果，送到母亲那里，母亲把苹果分成两半，但姐妹俩说，还有妈妈没有得到呢，妈妈说，是啊！分成三份也不够，整个村子还有很多人没有尝到苹果，全世界还有许许多多的人……怎么办呢？

于是在场的孩子们开始了极其认真的讨论：怎么让全世界的人都能够吃到

① 李泽厚，美的历程 [M]，天津社会科学出版社，2001 年出版：314.

大苹果？

整个表演是在音乐的伴奏声中缓慢进行，孩子们全都被童话剧感染了，他们在想，好事情怎么能够让全世界的人共享？这个演出真是寓意深远啊！

我在少年宫工作的时候，曾经担任过木偶戏小组活动的辅导员。我发现，孩子们极其喜欢木偶戏，不论是演员还是观众都会陶醉于木偶演出。即使我们演出一个小节目：描述一个爱随地吐痰的老爷爷总改不了坏习惯，当表演到他屡犯错误的狼狈情节时，孩子们个个哈哈大笑，前仰后合，而且一次一次要求再演出。

这样一个简单的情节，为什么孩子们多次要求"再演一遍"？就是因为在这个过程中，孩子们得到的是一种审美享受。通过木偶戏这种综合艺术，夸张的人物造型、动听的音乐、生动的台词、有趣的动作，使孩子们的感官、想象、期盼和道德需求都能够反复得到快乐的满足，教育就是在这种润物细无声中悄悄进行的。

3. 多一个平台，就多发现一批人才

美国第 56 号教室的优秀教师霍夫在一个班里能够长期坚持艺术教育。他们每年制作、演出一出完整的莎士比亚剧。当地居民高度赞赏他们是"小小莎士比亚们"。

霍夫为什么这么重视艺术教育？他说："接触艺术教育的孩子学到的远远超过他们所学的艺术本身。"他认为演出是"关乎语言、音乐、团队合作、冒险、纪律、勤勉，以及自我发现"的。他说："我们的目的是学习语言的力量和团队合作的乐趣。"

每个同学都是自愿参加戏剧小组，因为这个活动要"耗费他们一年的时间，也意味着他们必须放弃电视、电玩，以及流行文化"。

他们亲自制作服装、布景，一遍又一遍地记背台词；在演出中场休息时，小演员们自己并不休息，而是为观众送上点心和饮料。演出结束，他们虽然非常疲劳，但是还是要坚持自己打扫卫生。

我在一个初中实验班进行自我教育实验研究时，发现这个班的生源比较差，学习困难和品德欠佳的学生，几乎占了三分之一。平时文化课很难上，活动就更难进行了，但是在排练话剧《东郭先生和狼》的过程中，却发现到处都是人才。他们主动制定纪律，自动维持纪律。自愿报名意想不到地踊跃，像"导演"这样高要求的任务，竟然也有三个人竞争；"东郭先生"这个角色台词最多，也是多人竞争。"驴"这个特殊的角色，也有人不怕被人开玩笑，主动请缨；准备服装、道具是项烦琐的幕后工作，也有好几个人主动承担……

　　这个活动发现了许多人才：一位出色的导演，他能够理解剧情，调动每个演员的积极性来恰当地演出每个角色，而他平时是一个所谓的后进生。一位出色的演员，沉浸剧情中，活灵活现，而他在课堂上是一个闹将。有一个人，默默无闻地为演出找来了服装、道具，而她平时是一个学习成绩不好的学生。还有一位平时稀里糊涂、打打闹闹的长不大的学生，现在看到别人个个如鱼得水，都找到了自己的位置，自己什么也不会，开始变得沉默了。这个沉默也可能是好事，可能会爆发新的动力！

在家庭中同样可以建立这样的平台。民国苏州的张家四姐妹张元和、张允和、张兆和、张充和，从小在家中学习昆曲艺术，最后成为终身爱好，更是为传播中华民族优秀戏剧艺术做出了重要贡献。

4. 舞台培养孩子的创造力

苏霍姆林斯基认为："音乐——想象——幻想——童话——创作，孩子就是按照这样一条途径发展他的精神力量的。"不同层次的戏剧等综合艺术，适合不同年龄孩子的发展需要。戏剧艺术综合了绘画、文学、音乐、舞蹈、摄影等艺术的各种元素，能够为有着不同潜能的学生，提供创造的舞台。

幼儿和低年级学生富于想象，童话剧、木偶剧，甚至利用玩具扮演各种角色，他们都能够进行再创造。

"每次去童话室，孩子们总想玩一会儿。不管是男生还是女生，大伙儿都能找到心爱的木偶或玩具，游戏变为创造性的活动：孩子们成了童话中的角色，而木偶在他们手中则帮助他们更好地表达思想和感情。"

"如果我能使一个在思维发展上遇到很大困难的孩子，想出一个童话故事来，并在想象中把周围的几件事物联系起来，那我就可以满怀信心地说这个孩子已经学会思考了。"

"创作童话故事对孩子们来说，是一种最有趣的和富有诗意的创作活动。同时，这也是发展智力的重要手段。"[①]

研究表明，特殊的戏剧还能够帮助孩子克服胆怯心理，这就是木偶剧、皮影剧、手影剧的特殊功能。因为这种演出，演员藏在幕后，不直接和观众见面，能够相当程度上减少羞愧、恐惧，有利于学生大胆在幕后表演。许多经验表明，口吃的学生，胆子小的学生，尤其是学习外语张不开嘴的学生，通过这种演出，竟然都有惊人的进步。

总之，由于戏剧是综合艺术教育，因此，不仅有表演潜能的孩子可以发挥自己的创造性，其他学生，根据演出的需要，在绘画、文学、音乐、舞蹈、摄影、电脑技术、舞台设计等方面都可以发挥自己的创造性。

---

① 苏霍姆林斯基，育人三部曲［M］，人民教育出版社，1998 年出版：166.

5. 家庭教育中的戏剧入门

既然戏剧受孩子的欢迎，在塑造孩子心灵方面有独特的作用，那么，作为家长，我们除了支持孩子积极参加学校的戏剧活动之外，在家庭中，我们何不可以利用戏剧的这种优势，建立家庭的小剧场？

其实，在家庭中的戏剧活动在游戏中已经开始了。孩子扮演医生，扮演警察，动情地进行惟妙惟肖的模仿，这就是戏剧的雏形。

然后，可以提高一步，进入角色朗诵。先选择优秀的、大家喜欢的脚本，全家分配角色，分别准备，开始按照角色进行对话朗诵。有条件的可以录音、录像，之后大家进行回放，这时候又是一次高高兴兴的享受，也是一次实实在在的审美提高。

如果孩子比较小，能力暂时还跟不上，可以先进行"雕塑剧"的排练。这样就把身体表演和朗诵分开，难度降低，成就感会比较强。当然，也不要忘了录像、留影。

在家庭中，我最想推荐的是建立木偶小组。因为它制作比较简单，甚至利用现有的洋娃娃和各种动物玩具就可以。设备可以因陋就简，不需要舞台和布景——在桌子和沙发后面表演就可以。

当孩子被木偶艺术吸引之后，他会热情地投入编写剧本，练习表演，制作木偶，制作布景，研究灯光音响等。这时候，什么胆子小、写作文没材料，甚至手机的诱惑等问题，都会得到妥善的解决。

第九章
家庭科学之美

美是真理的光辉。

——拉丁格言

是否存在着科学美？在理论界还没有统一的认识，但是"不真的东西就不美""以美引真"，美育对创造性思维的促进，这些都是客观事实。至少，科学与审美有许多相通之处，家庭中的科学之美是可以探索的。

一个全国规模的审美素质调查表明，在"审美行为"中，列入了一项"欣赏科学"，其中内容包括了科学美——即能根据基本美学原则和形式特征，对科学活动、科学理论及科学产品进行审美。①

我们就先从事实出发，探讨家庭中的科学之美，等有条件的时候，再进一步进行理论的探索、提升。

■ 一、科学家们推崇科学美

彭加勒是法国大数学家、物理学家、天文学家。他在《科学与方法》中对"科学美"的概念进行了界定，并认为"科学美"在科学创造中有重要的作用。

彭加勒认为，科学家并不是因为自然有用才进行研究，而是因为能从中得到愉快，这种愉快来源于自然的美。他说："如果自然不美，就没有了解的价值，人生也就失去了存在的价值。当然，我这里并不是说那种触动感官的美、那种属性美和外表美。虽然，

---

① 赵伶俐，中国公民审美心理实证研究［M］，北京大学出版社，2010 年出版: 36.

我绝非轻视这种美，但这种美和科学毫无关系。我所指的是一种内在的（深奥的）美，它来自各部分的和谐秩序，并能为纯粹的理智所领会。"

彭加勒还认为，美感在科学研究中有重要的作用。法国数学家阿达马把彭加勒的思想概括为以下两点结论："发明就是选择；这种选择不可避免地由科学上的美感所支配。"这两点结论，对 20 世纪的科学界产生了重大的影响。

海森堡是德国的物理学家，对量子力学的建立做出了重大贡献，1932 年获诺贝尔物理学奖。海森堡一再谈到科学美的问题。他在一次和爱因斯坦的谈话中说："我被自然界向我们显示的数学体系的简单性和美强烈吸引。"他又说，"自然界向人们展现的这种美，往往使人震惊。"当他进行矩阵元的计算，一旦发现自己窥测到自然界异常美丽的内部时，他狂喜得几乎快要晕眩了。

海森堡做过一个题为《精密科学中美的含义》的演讲。在这个演讲中，他讨论了毕达哥拉斯的思想。他认为开普勒就是受到毕达哥拉斯的启发，把行星绕日运行同弦的振动相比较，从中探寻行星轨道运动的和谐美，终于发现了运行的大规律。这是一种至高无上的美的联系。开普勒对于这种联系由他首次发现，有一种感恩的心情，他在《宇宙和谐》一书结尾说："感谢我们的创造者，您让我在您的作品中看见了美！"

海森堡认为，科学美就在于统一性和简单性：繁多的现象被简单的数学形式统一，由此便产生了科学美。

海森堡强调科学美在科学研究中的作用。他说："美对于发现真理的重要意义，在一切时代都应得到承认和重视。"他认为拉丁格言"美是真理的光辉"，说明了为什么探索者可以借助美的光辉来找到真理。[1]

杨振宁认为，理论物理学中存在着三种美：现象之美、理论描述之美、理论架构之美。"现象之美"是指物理现象之美。这有两种：一种是一般人都能看到的，如天上的彩虹之美；一种是要有科学训练的人，通过科学实验才能观测到的，如行星轨道的椭圆之美、原子的谱线之美、超导性现象之美、元素周期表之美，等等。

"理论描述之美"是指一些物理学定律，有一种很美的理论描述，如热力学的第一、第二定律就是对自然界的某些基本性质的很美的理论描述。

"理论架构之美"是指一个物理学的定律公式化时，它趋向于一个美的数学架构。这种物理学的理论架构，"以极度浓缩的数学语言，写出了物理世界的基本结构"，是一种深层的美。杨振宁认为，牛顿的运动方程、麦克斯韦方程、爱因斯坦的狭义相对论与广义相对论方程、狄拉克方程、海森堡方程和其他五六个方程，是物理学理论架构的骨干，它们"达到了科学研究的最高境界"，可以说"是造物者的诗篇"。研究物理的人，在这

---

[1] 以上均转引自叶朗，美学原理 ［M］，北京大学出版社，2009 年出版：283—288.

些"造物者的诗篇"面前，会产生"一种庄严感，一种神圣感，一种初窥宇宙奥秘的畏惧感"，他们会感受到哥特式教堂想要体现的那种"崇高美、灵魂美、宗教美、最终极的美"。①

▌二、科学美有两个特点

科学和艺术的结合是人类文化发展的趋势。因此，随着社会的全面发展，了解科学美的特点更有必要。

（一）简单与深远

彭加勒早就说过，因为简单性和深远性（或者叫伟大性）两者都是美的，所以他特别愿意寻求简单之事实以及深远（伟大）之事实。他认为人们瞻望星辰之运行，用显微镜考察奇异之极微，都是对简单和深远事实的寻求。古希腊的圆柱以其最佳分布，承受了最大负荷，体现了"简单和伟大"。这概括了科学美的重要特征。

自然界的表现形式纷繁复杂，甚至杂乱无章，如果把这些现象一一罗列，那就无所谓科学及科学美了。在繁杂之中概括出一种简洁明了的规律，会给人以一种美的感觉。面对几百个杂乱的数字不会有美的感觉，可是一见开普勒三大定律公式就会感到一种简洁的快感。这就是简单性带来的美感。

量子力学创始人之一海森堡和爱因斯坦进行过一次长谈。谈到了共同感兴趣的简单性、美及真理的美学标准问题。他们认为简单性不只是思维的结果，而是自然规律的客观特征。海森堡说：如果自然界把我们引向极其简单而美丽的数学形式——我所说的形式是指假说、公理等的贯彻一致的体系——引向前人所未见过的形式，我们就不得不认为这种形式是"真的，它们是显示出自然界的真正特征"。海森堡承认自己被自然界所显示的数学体系的简单性和美强烈地吸引住了。②

人们常说，大美至简。世界上的事物，走到终极，反而十分简单、单纯。真理也是以朴素为特点的。真理是浓缩的精华，不需要烦琐的解释，简单与深远，给人的是一种美感，是一种只有人类才可以理解的美。

---

① 杨振宁，美和理论物理学，转引自吴国盛，大学科学读本［M］，第274页，见《杨振宁文集》下册，华东师范大学出版社，1998年出版：850—851.
② 以上内容转引自瞿葆奎，美育［M］，人民教育出版社，1989年出版：698.

（二）统一与和谐

为什么一切空间图像都可以简化和抽象为点、线、面、体？为什么几乎一切生物体都可以找到"细胞"这个简单结构？为什么一切微观粒子都可以建筑在"夸克"的简单假说上？为什么一切纷繁复杂的事物，均可以用简洁的形式来说明？其原因在于自然界本身的统一与和谐。这种统一与和谐的自然美，反映到自然科学的理论形态中，就显示出统一与和谐的科学美的规范。

守恒与对称，这与统一、和谐的观念紧密相连。守恒与对称会给人一种圆满的、匀称的美感。从阿基米德的杠杆定律到开普勒第二定律表现的角动量守恒，以及动量守恒定律、能量守恒定律，都符合守恒的审美标准。物理学、化学中的许多"常数"，也是守恒思想的表现。

一个公式中加上了某一个常数，就具有更为普遍和谐的意义。在数学中，方程与图形的对称处处可见，这是数学美的重要标志。中心对称、轴对称、镜像对称都是使人愉悦的形式。笛卡儿建立的解析几何，是在数学方程式与几何图像之间建立了一种对称。狄拉克预言的正电子，与通常所说的带负电荷的电子是对称的。许多物理、化学、生物结构模型也是对称的，例如凯库勒的苯环结构式，华森、克里克提出的 DNA 双螺旋结构，都显示了一种对称的科学美。[①]

中国传统文化中，也充满了守恒与对称。楼堂馆所的建筑、服装饰品的设计、绘画作品中的布局、文字的间架结构，无不具有对称美，这也是每个在中国长大的孩子所熟悉的。它也正是家庭探索科学美的可贵基础。

三、科学美和艺术美相通

著名物理学家李政道曾说过："科学和艺术是不可分割的，就像一枚硬币的两面，它们的共同基础是人类的创造力，它们追求的目标都是真理的普遍性。"李政道还说过，他觉得美术和真理，一个抓牢直觉，一个抓牢理性，异曲同工。

由此可以看出，美育不应局限于艺术教育，更应深挖美育与科学的内在联系，寓科学于美育之中，只有这样才能实现每个孩子的全面发展，提升综合素养，达到美育的升华。

物理学领域的一些大师，如彭加勒、爱因斯坦、海森堡、狄拉克、杨振宁等人，他们都肯定"科学美"的存在。在他们看来，"科学美"主要表现为物理学理论及定律的简

---

① 以上内容均转自瞿葆奎，美育［M］，人民教育出版社，1989 年出版：698—699.

洁、对称、和谐、统一之美，也就是说，"科学美"主要是一种数学美、形式美。他们都指出，"科学美"是诉诸理性的，是一种理智美；他们都相信，物理世界的"美"和"真"（物理世界的规律和结构）是统一的，因而他们强调，科学家对于美的追求，在物理学的研究中有重要的作用。

但是，在科学美的领域，又存在着几个在理论上需要研究的问题。

第一，自然美、社会美、艺术美是审美意象，它们诉诸人的感性直觉，而"科学美"是用数学形态表现出来的物理学定律和理论架构，它诉诸人的理智。那么，从美的本体来说，科学美和自然美、社会美、艺术美能否统一？

第二，美感不是认识而是体验，它是超功利、超逻辑的，而科学美是一种数学美、逻辑美，它超功利，但并不超逻辑。那么，科学美的美感的性质和内涵和一般的美感就有重要的差别，是一个有待分析的问题。

第三，很多物理学家都认为从物理学研究的成果中可以观照宇宙中无限的存在，从而获得一种宇宙感。但是，物理学研究的成果是人类性活动的产物，而宇宙感则是一种超理性的体验，这就产生了一个问题，就是人们有没有可能从理性的领域进入超理性的领域的问题，也就是人们有没有可能从逻辑的"真"进入永恒存在的真，从形式美的感受进入宇宙无限整体美的感受的问题。①

第四，最重要的是，提出这些问题，并不是想否定科学美的存在，恰恰相反，是考虑有没有可能提出一种新的理论架构，把科学美与自然美、社会美、艺术美都包含在内？

▌四、发现孩子身上的科学美

科学美，其最核心的是创造性。那么，我们首先来探索一下，有创造性的孩子的个性特点有哪些？

家长是多么希望自己的孩子是一个 21 世纪需要的人才，期待他是一个有创造性的孩子。但是有创造性孩子的个性特点，并不一定是人们日常所理解和主观希望的那些。因此，有必要听听有关专家、学者更为深刻的看法。

专家学者认为，有创造性的孩子至少应该有以下几个个性特点：

1. 勇往直前

创造，必须勇敢，敢于勇往直前。要敢于怀疑，敢于否定，要冲破原有的习惯势力，

---

① 以上均转引自叶朗，美学原理 [M]，北京大学出版社，2009 年出版：302.

这些都需要勇气；要面对大多数人的反对，这更需要勇气。对于那些为了坚持某个看法，敢于顽固地和家长辩论的孩子，千万不要反感，先耐心听听他的理由，有没有某一部分有道理？也许，他就是一个有创造性的孩子。

2. 有幽默感

富有幽默感的人，一定是思维非常灵活的人。由于他充满自信，心情总是轻松愉快，爱开个玩笑，这是他在不断地进行"思想的游戏"。他拥有一种内在的自由，这才有助于创造性的产生。对于那些爱开玩笑的孩子，不要厌恶，因为这里有创造性的火花。当然要引导他们只开善意的玩笑，不搞恶作剧。

3. 独立性强

不能自主地对待客观世界和主观世界的人，处处唯唯诺诺，就不可能有创造性。有主见的人和"死心眼"不一样，他坚持的是自己经过反复思考和认真研究而审慎得出的结论，不会盲从。如果孩子总有自己的见解，家长不要用权威去压制他，而是要听听他是否有一定道理。保护这哪怕只有百分之一的合理部分，就是保护他的创造性。

4. 有恒心

执着，是创造性必不可少的前提。对某一问题，能长期地集中意志力，才能在水到渠成时，出现创造。孩子若能克服大大小小的困难，持之以恒地干一件事，有时候旁若无人地发呆，一定要大加鼓励，因为这是在思考，是迈向创造性必不可少的一步。

5. 一丝不苟探索真理

总是"打破砂锅问到底"，追求真理的人必然是对每一个结论一丝不苟。因为真理不能有那么多的随意性，它是严谨的、和谐的，马马虎虎是得不到它的。孩子如果总是马虎、稀里糊涂，那么创造就可能和他无缘。

6. 充满好奇

对什么都认为司空见惯、习以为常的人，是不可能有创造性的。在无中看到有，在平常中看到奇特，这才是难得的品质。如果有的孩子，对什么事物都充满浓厚的兴趣和好奇，先不要忙着责备他不专心，而是要观察他是否能继续保持浓厚的兴趣，把问题一直探索下去。

好奇，是创造性的最初表现。现实的情况告诉我们，随着年龄增大，孩子主动提出问题、课堂上主动回答问题的情况越来越少，这是为什么呢？孩子的创造性，经常是被漫不经心的成人给扼杀了。

在一次讨论会上，一位家长忧心忡忡地向大家请教："我家那小孩子，缺点十分严重，而且屡教不改，真让我没有办法！我们家的电器，除了电视机以外，几乎全都被他偷偷地给拆坏了。"

对于这位家长提出的问题，大家进行了全面了解和分析，得出的结论，正好和这位家长的结论相反：这个孩子的所谓的严重的缺点，恰恰是他的一个优点——好奇心。

原来，这个孩子在家中玩电动玩具时，总是觉得奇怪，总想知道那些玩具为什么能动，发现计算器能计算那么多数字，也想搞清楚是怎么回事，于是情不自禁地就把它们拆开看看。他说："我想那个收音机里面，是不是有一些小人，不然怎么会唱出那么多的歌呢？"

"那你为什么要偷偷地拆呢？"

"因为我爸爸不让我拆开看，我一提出来，就骂我一顿。"

"听说，为了这件事，你还经常挨打，那你为什么还要继续拆？"

"我总是忍不住地想看个明白，而且我总以为我拆开以后，能重新装上，可是真拆开以后，就装不上了。"

一个多么可爱、好奇心极强的孩子！

最后，大家为这个家庭出了个主意：以后先要学习知识，参加有关的科技小组，学习各种技术，在这个基础上，如果想了解哪个电器，先请个有经验的人，让他表演如何拆卸，如何装上，然后再自己动手，学会这个本领。

孩子听了笑眯眯地表示同意。

▌五、怎样在家庭中培养科学美

1. 改变重智轻美的教育观念

家庭中要培养科学美，首先要清醒地知道，现在社会上占压倒优势的舆论是"重视认知，忽视审美"。家长不在思想上战胜这个错误的认识，就很难迈出第一步。

刘绪源在《美与幼童》一书中写道："美国学前教育同样忽略美育。……大出我所料，看美国版的大纲，还有他们所提供的其他国家的大纲，所注重的都还是健康、道德、认知、自我认识、数学能力……很少涉及审美。在讨论中，谈到审美和美育，无论是美国来的专家还是美国儿童电视制作所总部的工作人员，大都倾向于将美育理解为'通过艺术作品达到教育目的'，而并不怎么重视审美能力本身的培养，以及如何让儿童获得更多的审美乐趣和审美享受（如果这种享受不附带明确的教育目的的话）。"

"通过这次合作，我才知道，关于儿童的心理发展，全世界所用的教材其实都是差不多的，注意的重心都是幼童的'认知'。即使高明如皮亚杰，他的发生认识论、儿童心理学等，思考的中心也还是认知。认知通往理性，这是对人的理性的发展线索的梳理。人类对自己的思想、理性的偏重，在儿童心理研究上也明显地凸现出来了。"

"那么，审美呢？儿童的审美心理发展对于人类究竟有多么重要？对此，有多少人在研究？研究成果如何？这是我这些年来一直思考的问题。"

"我想着重探讨的也正是这样的问题，即审美在人的心理发展中的位置，在人类精神生活中的位置，以及它在儿童期处于一种怎样的态势。"①

科学美和艺术美是相通的，科学和艺术也应该结合。人的心理应该是理性和感性两大块，如果美育的缺位，尤其是在早期，将对孩子的心理发展产生多么大的损失啊！这是每一位家长在家庭教育中，首先要考虑和解决的问题。

2. 由美引真

很多科学家都相信，对美的追求可以把我们引向对真理的发现。如科学家海森堡说："美对于发现真理的重要意义，在一切时代都得到承认和重视。"他还说："当大自然把我们引向一个前所未见的和异常美丽的数学形式时，我们将不得不相信它们是真的，它们揭示了大自然的奥秘。"美国物理学家阿·热说："审美事实上已经成了当代物理学的驱动力，物理学家已经发现了某些奇妙的东西：大自然在最基础的水平上是按美来设计的。"英国科学家麦卡里斯特说："现代科学最引人注目的特征之一，就是许多科学家都相信他们的审美感觉能够引导他们到达真理。"②

对于孩子来说，同样是以美引真。美育一旦打开了他的精神世界，他就会开始思考，探索规律，尤其是少年期的孩子。"如果说儿童只是单纯地欣赏周围环境的美，那么，少年在赞叹美的同时，已不能不去思考，不去刨根问底地探索这种美的源泉。"③

　　我认识一位优秀班主任，她带的班活动内容十分丰富，从小学一年级开始，孩子们就读绘本，练习写诗，后来又编写话剧，排练童话剧。我当时内心有一点担心：这位老师是教文科的，所开展的活动大多是文学方面的，会不会影响孩子们对科学的喜爱？影响孩子们的全面发展？到了五年级，我发现我的想法有问题。因为孩子们对科学也同样产生了浓厚的兴趣。有一个孩子还参加了"编程之旅"，在全国编程大赛中取得了好成绩。

　　可见，早期的美育，有利于孩子们的全方位成长。正像苏霍姆林斯基所分析那样："审美知觉越深刻，他的思想的飞跃就越有力，他就越渴望通过自己的思想去看到更多的东西。"④

① 刘绪源，美与幼童［M］，江苏少年儿童出版社，2014 年出版：5—6.
② 内容节选自叶朗，美学原理［M］，北京大学出版社，2009 年出版：293.
③ 苏霍姆林斯基，育人三部曲［M］，人民教育出版社，1998 年出版：606.
④ 苏霍姆林斯基，育人三部曲［M］，人民教育出版社，1998 年出版：605.

3. 重视直觉和想象

直觉是不经过逻辑思维的过程，而直接地迅速地认知事物的思维过程。

很多有原创性的物理学家都说，他们的创见是在灵感的闪现中获得的，不是一点一滴地推敲，也不是按逻辑过程进行分析推理，而是突然间，如有神助般出现了。当然这种直觉还要经过艰苦的逻辑思考写成数学公式，但那是在灵感产生之后。所以爱因斯坦说："逻辑思维并不能做出发明，它们只是用来捆束最后产品的包装。"

在历史上有许多这样的事实，就是艺术家在物理学家之前创造出新的图像表述，而后物理学家才归纳出有关世界的新观念，这也从一个侧面说明右脑的直觉、想象、灵感对于科学创新的重要性。①

科学美和直觉、想象力的关系更密切。因此在家庭中，要善于保护和激发孩子的直觉和想象力。

第一是保护。对于孩子有关直觉和想象的表现，不要认为幼稚可笑，更不要讽刺打击。

新加坡的尤今写了一篇《给他们一个梦》，呼吁人们给孩子们"精神的草原"，保护孩子们"童稚的梦"。

给他们一个梦 ②

大地有耳朵吗？

有。

我相信有，是因为母亲说过它有。

母亲绘声绘影地说："人间每天都有许多有趣的事情发生。大地好奇，便把长长的耳朵伸出地面来听。"

天上的云有眼睛吗？

有。

我相信有，是因为母亲说过它有。

母亲煞有介事地说："善良的云有一双明察秋毫的眼睛。它整日里在天上飘来飘去，看到人间发生不平的事、不乐的事，便扑簌簌地掉泪。我们把这泪唤为雨。"

海洋有嘴巴吗？

有。

我相信有，是因为母亲说过它有。

母亲言之凿凿地说："海洋的嘴巴大大的、阔阔的，它喜欢唱歌。当它唱歌的时候，海涛便穿着镶上白色花边的裙子，一进一退地跳舞；海鸥呢，听得入神，看得入迷，在海洋的上方盘旋不去。"

① 内容节选自叶朗，美学原理［M］，北京大学出版社，2009 年出版：297.
② 尤今，给他们一个梦［J］，父母课堂，2017（9）.

火山有鼻子吗？

有。

我相信有，是因为母亲说过它有。

母亲比手画脚地说："山的脾气极坏。当它生气的时候，圆圆的鼻孔便咻咻咻地冒出一团又一团白白的烟气。这时，人们便得赶快跑得远远、远远的。因为啊，这是火山大发雷霆的前奏曲。紧接着，它便射出火焰，喷出熔岩。那些懒得跑的或者跑得不够快的人，全都会活活被它烧死！"

树木有手脚吗？

有。

我相信有，是因为母亲说过它有。

母亲口沫横飞地说："树根是它的脚，树枝是它的手。你们可不要随意踏它的脚，更不要随便拗它的手，它会痛的哟！"

母亲随口编造的故事，为我的想象力装上了一对美丽的翅膀，带着我高高地飞；而那个声色娱乐匮乏的时代，又赋予了我颗单纯的心，使我得以充分地浸浴于故事所带来的童趣里并深信不疑。等我略识之无而跌入由文字所酿造的醇酒内，我才醺醺然地发现，口语的张力其实是远远不及文字的。

口述的故事就像是纸鸢，非常有趣。可是，它所能飞的高度有限，能提供思索的空间也极有限。文字的世界呢，却像连绵不断的风、强劲有力的风，能将你带到云深不知处，让你哭哭笑笑不能自主，让你反刍，让你思考，也让你的想象力无拘无束地扩展到极限。

如果说文字是大米，我便是老鼠；如果说文字是桑叶，我便是春蚕；如果说文字是落叶，我便是狂风；如果说文字是池塘，我便是锦鲤。

现在的孩童，不相信大地有耳朵、浮云有眼睛、海洋有嘴巴、火山有鼻子、树木有手脚。

之所以不相信，是因为他们的母亲，忙得没有讲故事的余暇和心情。

之所以不相信，也是因为泛滥的资讯，过早地戳破了他们童稚的梦。早熟的孩童，无趣地活在个无梦的年代里。

一个无梦的孩子，肯定无法将快乐的绚丽色彩，织入人生的锦衣里。

能扭转乾坤的，只有文字。

把亲爱的孩童化成一只只可爱的绵羊，将他们放逐到文字广袤的草地上，让他们尽情地、尽量地嚼食文字的绿草，从中汲取精神的养分，寻觅人生的大乐趣。当文字的嫩草在孩子的味蕾上泛出令人难忘的甜味时，阅读便会让他们终生上瘾。

孩童与成人，都需要精神的草原啊！

第二要鼓励和激发。不仅鼓励孩子大胆想象——例如观察天空的云彩，描述它，想象它，然后激发他们编写出云的童话。还可以鼓励和激发孩子们写诗。

在《孩子们的诗》这本书中，他们的想象能力让人惊叹！

有 4 岁的孩子写的富有想象的诗：

很　多

我挥挥手

就有很多手

我跑步

就有很多脚

小狗朝我摇尾巴

就有很多尾巴

然后

我打秋千

就有很多我

姜馨贺（4 岁）

有 8 岁的孩子写的富有想象的诗：

我有一个小小的梦想

我是一片小小的叶子

我有一个小小的梦想

我可以自由自在地飞

可以飞到地球的每个角落

我为了这个梦想

飘啊飘啊

即使掉到了小溪里

我还是好开心好开心的

林茜（8 岁）

挑妈妈

你问我出生前在做什么

我答我在天上挑妈妈

看见你了

觉得你特别好

想做你的儿子

又觉得自己可能没那个运气

没想到

第二天一早

我已经在你肚子里

朱尔（8岁）

第十章
家庭生活之美

舒适自然的打扮，其实才是对个人生命最大的认识和尊敬。

——三毛

一、衣之美

穿衣，日日夜夜伴随着每一个家庭成员。作为家长，通过穿着的知识的学习，通过穿着的规律的探索，使自己和孩子穿得舒适自然、得体大方，这一过程就是在培养孩子对美的思考及实践的过程。

我的一名"三阶成师·礼仪师资认证"学员，曾经和我讲到她和孩子是这样相处的。

一天早上，她和孩子商量道："宝宝，你已经4岁了，可以自己选衣服、穿衣服了。"

孩子很好奇，马上高兴地忙了起来。

孩子将衣橱翻得乱七八糟，她的妈妈却开心地鼓励着："你是要选这件上衣吗？那么，这件上衣搭哪条裤子好看呢？"

很快，衣柜狼藉一片，在母子的笑声及交流中，孩子不但选好了衣服，并将衣服穿在了自己的身上。

这时，妈妈说道："宝宝，我觉得这件上衣和裤子的颜色搭得不太好看呢。"

孩子听后，上下打量着自己身上的衣服，回答道："妈妈，你看！上衣是红色的，裤子上也有红色，很好看呢。"

妈妈听后，看着孩子问道："你老厉害了！是谁教你这样做的？"

"哈哈哈……妈妈，你忘了吧，你就是这样穿的呀！"

我的这位学员很懂得家庭美育的策略，一是家长的垂范作用；二是放手让孩子进行尝试。

（一）家长须做好垂范

为做好垂范，建议大家从以下两个方面做起。

1. 掌握服装知识

在孩子成长的过程中，尤其是小时候，家长是他们崇拜的偶像，他们认为家长的一切都是正确的。孩子的模仿能力十分强。所以，孩子会将我们作为榜样，模仿我们如何说话，如何吃饭，如何穿衣，等等。

面对穿着的美育，做好垂范的前提是我们要懂得穿着的知识和规律，建议大家完成以下功课：

首先，掌握服装的款式与场合的关系。

在我们的一生中，经常面对的场合基本上分为三种：公务场合、社交场合、休闲场合。公务场合的服装款式要庄重大方；社交场合的服装款式要典雅端庄；休闲场合的服装款式要舒适方便。

其次，服装的色彩及色彩搭配。

不同颜色的服装，有的穿在身上会为我们加分，起到提升气质、美化外表的作用；有的穿在身上的效果则相反。所以，选择适合自己的颜色很重要。具体的选择方法是：首先，在购买服装时多尝试几种颜色，观察哪种颜色更适合我们。其次，还要了解色彩的搭配方法。色彩搭配的基本方法有：①同色系的搭配。如橘色的上衣与金黄色的领花；②邻近色的搭配。如黄色与绿色搭配的丝巾；③对比色的搭配。如绿色外搭与红色裤装的搭配；④中间色的搭配，如中间色黑色、灰色、白色，与其他颜色的搭配等。

如果再了解一下服装的面料、服装的图案以及适合自己体貌特征的服装款式是什么？我们就会比较全面地掌握服装的各方面知识，最终做到穿得既和谐又美好。

2. 养成良好的穿衣习惯

养成良好的穿衣习惯，需要从下面两件事情做起。

第一，不随便穿。在每一次穿衣服前都要思考：今天，我们要出现在什么场合？场合的布置有什么特点？在那个场合我们扮演的是什么角色？以此作为选择服装的依据。

第二，为避免早上时间过于紧张，建议大家在前一天入睡前，将第二天需要穿的衣服准备好，以避免早上因忙乱而穿错衣服。

在多年的礼仪师资教学中，为了给来自全国各地的学员留下认真、专业的良好形象，我一直坚持这两点。得体的穿着不但引来大家欣赏的目光，还能给自己带来愉悦的心情，同时，也使大家清晰地认识到，作为教育工作者，着装应恪守的规范及标准。

相信，当作为家长的我们养成这种习惯时，不但能让孩子清楚了着装的规律，还能使孩子养成良好的生活习惯。

所以，家庭美育——穿着，要先从我们自身做起。

（二）放手让孩子进行尝试

"毫无疑问，一个人以后美感和情感的发展，在很大程度上取决于儿童时期对审美能力的培养。"[1]

家长应该放手让孩子自己进行尝试，建议大家从以下两个方面做起。

1. 改变观念

家长要不嫌麻烦并尊重孩子的能力。

有一位我熟悉的家长，她的孩子已经上高中了。很遗憾，从孩子出生至今，她表达爱的方式是包办孩子的一切。

让大家不可理解的是，每天，她坚持亲自给孩子洗脚，这件事情她已经做了 17 年了。

当大家问她为什么要这样做时，她回答道：因为担心家里的木地板。在孩子洗脚时，盆里的水会溅到地板上，不但容易毁了地板，孩子洗完脚，还要擦地板。太麻烦！

估计，这位孩子的穿衣问题，一定也是家长在全面打理。那么，这个孩子什么时候才能建立正确的"穿着"观念呢？

我们要像文章开头所引用的案例中的那位家长学习。

那位家长在培养孩子什么是"美"，虽然孩子将衣服扯得遍地都是，但那是孩子在成长，家长的内心是幸福和得意的。同时，这也是对孩子的一份信任，因为，她相信孩子在思考与行动的过程中，可以逐步掌握穿着的相关概念，还能培养孩子的审美能力。

2. 创造条件

首先，在孩子 4—5 岁时，就要让孩子参与购买服装。这里，既包括孩子选择自己的服装，也包括孩子帮助家长选择服装。在这一过程中，不论孩子给出的是对的还是错的

---

[1] 苏霍姆林斯基，学生的精神世界［M］，教育科学出版社，1981 年出版: 66.

建议，都要因孩子参与其中而给予肯定。这一肯定的价值是，孩子因我们的肯定而愉悦，从而乐于思考，乐于继续参与。所以，对于孩子最初的参与，我们并不是期待孩子有正确的穿衣观念，而是尊重孩子，相信孩子，向孩子传递一种思想——穿衣是他自己的事情，他有权利、有责任做决定。

其次，和孩子一起做游戏。任何一个家庭，都有报纸、杂志、画报等资料，我们可以和孩子一起将这些资料上与服装相关的画面剪下来，和孩子一起玩拼图游戏，以使孩子在游戏中动手、动脑，逐步建立穿衣观念。

最后，鼓励孩子自己动手。成人每晚入睡前，将第二天的衣服准备好的做法，照样适宜于孩子。相信，这种做法坚持一段时间后，孩子会因每天的重复而逐渐掌握着装知识及规律。

我相信，家庭美育——衣，在我们掌握了着装知识，拥有了正确的观念，放手让孩子自己完成穿衣的过程中，一定可以实现。

二、食之美

《父母课堂》杂志的一篇文章《等你一起吃》中写道："我曾经给安朵讲过一个故事：一个小孩子手里拿着橘子问他的妈妈：'为什么橘子里的果肉不是一整块，而是要分成一小瓣一小瓣的？'妈妈说：'那是橘子在告诉你，生活的甘甜和幸福是用来和大家一起分享的。再甜的果肉，一个人吃有什么意思？大家一起吃才有意思。"[①]

这位妈妈面对好奇的孩子的问题，智慧地回答了怎样吃橘子才是"甜美"的，以及启发了做人的道理。这个故事还告诉我们，家庭美育，无处不在。

面对家庭美育——食，从食材的选择，到做好一顿饭菜，以及全家人围坐在一起享受它，甚至是饭后的清理，全程都应该是美好、温馨的，都是家长与孩子通过交流，使孩子建立美育观念及行为习惯的过程。

（一）和孩子一起选择食材

每个周末，小楠都会和先生带着孩子一起出门采购。

在采购蔬菜时，夫妻俩会询问孩子："你想吃什么蔬菜呢？自己选一个吧。"在采购肉食时，夫妻俩也会询问孩子："有牛肉、猪肉、鱼，你想吃什么呢？自己选一个吧。"

---

① 饶雪莉，等你一起吃［J］，父母课堂，2017（10）.

......

不论孩子选择了什么，夫妻俩都会不失时机地告诉孩子，他选的东西对人有什么益处，甚至告诉孩子物品的价钱。同时，当孩子选择了物品之后，如果有必要，夫妻俩会给孩子讲解：牛是怎样长大的？青笋生长在哪里？土豆对人的健康有什么作用？常吃什么食物会有利于长高，等等。

在这一过程中，孩子不但增长了知识，也认识了食物的美，清楚了食物和自己的关系。孩子因自己和父母平等，拥有选择的权利而获得了满足。一家三口和谐、幸福。孩子的心智得到发展和快速成长！平等对待孩子，使孩子参与其中是美育的基础和关键。

（二）和孩子一起烹饪

我们要讲的还是小楠一家的故事。

过去，小楠认为有意识地安排孩子参与选择食材就够了，烹饪过程复杂又危险，要让孩子躲得远远的才好。

后来，小楠提高了认识，决心要引导孩子逐步参加不同程度的烹饪。因为这样做，不但能让孩子受到锻炼，而且也能让孩子提高能力从而避免危险。

从此，每一次在家做饭时，小楠都会有意识地安排孩子做力所能及的事情。

一个周末，小楠夫妻在包饺子。孩子走了过来，他拿起一个面团玩了起来。

小楠发现孩子对面团有兴趣，就与孩子商量道："你和妈妈一起擀饺子皮，让爸爸来包饺子好不好？"

孩子听后高声地答应着："好！"

在全家一起包饺子的过程中，小楠问孩子："宝宝，你知道饺子是怎么来的吗？"

孩子低着头边擀饺子皮边说道："是怎样来的呀？"

小楠笑着说："很久以前，有一位名医张仲景爷爷，把羊肉和药材放在锅里煮熟，将羊肉和药材捞出来，剁碎，再放到面皮里。"

听到这里，孩子停了下来，抬起头看着妈妈。

小楠发现孩子有兴趣后，十分开心，继续说道："对！就是你擀的这样的面皮呀。"

孩子看着手里的面皮问道："我们今天要包的是芹菜馅，那个爷爷包的是羊肉和药材。那之后也要放锅里煮熟吧？"

小楠回答道："是呀！张仲景爷爷将它们放锅里煮熟后，请生病的人吃掉，你知道结果是什么吗?"

孩子大声喊道:"病好了!"

那一天,孩子不但吃了许多饺子,还边吃边说:"这个皮是我擀的!"

据小楠说,孩子在幼儿园遇到吃饺子时,还曾经将饺子的来历讲给小朋友们听。

其实,孩子擀的饺子皮几乎没有一个能派上用场,但小楠夫妻因势利导,对孩子进行了"吃"的美育。

因此,在家庭烹饪中,完全可以给孩子安排力所能及的事情,在过程中有意识地发现契机并施教。

(三)和孩子共享成果

在"食"的家庭美育过程中,我们还需要将餐桌礼仪规则分享给孩子。

1. 让孩子知道坐在哪里

家庭用餐,在餐桌面对房门时,面对门的正位是尊位;在餐桌面对电视时,面对电视的正位是尊位;在餐桌距离背景墙比较近时,背向背景墙的位置是尊位。家庭用餐,未必要求孩子必须按照位次规则落座。但是,要让孩子了解规则是什么。

这样做的好处有两个方面。一是家里来客人或是长辈时,孩子能够按照规则招待对方;二是一旦孩子走向社会,孩子会因清楚规则而进退有度,大方得体。

2. 让孩子知道什么时候动筷子

在没有特殊情况的前提下,要告诉并培养孩子家庭用餐的好习惯:要和爸爸、妈妈一起用餐;中国很多家庭有一个很好的传统——第一个动筷子的应该是年龄最大的,或者是今天做饭最辛苦的人,之后大家才开始进餐。

3. 进餐时要做到"三不"——不挑食、不发出很大的声音、不翻动饭菜

其实,让孩子养成不挑食的习惯比较难。建议家长们选择比较科学的方式,动脑筋帮助孩子养成好习惯。

比如:小楠的孩子爱吃肉,不爱吃菜。此时,我们可以告诉孩子,蔬菜可以补充人体需要的维生素等。但是,这种抽象的字眼往往很难引起孩子的注意。小楠的做法很奏效,他的儿子喜欢玩"乐高"。所以,她常常借此和孩子达成共识。比如:她会和孩子商量:"你用勺子舀 3 勺蔬菜,如果能吃得干干净净。饭后就能够玩半小时乐高。好不好?"面对这样的约定,孩子会痛快地接受。久而久之,就餐中要吃蔬菜便会成为习惯。

就餐,因愉快而美好,这种美好来自餐桌规则意识的建立和饮食用餐好习惯的养成。

（四）和孩子共同清理

就餐结束后，要让孩子和我们一起清理餐桌。

有一次，我因有事去拜访小楠。进门后，发现一家三口刚刚用餐结束。她的孩子手里拿着一个盘子走向厨房。我很少看到一个 4 岁的孩子会在家里帮助爸爸妈妈干家务活，便夸赞道："这孩子真乖！还能帮着干家务。"听到夸奖，小楠先开口了："他可爱干家务了，经常抢着干！"小楠的话音刚落，孩子开口了："什么是家务？是把盘子送到厨房吗？"孩子不熟悉我们的语言，但孩子很快乐！因为孩子参与了这一过程并得到家长的肯定。

当所有的家长，有意识地让孩子参与全过程，并因势利导地帮助孩子时，孩子在"吃"的过程中收获满满。这种收获，不论是对食物的选择和品尝，还是和家长共同拥有平等的权利，都会使孩子因参与而成长，因参与而美好！

▌三、住之美

环境美对人的成长影响极大。"橘生淮南则为橘，生于淮北则为枳，叶徒相似，其实味不同。所以然者何？水土异也。"环境对人的熏陶，日积月累，点点滴滴，为人生打下重要的底色。

（一）家居环境是美育的第一堂课

孩子诞生到人间，最先接触的就是父母，父母是他们的第一任老师，从父母身上学会怎样做人，怎样相互关心，是孩子认识世界的开始。而最先看到的家庭环境，就是美育的第一堂课。环境是无声的教育。环境静静地存在，虽然没有语言，却潜移默化地产生着深刻的影响。

所以，一方面对外部环境，家长应该要学会选择；而另一方面对内部环境，要自主建设。

外部环境，我们没有办法左右，但是可以选择。"孟母三迁"的故事就教导我们要主动地选择环境。居住小区的生态环境、社区文化、城市建筑风格，都是环境选择的重要条件。我们居住的环境，是不是经过认真的设计，绿树成荫，小桥流水；是否有文化生态建设思考，是否有图书馆、运动场？这些都马虎不得。

对内部环境，我们就可以以主人的身份，大胆进行布置。

1. 家居环境

要使孩子生活在美的世界里，首先是家居物质环境，要清洁、整齐、明亮、温馨、宁静，而且要经常变换，新颖、鲜明，有利于发展孩子的审美知觉。其次是心理环境，这是一些家庭往往忽视的问题。为什么在舒适的房间里，有的孩子还是感到紧张、终日闷闷不乐？那是因为应试教育的观念在压迫孩子，剥夺了他们的童年欢乐。

2. 家庭装饰

家庭中的布置，购买什么款式的家具，也反映了审美取向。家居布置应该是简洁、大方的；家具应该是舒适、朴素、美观的；装饰应该是优美、富有个性的。

家庭的居所，应该处处体现出家庭的文化传承。家训、家规、家史、传家宝，这些内容都应该有所展示。例如，林则徐对自己严格要求，写出的"制怒"条幅，挂在堂屋，随时提醒自己，这既是很好的家庭教育内容，也是一种含蓄的环境美。

古时候，许多知识分子都为自己的居室，起了寓意深远的名字，寄托自己诗意的梦想。

> "老学庵"是南宋著名诗人陆游的书斋名，语自"师旷老而学犹秉烛夜行"。陆游一生以坐拥书城为乐，"万卷古今消永日，一窗昏晓送流年"。"老学庵"表达了诗人"活到老学到老"的决心和信念，他因此将自己晚年的作品结集成《老学庵笔记》。
>
> "饮冰室"是近代学者梁启超的书斋名，位于天津市内。"饮冰"一词出自《庄子》，"今吾朝受命而夕饮冰，我其内热与"，意喻自己忧国忧民之"热"，饮冰方能"消暑"。梁启超临危受命，变法维新，面对国家内忧外患的交煎，内心焦灼可想而知。在这间书斋里，他完成了《饮冰室合集》。
>
> "绿林书屋"是鲁迅的书房。鲁迅支持学生爱国运动，而被一些反动文人诬为"学匪"。
>
> 他针锋相对，遂把自己的书屋"俟堂"更名为"绿林书屋"。这间书屋，体现了鲁迅先生"横眉冷对千夫指"的大无畏战斗精神。[1]

（二）提倡建立美育角

家庭居室的使用面积可能不是很大，但是如果设计得好，有一个属于孩子自己的小天地，都会成为家庭美育的重要平台。比如建立美丽角、艺术角、科学角、思想角、图书角等，都是很好的方法。

---

[1] 钱国宏，雅室书砚香［J］，中国社会科学报，2017-11-12.

引导孩子亲自种一盆花，成为自己的"美丽角"，并且天天为它操劳；收集图书，装进宝箱，成为自己的"图书角"，每天在那里和伟人对话；橱柜上安排自己的艺术品，成为"艺术角"，在那里得到美的享受；柜子里有一个"科学角"，在那里孕育发明创造；一个不起眼的小圆凳，有可能成为孩子的"思想角"——在那里，孩子浮想联翩，发展着自己的思维和想象力……

我们的家庭空间，尽管还不宽敞，但只要精心设计，努力经营，就会使孩子受到良好的美育。

> 我国著名作家老舍一生爱花、爱清洁、爱整齐、守秩序，这种良好的个性品质就是儿时生活环境熏陶的结果。老舍自幼和母亲生活在一起，他的母亲爱好树木花草，在小院里种了枣树、石榴、夹竹桃。母亲年年浇花除草，老舍就在一旁跟着学。
>
> 母亲特别爱清洁，天天把院子打扫得干干净净，把桌椅碗杯擦得锃亮。老舍受此影响，一直到晚年都保持自己动手收拾屋子、取水浇花的习惯。他穿衣服不求质地，只求整洁，写的稿子也总是清清楚楚、整整齐齐。
>
> 后来，老舍回忆说："从私塾到小学，到中学，我经历过起码有百位教师吧，其中有给我很大影响的，也有毫无影响的，但是我的真正的教师，把性格传给我的，是我的母亲。母亲并不识字，她给我的是生命的教育。"
>
> 当然，母亲不是凭空把性格传给老舍的，而是通过美化老舍儿时的生活环境，一点一滴作用于老舍的。

文艺复兴时期意大利杰出诗人但丁有过一段名言，他说："要是白松的种子掉在英国的石头缝里，它只会长成一棵很矮的小树，但是要是它被种在南方肥沃的土地里，它就能长成一棵大树。"我们的孩子就是未来人才的种子，每位家长当然都希望孩子长成一棵大树。所以家就不是简单的遮风挡雨的处所，而是需要有正确的环境美的思考与设计。

（三）建议把一面墙交给孩子

家庭其实并不缺"空间"这个物质条件，在家庭中，能不能给予孩子空间，关键是家长头脑里有没有这个意识。比如家长愿不愿意、能不能给孩子一面墙，由孩子自己使用。

有的家长会惊恐地说："哪敢啊！现在的孩子就是到处乱画、乱写，难看得很……"这就是问题的根源，为什么孩子乱写乱画？因为家长没有给他空间，缺少成才的客观条件啊！如果大胆地交给他一面墙，可以展示自己的创作作品，也可以悬挂他所崇拜人物的画像，甚至是把墙壁装点得像美丽的夜空，幻想着自己在太空中遨游，都应该表示支持。家长可以当裁判，当欣赏者，这样孩子的写画能力才能够慢慢提高。如果家长一味地担心孩子水平低，装饰墙壁总是家长自己动手，天长日久，家长自己布置家庭环境的水平可能越来越高，但孩子却永远不会布置自己的居室。

如果想让孩子养成做事有条有理的习惯，那最好给他一张书桌，要求他自己管理。即使不能给他一张桌子，也应该给他一个抽屉，供给他全权使用。当然，同时要求他把里面的文具、书本整理得干净整齐。总之，先要给孩子空间，这样他的责任感、独立性，才有条件得到发展。

著名的《最后的演讲》中的主人公鲍许教授的崇高境界，感动了千千万万人，回顾他的成长过程，就会发现，他从小就不断得到家长给予的许多空间。

兰迪·鲍许是一位热情、风趣且教学认真的美国大学教授，在46岁时被诊断出罹患死亡率最高的癌症——胰腺癌。翌年（2007年）10月，医生说他的癌症已转移，可能只剩下3～6个月的生命。鲍许教授应学校之邀发表了一场演讲。这场演讲让现场笑声不断，也让不少人潸然泪下。

据美国《纽约时报》报道，至少已有1 000万人上网观赏了这场演讲的内容。《华尔街日报》专栏作家杰弗里·让斯罗先后53次采访了鲍许教授，写成了一本精彩丰富、令人动容的《最后的演讲》。

在著名的《最后的演讲》一书中，可以看到中学时代的兰迪·鲍许在家长的支持下，在自己卧室的四面墙上画满了他喜欢的东西——一个一元二次方程，银色的电梯门，有尾翼的火箭，白雪公主的魔镜、潜水艇，潘多拉的盒子……

几十年来，这间卧室从来没有粉刷过，它成了来访客人参观的焦点。人们不仅认为这卧室酷极了，而且认为父母允许孩子在卧室里画画也是很酷的。

鲍许教授在书中回忆道："我不知道我还能再到自己儿时的卧室去几次，但每次回去都像是得到一份大礼。我仍然睡在父亲为我做的那张双层床上。入睡时，我看着墙上那些疯狂的涂鸦，回想起我的父母让我绘画的一幕幕场景，感到非常幸运、非常快活。"

为《最后的演讲》写序李开复提道："他的11岁的女儿问：'我可以去画我房间的墙壁吗？'我提醒她：'你小时候画得还不够吗？'她吐吐舌头说：'我知道。谢谢你以前让我画。'"

▍四、行之美

中国古时候就有"读万卷书，行万里路"的格言，可见"行"之重要。

有学者说：旅行会改变人的气质，让人的目光变得更加长远。在旅途中，你会看到不同的人有不同的习惯，你能了解到，并不是每个人都按照你的方式在生活。这样，人的心胸才会变得更宽广，我们才会以更好的心态去面对自己的生活。

现代社会的行之美，有哪些表现出审美呢？让我们看看陶勇老师的亲子之行。

2013 年暑假，陶勇和孩子从北京出发骑行去泰山，全程 600 千米，历尽各种困难，包括烈日、下雨、爆胎、断路，最终安全成功地到达了目的地。在之后的两年中，孩子由一名叛逆的、不在乎学习的小孩转变成了一个有理想、有目标、敢于行动的好学生，从高中的普通班进入到尖子班。这两年，陶勇一直在观察、思考孩子的变化，以下分享一些他的感悟。

（一）亲子骑行，是一次使亲子关系深刻变化的旅行

随着孩子年龄的增长，社会化是成长的重要目的之一，孩子会慢慢地远离父母的世界，更愿意拥抱外面的世界——他的同学、朋友、老师、偶像……心灵在呼唤他走出去，但是他的身体还留在家庭里面，所以免不了会给家庭带来很多的困惑。比如，父母还会把孩子当成宝宝来抚养，甚至管控。再加上，学校和老师对孩子成绩的重视，这种压力会传递给父母。很多父母没有什么办法，只会一味地向孩子要求。

在这种情况下，亲子关系就会出现一些问题，家庭冲突时有发生。在一些生活和价值观比较单一的家庭中，父母和子女的沟通仅限于学习这个领域，其他方面竟是无话可说。父母的感情无处释放，于是就会浓缩在学习沟通这个方面，对于孩子来说，这是非常难以接受的。倒不是说他们天生讨厌学习，只是父母过度地把爱释放在学习方面会让他们不堪重负。最重要的变化是，孩子对于父母索取学习成绩的过程是不满的——主要是沟通的态度和方法，以及无处不在的被控制感。通过对父母的否定，来完成心理的脱缰，从而真正走向独立。

这是一个困境，甚至是一场苦难。正是在这个阶段，很多孩子变成了问题孩子，根据"问题孩子出自问题家庭"的观点，很多父母就自然升级为"问题父母"，整个家庭陷入困境，没有任何人是赢家。

曾经有一位企业的总经理，也陷入了这样的困境，甚至孩子都不愿意上学了。了不起的宋怀烈老师为他开了一张"方子"——让他带孩子出去骑行一周，能骑多远骑多远。

奇迹真的出现了。孩子回来后，竟然变得懂事了，变得通情达理了，变得可以有一些顺从和承担了。

（二）亲子骑行打破了一个人的舒适圈，让孩子更有应对的能力

通过长途骑行，你会发现坚持一件事情并没有那么难。比如原来你骑行 10 千米，觉得挺累的，那么你骑行 100 千米，可能只比骑 10 千米累一些，但绝对不是 10 倍。这是一个惊天的秘密，打破了我们常规的思维模式，只有亲自去体验后，你才会发现，这没有什么大不了的，所有人都能够应对，而且是不痛苦、有意义地应对。

如果你真的坚持骑行了 100 千米，而且感觉没什么大不了的，那么以后，一个骑行 50 千米的任务，对你来说是不可逾越的，只能选择放弃呢，还是可以笑着去把它完成了？别忘了，对于其他人来说，他们习以为常的极限可能就是 10 千米！

这就是我们被麻醉了的舒适圈，被打破之后，将会带来的巨大意义，这个意义可能会与未来的成功有关。

（三）亲子骑行是一次有关目标、计划、执行的训练

坚持骑行 100 千米，对于一个不经常锻炼的人来说，是一个巨大的心理挑战，对身体来说也会带来巨大的震撼。正如我们所追逐的梦想一样，它似乎总是远在天边，遥不可及。

但是，当你真正地实践过，那么你会发现，遥远的目标完全可以通过不断地前进来实现。比如 100 千米，你只需要一直向前，向前，向前，那么肯定会到达。如果你身体棒、耐力好，那你可能提前一个小时到达。如果你很少锻炼，耐力不好，你需要多花一个小时到达。但是，只要方向正确，你一定可以到达，这种体验会给我们带来非常多的启发——大多数事情，都是可以通过简单的坚持取得成功的。

对于骑行新手来说，100 千米是不可能一口气到达的，那么你就要根据自己的力量来计划，你才有可能真正地坚持下来。比如，可以设计一些里程碑，每到达一个里程碑即可歇息。所以，我们当下的目标是下一个里程碑，那么这个里程碑，是可以通过稍加努力和坚持到达的。当突破了一个一个的里程碑后，100 千米的目标也就完成了。

多么了不起的体悟，这虽然可以用数学的线段来抽象学习，但是没有体验，怎能认可它的意义呢？

（四）亲子骑行是一次生命的体验，也是一次自我教育的好时机

一个一个里程碑的突破，一个一个 100 千米的征服，一个一个未知的挑战被战胜，这种感受就是马斯洛所描述的高峰体验："感受到一种发至心灵深处的战栗、欣快、满

足、超然的情绪体验。"正如王金战老师的分享：一个差生变成好学生的最佳途径就是不断地体验成功的感受。骑行路上的高峰体验，也是让一个若无其事的普通人，通过不断地体验成功的感受，而变成一个了不起的自己的过程。

对于孩子来说，因为在这个过程中，他们非凡的经历，以及超越常人的成就，会让他们不会再为一些小事情而不能释怀，目标远大，拥有更多的毅力和自信心，那么自然就会比过去的自己更加优秀。

骑行是快乐的，因为你总能看到不一样的风景；骑行同时也是艰苦的，特别是最后10千米会变得有些艰难。在我们骑行的路上，最后的10千米总是需要付出更多的坚持，"行百里路半九十"。有时候，真的特别想放弃，但是因为你没有其他选择，所以必须要坚持，或许这真的是很多事情的成功之道。这个时候，就特别需要两个人一起互相鼓励。

所谓自我教育，就是在面对这个纷繁复杂的世界的自我应对之策。在长途骑行的过程中，必然会遇到非常多意想不到的问题，比如道路的中断、天气的骤变、骑行路线的安排等，甚至还有一些非常细节的事情，比如忘记带什么东西、对路途补给的准备不足、衣服洗了干不了的问题、住什么样的地方、目标的设计，等等。很多事情，你不大容易考虑周全，也不可能把所有事情都考虑周全。我们希望孩子能够在这些问题出现时，一起思考和面对，寻找解决之道。这个过程，就是具有生活实际意义的学习和成长，是对认知进行综合加工后的创造性思考，是超越知识碎片模式的学习。成长无小事，正是因为对小事的不断思考和探索，从而深刻领悟万事万物的运行规律，转化为固有的智慧，只有如此，才能构建起真正的能力，从容应对未知的挑战。难道这不正是我们梦寐以求的成长么？①

陶勇老师和孩子的长途骑行，美在何处？

长途骑行包含了美的四个要素：一是体现了人的本质。父子俩的主体性、自我教育得到了发挥；二是运动创造了美。通过艰苦的骑行，得到了美的体验；三是骑行是一种自由的形式和自由的内容。自由自在地捕获美景，获得自由自在的美感；四是父子双方都感到十分愉悦。

（五）行之美，来自家长的高瞻远瞩

《三次换车的故事》也可以使我们从长远的眼光看一看，什么是行之美的关键。谁都知道"读万卷书，行万里路"的价值，但是如果没有一位高瞻远瞩、敢于实践的家长，这些永远只能是一些美好的憧憬。

---

① 以上内容来自陶勇讲座"和孩子骑行远方"。

三次换车的故事

我的小佳刚生下来的时候，家里生活条件很不好，住在一个十二三平方米的平房里。那个院子也是那么小，本来不大的四合院，又盖了好多小房，一眼看不了多远。

我们院里还有一个小孩，跟小佳差两岁，那个小孩是他奶奶带着，平时没有什么活动，不是站在大门口，就是站在大马路边，那个小孩显得有些呆，我想是因为没有一个活动空间。

于是，我的孩子一生下来，我们就买了一辆小三轮，有时间就蹬着小三轮带她上公园，那时候看的东西特别多，她看到花儿、草儿，跟在家里就是不一样。所以就特别愿意出去，她就盼着我回来，所以我们老出去玩儿，小佳不到一岁的时候，基本上都这样生活。这点我觉得我们没白努力，发现她的思路开阔得多。

她一岁多的时候，1997年，为了让孩子的眼界更开阔，我买了一辆奥拓，七万多块钱。当时我们经济也不是特别富裕，是咬牙买的。我每个星期六、星期天都带着她去玩儿。北戴河、天津、塘沽等地方，只要是能够开阔眼界，就去。这样，随着我们的活动半径增大，活动次数增多，孩子的思维的活跃程度、处理问题的方式都不一样了。

最特别的是，她会说："爸爸，我给你提一个问题。"我觉得这种情况其他孩子很少，张文佳是没完没了地问。那时候，我确实是有意识地把小孩的活动范围增大，让她视野开阔，我说不清这里面的道理。但是……

这辆车我用了7年，这7年我觉得价值特别大。今天下午我准备把它卖了，买一辆更好一点的车……

这位家长，花了7万元，用了7年的时间，换回来的是孩子开阔的眼界，是孩子的幸福时光，是孩子的不断成长。若干年后，孩子长大了，一定会感谢这位高瞻远瞩的父亲，感谢他给了她终生难忘的美好生活。

第十一章
家庭中的身体美

世界上没有比结实的肌肉和新鲜的皮肤更加美丽的衣裳。

——马雅可夫斯基

爱美之心人皆有之，人们自然少不了关注身体美。身体美，与自然美、社会美、艺术美一起，已经成为人类审美对象的四大领域之一。

身体美育就是以身体关怀为中心——引导人们追求美好的生活，是以身体美的塑造、欣赏和展现为中心的一种审美实践。但是目前，在教育界，引导家长、师生去追求身体美，进行身体美育，是一件长期被忽视、被遗忘，甚至被误解的事情。家庭中的身体美育，更是极少被提及。现在需要扭转态度，尽快进行补救。

什么是身体美？怎样进行身体美育？

■ 一、身体的形象美

爱美的孩子没有错①

爱美之心人皆有之。孩子开始爱美了，说明他们的独立意识萌发了。孩子爱美没有错，关键是如何引导他们正确看待美。父母在鼓励孩子爱美的同时，要告诉他们什么是真正的美。

我从小就很会梳头，喜欢给自己变换各种不同的发型。有次，我在家里精心梳了好几根小辫，再把它们扎成一个高高的马尾去上学。结果上数学课的时

---

① 饶雪莉，爱美的孩子没有错 [J]，父母课堂，2017（4）.

候，班主任老师盯着我看了好一会儿，然后当着全班同学的面说："×××，你梳这几根辫子的时间，能做多少道数学题？"在大家的哄笑声中，我红着脸不敢抬头，顿时觉得头上的几根小辫好像针尖插进了脑袋里。从那以后，我上学时再也不敢随意地换发型了。

当我做了老师以后，也能体会当年班主任的苦心。但是，我对学生的穿衣打扮，绝没有过任何当众的指责，因为我深知那样会给学生留下心理阴影。如果学生真的爱美过度了，我会私下单独指出，并给一些建议。

我教过一个学生叫可儿。小姑娘长得不漂亮，脸颊总是肿肿的，嘴唇也厚嘟嘟的。一些调皮的男同学爱叫她"发糕脸""香肠嘴"。

可儿很爱美，却不会打扮，经常把头发梳得乱七八糟，有时还戴些花花绿绿的首饰。同学们都爱嘲笑她，但她依然我行我素，觉得自己很美。

有一天上语文课，可儿的同桌举手告状："报告老师，可儿画了眉毛，抹了口红，还涂了指甲油！"

"真是臭美！"

"有一次我还看见她穿她妈妈的高跟鞋。"

"你们看看她的头发像个疯婆子。""又丑又笨！"

班里一阵哄笑，可儿把头埋在臂弯里"呜呜"地哭了起来。

下课后，我牵着可儿去我的办公室，把她的脸洗干净，然后从包里拿出一根橡皮筋，帮她把散乱的头发扎成马尾。我问她："可儿，你平常都是自己梳头吗？""嗯。"她点点头说，"我妈妈一大早就要出去摆摊，没时间帮我，都是我自己穿衣服、自己梳头。"

"你真能干。老师小时候也很会梳头，梳各种马尾，还扎小辫儿呢！"

"那你现在为什么总是披着头发呢？"可儿歪着头问我。

"因为我现在是大人了，大人适合梳的发型跟小姑娘的不同。小姑娘还是要把头发扎起来，显得又干净又漂亮！我现在想回到过去扎辫子的年龄啊，可惜回不去了。所以我特别喜欢你们甩动马尾的样子，多么活泼可爱啊！"

可儿把手紧紧地攥成拳头，我看见了她涂的指甲油，但装作不知，对她说："'美丽'这个词包含的东西太多了：外貌、姿势、学识、涵养……你们在老师的眼中都是美丽的，因为你们都很纯真。这个年龄的你们，纯真就是最美的。"

从那以后，可儿再没有打扮得稀奇古怪地来上学了。

老师应该利用每一个契机，帮学生树立正确的审美观，让他们意识到不同的年龄段、不同的场合对美有不同的要求，不把奢侈当作美，不把炫耀当作美，不把攀比当作美，不把怪异当作美。对学生来说，自然的、清纯的、健康的就是美丽的。

　　身体的形象美，是由人的容貌、形体、气质、风度等组成的整体身体美。① 人们所追求的"美的生活"，无疑是需要由自己的身体去体验和经营的。

　　身体的形象美，首先表现在健康。身体是生命的根基，身体是人类生命的载体，健康的身体标志着旺盛的生命力，它是身体美的基础。马雅可夫斯基曾经赞美道："世界上没有比结实的肌肉和新鲜的皮肤更加美丽的衣裳。"令人遗憾的是，当前有些人不努力锻炼身体，却把全部精力放在修饰打扮上，实在是南辕北辙，达不到身体美的根本目的。

　　身体是劳动的本钱。身体不好，会造成学习成绩不好，工作效率不高的结果。每个人的行为是由正确的意识以及能执行意识的身体共同实现的。一方面只有正确地认识了外在世界和自我，人们才能有正确的意识；而另一方面，意识的实现需要自己的躯体去执行，而且行为还必须依赖身体功能的健全，通过健康身体的活动才能够实现。

　　有经验的教师都知道，许多学生学习不好，可能的首要因素是身体不好。身体不好，有的是表面能够看出来的——比如无精打采、面黄肌瘦；有的是要经过认真调查和医疗诊断，比如近视、弱听等。

　　"经验告诉我们，约有85%不及格学生学业落后的主要原因是健康状况不够好，身体有某种不适或疾病。……多年观察表明，所谓的头脑迟钝，在多数情况下是由连孩子自己也感觉不到的周身不适所致，而并非大脑半球皮质细胞有什么生理变化或功能不正常。"②

　　身体是人认识世界的出发点。人类接触世界，依靠身体作为媒介。通过身体去认识世界，是人类思维的基本方式。人类对世界的认识、情感以及文化的获得，都是源于身体的感知。

　　不仅要关注自己身体的躯体特征和外部形象，更重要的还要关注身体的社会化的结果——即人的身份。人是社会性动物，身份是身体在各种社会关系中的表现形态。而各种社会关系正是由身体来参与和确立的。例如，亲人即是指在肉体上有着血脉关系的人，而朋友则是指在心灵和情感上有着共性的人。身体是肉体和心灵的合一。身体是连接个人与环境、个人与社会，以及人与人之间的媒介，身体活动是人确认自我的关键环节。

　　认识自我，就要从身体开始。身体美学探讨的主要就是身体本身的内在感知与意识能力，正确认识自己的身体，有助于人们提高自我认识。

　　形象美，还涉及整形的问题。根据《中国公民人文素质调查与对策研究》中一份3万样本的调查表明，赞成整形的占最少数（17.5%）；无所谓的最多（48.9%）；其次是虽然赞成整形，但自己不做（48.3%）；再次是认为整形违反天性的（42.7%）；最后是认为整形是虚荣心表现（42.6%）。这说明当前人们态度多数比较宽容，但热衷整形的是少数。

---

① 方英敏，身体美育与审美教育［J］，贵州大学学报，2015（4）.
② 苏霍姆林斯基，育人三部曲［M］，人民教育出版社，1998年出版：50.

从人群分布看，赞成整形的学生，则是仅次于演艺界的第二大群体。这里就涉及了教育问题。如果先天有严重缺陷，应该进行整形。但是正常的身体刻意去进行过度整形，就属于对身体美的理解有些片面。青少年应该把身体锻炼作为身体美的主要方法。苏霍姆林斯基的做法是："整个少年时代，男孩和女孩都参加体操组。这是我们全校学生最喜欢的运动项目之一。劳动与体育运动，把男孩和女孩的体型美渐渐地塑造出来。"① "生活告诉我们，训练动作灵活、轻巧和优美是必不可缺的，这是协调体格与精神发展的最重要的组成部分之一。"②

指导孩子用体育和艺术的方法，塑造自己身体的形象美，也应该是家庭美育的重要任务之一。

▌二、身体的仪态美

活动着的身体美，就是仪态美。它把培育得体、优雅的言谈举止、坐立行走、待人接物以至于进食姿态等作为美育目标。

人类的身体是身心结合的。和其他动物不一样，人类有思维，有自我意识，有情感。人类的身体美与自身的思想感情密切相关。

一个人的思想感情总会反映在身体上。那些贪官污吏做贼心虚，往往身体隐患很多。相貌也和人们的心态紧密相连。例如经常做好事的人，心地善良，笑口常开，天长日久长成一副"慈眉善目"；而那些终日想做坏事的人，最后总是长成"獐头鼠目"，甚至"凶神恶煞"。这就是"相由心生"。

仪态包括面部表情、站立姿态、行走姿态、手势等。达·芬奇曾说："从仪态来了解人的内心世界，把握人的本来面目，往往有相当的准确性与可靠性。"

中国是一个礼仪之邦。同样，家庭成员要尊老爱幼，和谐相处。人人和颜悦色，个个轻声细语。没有粗暴的动作，没有刺耳怪叫。在家庭中，礼貌用语更不可少，得到家人帮助要表示感谢，进别人房间要敲门，成人要蹲下来和孩子交谈。不可以认为在家中就可以行为粗暴，为所欲为。当全家人都掌握了仪态美，就不会觉得烦琐、做作，而是一种美的享受。

要达到仪态美，心态非常重要，一个心态健康的人，才能尊重每一个人，善于发现他人的独特的仪态美。

---

① 苏霍姆林斯基，育人三部曲［M］，人民教育出版社，1998 年出版：413.
② 苏霍姆林斯基，育人三部曲［M］，人民教育出版社，1998 年出版：411.

妈妈，我不是残疾人[①]

妈妈，一直以来，我想向您倾诉一个残疾少女心中的迷茫。

因为我的右腿从刚出生的时候起就有点儿残疾，所以走起路来一瘸一拐的。可能觉得对我有所亏欠，也可能觉得我作为一个残疾人，生活在社会上非常艰难，所以您一直以来都对我格外地疼爱，甚至到了溺爱的程度。您什么都不让我做，甚至是一些最基本的家务劳动，也不让我插手。而且您不仅在家里给予我物质的关怀，就算到了外面，也总向亲戚朋友或者陌生人说："我女儿腿脚不方便，是个残疾人，希望大家能多帮助照顾一下她。"

可是妈妈，您知道吗？您越是这样对我，我就越觉得自己不如别人。每次出门，我都想说尽量隐藏自己身体上的缺陷，但您总是将"我的女儿是残疾人，需要照顾"挂在嘴边。随着年龄的增长，我变得越来越自卑，时常会一个人发呆，心里想，因为我是残疾人，所以我和别人不一样，很多正常人能做到的事情，我一定做不到。

但是最近发生了一件事情，让我特别想对您说，妈妈，我不是残疾人。事情是这样的——

今年我的个子不是一下子蹿高了很多嘛，班主任老师要把我的座位向后调。刚开始我觉得这个老师真不通人情，这不是明摆着要让同学们天天看着我一瘸一拐地向教室后面挪动吗？所以我没好气地冲他喊了一句："我不要，我是残疾人！"

妈妈，您猜我们梁老师是怎么说的？"谁说你是残疾人，我带你们班都快两年了，我怎么没发现？"梁老师说，"你看海伦·凯勒，双目失明，双耳失聪，又聋又哑，那才叫残疾人呢。你眼睛那么明亮，读书的声音又那么好听，能走能行，哪里残疾了？"

妈妈，您知道吗？虽然梁老师说这些话的时候语气很重，但是听了之后，我顿时心花怒放。当时阳光洒在我的身上，是那样的柔和美好，一阵微风拂过，是那样地令人沉醉，我走起路来也带劲儿了，我的心更是激动得快要跳出来了。原来在老师的心目中，我一直都是和同学们一样的正常人，从来都不算是残疾人。是啊，比起海伦·凯勒，我算哪门子残疾人呢？老师的这句话真是说到了我的心坎上，我心中的迷雾终于散开了。从那一刻起，我觉得人生不再迷茫，并且对自己的未来充满希望。

妈妈，您以后不要再说我是残疾人了，我真心希望您能像梁老师一样，从心底里把我当成一个正常的孩子看待。

---

① 刘倩倩. 妈妈，我不是残疾人 [J]. 父母课堂，2021 (7—8).

要达到仪态美，除了心态要健康之外，还需要掌握一定的礼仪知识和进行必要的训练。人际交往中，仪态很重要。比如：在路上，遇到熟人要主动打招呼，或鞠躬，或握手，或招手，以示尊重。对其他人，也绝不可以用手指指点点；递交物品的时候，应该用双手，不方便时，也尽量用右手，绝不可以把东西扔给对方。

▌三、身体的体验美

"涉及身体感觉的美育就是身体的体验美，它把培育和改良人的身体感觉、体验，作为美育目标。"①

为什么要把对身体感觉、体验作为美育目标？因为身体体验活动中蕴含着丰富的美育因素，如形体美、力量美、动作美、风格美等。米开朗琪罗的雕塑《大卫》，徐悲鸿的绘画《愚公移山》，其中都突出地表现了力量美。马克思曾说过，美感就是人在创造性活动中表达各种本质力量，能够发挥作用的乐趣。日常的身体体验活动主要是体育活动。"体育活动中，人的体力和情感能够得到高度的暴露和发展，是人类的一种创造性行动，人在其中就能体会到无穷的乐趣和美的感受。现代体育的享受性和愉悦性，就是基于人类爱美、追求美的天性而被广泛承认的。"②

当一个孩子用优美的姿势三步上篮时；用抽、挫、削、挡等手法打乒乓球时，他会逐步感到自身的力量美、动作美；经常锻炼身体的学生，他身上的三角肌、胸肌、腹肌，就是让他感到自豪的一种形体美；一场有优良赛风的足球赛，切磋球艺，不论输赢，会让学生体验到风格美。

"在体育活动过程中，教育者的责任就在于运用各种手段和方法，把人体所能表达的各种美的动作，以运动的形式展示给学生，不仅让学生感受美，还要鼓励学生通过自己的身体运动去表现美、创造美，利用人体运动中美的因素去熏陶学生，从外在美和内在美两方面给学生以美的教育。"③

"体育是一个人得以全面、和谐发展的最重要因素。"④因此身体训练是身体美的一个重要内容。不论是学校还是家庭都可以通过提供改进身体的方法和训练，使孩子更好地认识世界，并增加他们对世界的审美感受能力，从而得到愉悦的体验。

在训练过程中，孩子对身体的体验和欣赏十分重要。在运动中，身体的内感觉是一种重要的体验。比如练瑜伽、太极拳，自己进行控制、调整，就会感受到一种美感；再

---

① 方英敏，身体美育与审美教育［J］，贵州大学学报，2015（4）.
②③ 王道俊、郭文安，教育学［M］，人民教育出版社，2006年出版：387—388.
④ 苏霍姆林斯基，育人三部曲［M］，人民教育出版社，1998年出版：398.

比如，长跑训练中，孩子如果能够主动学习，掌握了科学的呼吸方法，如何度过疲劳的极限点，这些都是美的体验。

苏霍姆林斯基在他丰富的教育经验中，就有身体体验美的内容。他说："少年的力气无法遏制地想释放出来，因此十分重要的是使他们能够把一些复杂和细腻的动作与体力互相配合。"[1] 这样做的目的，是让孩子在体育锻炼中，通过体验和自身努力，把自己的动作变得更加灵活与优美。

中华民族有许多传统的体育项目，同样也是从不同角度体现了身体美，这些是需要我们继承和发扬的。踢毽子是中国古老的民间体育活动，深受男女老幼的欢迎。有位家长，硬着头皮一连给孩子买了十个毽子，就是为了让孩子通过自己的亲身感觉，不再归罪于毽子不好用，而是通过自己身体的活动，去体验美。

十个毽子踢出的感悟[2]

女儿从一年级开始，生活自理能力和基本的学习习惯都不错。但是，随着学校学习的深入，很多新的问题不断暴露出来。不过，真的太需要智慧去引导孩子，不能直接把想法强加给孩子，而是用各种方法去引导，保证孩子做每一件事都是发自内心的。

刚上小学没多久，学校流行踢毽子，而且学校还做了要求，每个人一分钟必须踢多少个。女儿也买了毽子回家练习，可是踢不到两下就结束了。孩子认为，肯定是这个毽子不好用，明天再买一个新款的。我当时也答应她了。

新款的毽子也踢不好，她觉得是毽子轻了，羽毛长短比例不合适影响了效率，又要重新买一个。我也答应了。

就这样，踢不好，每次都可以找到理由再买新的。两周之内，女儿一共买了十个毽子，而她也终于踢得又稳又好。掌握踢毽子的技巧之后，她发现之前的毽子个个好用。

她不解地问："妈妈，明明是我自己太急躁了踢不好，不是毽子问题，你为什么还同意给我买那么多个呢？"我笑笑说："因为这个道理我告诉你，不如你自己悟出来深刻。你现在明白了就好啊，这些毽子摆在家里也是提醒你，凡事要先找自己的原因，不要只怪外界条件。"

当时孩子才二年级，可能不太理解我的行为和语言，但随着她长大，知识越来越多，就会明白妈妈的放手和看似无意中讲的道理，深刻地影响着她的成长。

---

① 苏霍姆林斯基，育人三部曲 [M]，人民教育出版社，1998 年出版：411.

② 芮文枝，十个毽子踢出的感悟 [M]，中华文化出版社，2020 年出版：80—82.

第十二章
家庭与自然美

只有当孩子自己善于与自然的美单独相处时，与大自然的交往才能展开其全部的审美教育的可能性。

——苏霍姆林斯基

一、大自然的美，让袁隆平一辈子投身农业

科学家袁隆平之所以一辈子投身农业，就与审美关系密切，是母亲的智慧引导，使袁隆平从小就热爱大自然。袁隆平回忆，6岁时，母亲带他去果园，他惊叹道："那一切，实在是太美了！"他后来最终下决心——一定要攻读农业专业。

袁隆平6岁那一年的初秋季节，他随母亲到湖北汉口郊区一家果园去游玩。对于在城市里住惯了、从没见识过农村果园的袁隆平来讲，那简直是一次神奇美妙的大自然之旅。他被母亲牵着手，蹦跳着走在繁茂稠密的果林里。红红的桃子，灿烂地挂在树梢，绿绿的葡萄像一串串碧玉，果树之间的空地上，种着在那个年代还稀有的西红柿。毛茸茸的枝杈上，结着红、白、黄、绿几种颜色的果实，真是美极了。还有那绿葱葱的片片竹林……

幼年的袁隆平爱上了这美丽的果园，爱上了这绿色的世界，他实在不愿离开这里。正如袁隆平后来所说："从此，每到桃子成熟的季节，我记忆中那个美丽的果园，便飘进我的心灵，满园里郁郁葱葱，到处是芬芳的花草和一串串鲜艳的果实。我觉得那一切实在是太美丽了！美得我当时就想，将来我一定要去学农。"

没有指点江山的豪情壮志，没有功成名就的意气风发，有的只是质朴的表白，有的只是对美丽的特别感悟与无悔执着。可见当年，这片美丽的记忆，成了中科院院士、中国"杂交水稻之父"——袁隆平心中永远挥之不去的情结与梦幻。①

一个在城市里长大的孩子，后来居然爱上了大自然，而且成为举世闻名的中国"杂交水稻之父"，这不能不归功于袁隆平的母亲，归功于早期的家庭教育。

▌二、自然美能够丰富、充实孩子的精神世界

大自然的美，在培养孩子高尚的精神世界方面起的作用很大。

首先，大自然的美能培养细腻的情感，帮助孩子感觉到人类的美、自身的美。苏霍姆林斯基说："我认为对自然界美的感受，积极去创造美的东西，是对青少年心灵一种极重要的训练，是力求使人看到人的美及其心灵美，力求去确立人自身那种美的东西，并蔑视懦弱、畏缩、意志薄弱不可缺少的东西。"②

在大自然美的熏陶下，孩子情感细腻了，观察敏锐了，这是一种心灵的"训练"。这种"训练"的目的、任务是什么呢？

"我认为，自己的教育任务，就是要使在儿童时代在与大自然交往的过程中，获得的'情感—审美'财富，到少年时代作为人的一种最深刻的需求，进入少年的精神生活，使少年对大自然的美的认识，比童年时代更深刻，促使少年去认识自己身上的美的、崇高的东西，促使他们去肯定人的尊严。"③

大自然的美，为什么能够促使孩子思考人生的美？这是因为对周围世界的美的观察和感受，会使孩子产生一种重要的思想——即整个世界、大自然和美的生命是永恒的，而我自己只能生活在大自然指定的一段时间内。因此，每个人在青少年时期，最重要的就是要考虑应该怎样度过自己的一生。我们的家庭教育，如果能够有意识地做好这些引导工作，通过大自然的美，就不仅能培养孩子细腻的感情，还能够促使孩子进一步思考怎样获得人生的美。

① 袁隆平的小故事，牛宝宝文章网，2015-8-2.
② 苏霍姆林斯基，苏霍姆林斯基选集（第 2 卷）[M]，教育科学出版社，2001 年出版：234.
③ 苏霍姆林斯基，育人三部曲 [M]，人民教育出版社，1998 年出版：601.

▍三、在真善美和谐发展中，大自然的美才起作用

大自然的美，并不是能够自动对孩子的精神世界起到提升作用的。

为什么呢？苏霍姆林斯基指出了根本的原因是："作为进行情感教育、审美教育和道德教育的一种手段，大自然的美只有在对人的个性施加精神影响的所有手段的普遍和谐的情况下，才能起作用。"① 苏霍姆林斯基在这里强调了，各种教育手段需要和谐起作用的重要观点。如果没有任何配合的教育手段，家庭只满足于到野外去玩，甚至只有吃吃喝喝，给孩子留下的可能只有负能量，这是当前特别需要注意的现象。

"多年的经验证明，有的儿童和少年，心灵中的善良感迟钝、没有想变得更好的真诚的愿望，会对动物冷酷地、残忍地'开膛破肚'，对大自然的美肆意破坏。人的尊严感的迟钝会使一个人看不到大自然的美。"②

一个情感冷漠、迟钝的人，会对大自然的美无动于衷。因为，大自然只是善的源泉，而只有心灵美的人，才能发现善的源泉，才会被它感动，才能发生共鸣。"当年轻的心灵在人的崇高的美（善良、正义、人道、同情心、疾恶如仇）的感染下变得高尚时，大自然的美才能影响人的精神世界。"③

大自然的美如何才能影响人的精神世界？这是需要家长认真思考的问题。心灵美才能感受到真正的自然美。大自然只是善的源泉，只有在家庭中加强真与善的教育，自然美才能被发现，被感动，才能进入孩子的精神世界。

"在中国，平时人们常常称'梅、兰、竹、菊'为四君子，这是因为它们的自然素质与人的精神品质有许多类似之处，发生着共鸣，这时候自然美影响着人的精神世界。如梅的耐寒、兰的素雅、竹的正直、菊的坚贞，所以人们常常用它们来寄寓自己的感情，冶炼自己的性格和意志。"④

在审美教育和情感教育中，绝不允许采用教训的方法，也不允许自己装出被大自然的美所感动的样子。家长只有真诚地爱上了大自然的美，才可能在孩子的心灵中点燃审美情感的火花，这里来不得半点虚假。

因此，在家庭教育中切莫忘记，大自然的美只有在真善美和谐发展中才起作用。在家庭日常生活中，怎样做到真善美的和谐发展呢？

下面这位家长，就是在很困难的情况下，成功地引导了孩子理解多种自然美，使真善美得到了和谐发展。

---

① ② ③　苏霍姆林斯基，育人三部曲［M］，人民教育出版社，1998 年出版：601.
④　蒋孔阳等，美与审美观［M］，上海人民出版社，1985 年出版：79.

月亮与台风①

快中秋了，阳历是九月。

孩子的自然课要求他们做九月天象的观察，特别是要观察记录月亮，从八月初记录到中秋节。

每天吃过晚饭，孩子就站在阳台等待月亮出来，有时甚至跑到黑暗的天台，仰天巡视，然后会看到他垂头丧气地走进屋，说："月亮还是没有出来。"

我看到孩子写在作业簿上的，几天都是这样的句子："云层太厚，天空灰暗，月亮没有出来，无法观察。"

最近这几天，连续几个台风来袭，月亮更是连影子都没有，孩子很不开心。他说："爸爸，这九月怎么这么烂，连个月亮也看不见！"

"九月并不坏呀！最热的天气已经过去了，气温开始转凉，是最美丽的秋天，有最好的月亮，只不过是这几天天气差一点儿而已。"

我告诉孩子，台风虽然是讨厌的，有破坏力的，但是台风也有很多好处。例如它会带来丰沛的雨量，解除荒旱的问题；例如它会把垃圾、不好的东西来一次清洗；又例如让我们感受到人身渺小，因此敬畏自然。

"既然不能观察月亮，你何不观察台风呢？""真是个好主意！"孩子欢喜地说。

我看到他的作业簿上，写着诗一样的记录："风从东西南北吹来，云在天空赛跑，雨势一下大一下小，伞在路上开花。"

台风的美，也不输给月亮。

四、亲近自然美需要注意的问题

现在的孩子们，如果天天在熙熙攘攘的大街上奔忙，在垃圾食品的享用中成长，在水泥森林的城市里度日，在网络电视的陪伴中去幻想，这样势必成为没有"根"的一代，"空心"的一群人。

他们由于缺少仰望茫茫夜空的经历，很难理解宇宙的无限性，他们很少在春夏秋冬中观察各种生命现象，就得不到多样性的精神滋养，所以当代的孩子急迫地需要亲近大自然。

亲近大自然，不是简单地走向大自然，需要注意下列三方面的问题。

---

① 林清玄，月亮与台风［J］，父母课堂，2016（10）.

（一）亲近自然美的时候，要与劳动和思考结合

我们家长都有这样的经验，并不是仅仅把孩子带到自然环境中，就必然受到教育。虽然校园和家庭有许多花草树木，但是由于孩子没有亲自参与对它们的服务和管理，就不可能产生感情，也就谈不上什么教育；相当多的学校组织的春游、秋游，由于指导思想不正确、不明确，虽然去的可能是有名的景点，但是没有引导孩子去观察、调查和思考，也就没有什么真正的收获，甚至有些孩子竟然把品尝食品当作春游、秋游的主要内容，这就更远离了自然美的美育。

苏霍姆林斯基十分强调教育的统一性："少年必须经常接触大自然，生活在大自然中。智力世界、劳动和大自然的有机统一是特别重要的。"① "对科学真理和规律性的逻辑认识，需要思想在情感的感染下变得更崇高。使思想变得更崇高的源泉之一是大自然的美，因为对少年来说，思想、认识和发现真理的源泉也是自然界。"②

大自然与我们的意识有什么关系呢？

自然美不能离开自然。但是自然在外在形式上，应该符合人的审美要求。也就是说，它的色彩应该是悦目的，它的声音应该是动听的，它的线条应该是宜人的。自然美其实是人创造的。黑格尔说："有生命的自然事物之所以美，既不是为它本身，也不是由它本身为着要显示美而创造出来的。自然美只是为其他对象而美，这就是说，为我们，为审美意识而美。"③

家庭进行活动，一是要注意在引导孩子到大自然的时候，不要忘了让孩子亲自参与劳动。哪怕在景点捡拾垃圾，为花草浇水、除虫，也比单纯地赏花观景更能触动他们的心灵。因为，只有通过自己亲身实践，美化了大自然，改变了大自然，才能增加与大自然的感情，才能发现自己的本质力量。

二是在亲近大自然的时候，要启发孩子学会思考。"教育的任务就是要使少年在与大自然的交往中发展自己的智力。在与大自然的交往中的创造性，在少年的精神生活中是很重要的。"④ 孩子观察到大自然的春夏秋冬，看到一棵小草的成长、衰败，才能对书本上讲的"一切事物都有发生、发展和消亡"的自然规律有所感悟，才能进一步思考世界是怎么回事，人生是怎么回事。要达到这种效果，家长必须智慧地在活动前，做好启发引导的铺垫工作。

---

①④ 苏霍姆林斯基，育人三部曲［M］，人民教育出版社，1998 年出版：606.

② 苏霍姆林斯基，育人三部曲［M］，人民教育出版社，1998 年出版：602.

③ 黑格尔，美学（第 1 卷）［M］，商务印书馆，1979 年版：160.

（二）年龄不同，方法不同

苏霍姆林斯基指出不同年龄的孩子审美认识不同："少年期的审美认识和对大自然的理解，比童年期复杂得多。如果说儿童只是单纯地欣赏周围环境的美，那么，少年在赞叹美的同时，已不能不去思考，不去刨根问底地探索这种美的源泉。"①

小学、初中和高中孩子的家长在进行审美教育的时候，务必认真思考孩子的年龄特点，采取恰当的方法。

例如，人生的根基是在儿童时期扎下的。在儿童期要培养和发展对一切有生命的和美的东西的同情心和怜悯心。

而初中阶段的孩子，则会透过大自然美的现象，思考后面的规律。"在少年面前，揭示着这样一些科学真理，如物质的永恒性、宇宙的无限性、能量从一种形态转化为另一种形态、生物和非生物的统一。洞察这些真理的本质，对少年来说是多么鲜明的、多么出乎意料的发现。"②通过这些思考，去引导初中的孩子，发现世界是一个和谐的、丰富多彩的、美的整体，将使他们逐步建立正确的深刻的世界观。

在高中阶段，则需要将思想逐步系统化、理论化。那些碎片化的知识和各自独立存在的理念，已经不能满足高中孩子进一步发展精神世界的要求了。进入这一步，需要家长对孩子进行辅导。

有调查表明：从小学到大学，其中高中、大学阶段的孩子"依据社会舆论和流行时尚"做出的审美判断最多，这说明他们在思想逐步系统化、理论化的过程中，虽然超出了"依据兴趣和爱好"比较低层次的审美判断水平，但是还没有达到比较深刻的境界，缺少真正的独立见解。通过美育使读高中的孩子在人生观、世界观方面进一步得到提高，是家长的重要任务。

（三）要有恰当的运行机制和平台

有时，如果孩子"善良感迟钝、没有想变得更好的真诚的愿望"的时候，即使来到大自然的环境中，他也感受不到大自然的奥妙和美好。因为在这些孩子的内心世界中，还是茅草丛生，空虚得很。这里，教师和家长在事前进行细致的铺垫工作是必不可少的。

苏霍姆林斯基还指出："只有当孩子自己善于与自然的美单独相处时，与大自然的交往才能展开其全部的审美教育的可能性。"③

比如，有意识地引导孩子在学校或者家中建立的"美丽角"里读书，在大自然环境中爱上一块绿色草地、一个葡萄园……

---

①③　苏霍姆林斯基，育人三部曲［M］，人民教育出版社，1998 年出版：606.
②　苏霍姆林斯基，育人三部曲［M］，人民教育出版社，1998 年出版：602.

可以说，盲目地走进大自然，就不如有目的地去观察大自然；而单纯观察大自然，又不如亲自去养育一棵树，通过与树木的亲密交往，让大自然成为陪伴自己成长的好朋友。

下面文章中的这位家长，就是通过自然美带给孩子幸福的回忆，并影响了孩子的一生。

百合花开①

小时候，有次跟父亲去山谷，忽然，一朵白色的花吸引了我。

在草丛里，它独自开着，几乎和我一样高，花朵像喇叭一样大，却一点儿也不张扬，白色的花瓣微卷着，露出嫩黄的蕊。擎起它的根茎好像不胜重力地自然弯曲，让它看上去那么高贵、孤寂。

我被这朵花迷住了，久久不肯挪步。

父亲说这是野百合。因为我喜欢，父亲决定把它带回家。我本以为他只是掐了花就走，没想到，父亲小心翼翼地拨开草丛，先清除了周围的一大片杂草，让这株亭亭玉立的野百合出现在我面前。瞬间，我觉得这世界上所有美好的词语都应该给它。

它像童话中迷路的小仙子，突兀地出现在这片山谷里。它纯洁的白，让周围的一切黯然失色了，可它又是那么无助而脆弱。我担心它那瘦长的根茎被风一吹就会折断。父亲用随身携带的一把小锄头，从野百合的四周开始挖土。他掏得很深，我全神贯注地守在旁边，用手扶着花朵。很快，一个乒乓球大小的球茎，完整地连土而起悬空出来。父亲小心翼翼地用双手托着球茎，把花朵搁在肩膀上。我欢天喜地跟在父亲身后。那朵百合花在父亲的肩头一颤一颤地，冲着我笑。

我父亲把它种在屋旁的菜地里，用一根小木棍将它固定好。

经过一番腾挪，野百合似乎也累了，有些萎靡不振。我疑惑地问父亲："它还能活吗？"父亲笑笑说："你明早来看它。"第二天一起床，我就跑到菜地里。

只过了一夜，野百合似乎已经完全适应了新环境，叶片舒展着，不用借助小木棍就能精神抖擞地立起来。硕大的花瓣上，还有几颗露珠在晨光中闪烁。因为它，我的整个暑假多了许多憧憬和幻想。每天，我像探望老朋友一样，看它在风中摇曳，看蜜蜂在它的花蕊里沾满嫩黄的花粉。到了9月，天气逐渐转凉，我又开始上学了，野百合也在一阵又一阵的凉风中逐渐枯萎、凋零。

看着那一片片凋落的花瓣，生命的短暂、美的易逝，让我第一次感到了忧

① 宓月，百合花开［J］，父母课堂，2017（5）.

伤。父亲说："我们可以把球茎分瓣，来年会变成几棵。这个球茎还可以吃。"我舍不得吃掉球茎，要父亲给我变出更多的百合花来。父亲依了我，将百合花的球茎挖出来，分成七八瓣，在菜地的一角重新栽下去，并且做上了记号。父亲说，来年春天它们又能长出嫩芽。

那一年，我8岁。在我的记忆中，那个冬天特别漫长，我每天都要去看看，但是，野百合的嫩芽迟迟没有冒出来，我便等得失去了耐心。

美丽的雪花，春节的喜庆，使我几乎忘了野百合的事。春天来了，太阳的温暖改变了这个世界。有一天，我突然发现，屋旁的菜地里齐刷刷地站着一溜苗壮的青苗，七八棵的样子，像一支小队伍。我即刻兴奋地跑去告诉父亲："我的百合花长出来了！"父亲笑了笑，牵着我出了门。

父亲让我知道了一朵花是怎么长成的，也教会了我认识这个世界、热爱这个世界。在父亲身边我就是那个天真烂漫、无忧无虑的女孩儿。也许，是他给予我的欢乐太多，让我20年都不愿走出他给我的幸福时光。

第十三章
家庭游戏与美

游戏中的孩子最真实、最自由地走向美。

——鲁迅

天下的孩子没有不爱玩的。游戏不仅是学龄前儿童的主导活动，在学龄儿童的生活中，游戏也占有重要地位。游戏是提高孩子生命质量的好方法。

其实成人也是十分喜欢游戏的，更有意思的是老年人喜欢游戏的程度有时超过了儿童。

所有的动物都有一个游戏期，在这个时期，幼小的动物通过游戏发展自己的身心，以及学习生活能力。几乎毫无例外，童年期的小猫、小狗总是相互追跑，小狮、小虎经常彼此撕咬，为一片小树叶，它们拼命奔跑，为叼住母亲的尾尖，它们气喘吁吁。这就是它们的游戏，也是它们赖以成长、发展的活动。

对于人类来说，这个游戏期来得更长。据科学家研究，越是高级的动物，由于其构造更加精密，功能更加复杂，就越是需要更多的修炼，因此游戏期会更长。人类是最高级的动物，诞生之后还是不成熟的，因此需要更长时间地停留在母亲身边，不但继续完成生理的发展，还要完成心理的发展、社会化的发展。这其中，游戏就是一个不可少的、很好的发展孩子生命质量的方式。

一、在游戏中得到全面发展

对于成长中的孩子来说，游戏也是学习的一种方式，是进入真实社会之前的一种演习。通过相对比较简单的游戏情境，孩子可以认识复杂的物品和事件；通过参与游戏，可以使孩子的思维和行动结合起来。

由于游戏往往能够获得一个宽松的环境，更加符合孩子的心理水平，因此它可以在德智体美劳等教育上发挥极其独特的作用。

就以"跳房子"游戏为例，可将德智体美劳等教育，一样不少地渗透其中。

首先，每个孩子参加"跳房子"游戏，要有进取心，尽量努力取得好成绩。不怕失败，遵守规则，关心体谅其他小朋友；对别人的失败不幸灾乐祸，对别人的胜利也不妒忌。这就是德育。

在游戏中，每个孩子要善于思考，总结自己的经验，学习别人的经验，怎样把"包"踢到预定的地点，怎样有节奏地跳好每一步而不踩线……这就是智育。

游戏中每个孩子都要运动全身，看准目标跳来跳去，付出大量的体能，自然是很好的体育。

玩"跳房子"游戏，如何把房子画得又美又好，也是一个重要内容；跳的姿态要轻盈、优美，这不就是美育吗？

为了玩"跳房子"，孩子们一定要亲自劳动，把"沙包"制作好，在地上把房子画好，这又离不开劳动教育了。

在当前孩子学习负担比较重的情况下，游戏更是孩子不可少的休闲活动。它同样能够起到使生命得到开放、变得真实和进行创造的作用。不过，游戏中有一些带有危险性，有一些不卫生，还有一些内容不健康，不利于孩子生命的发展，就应该态度鲜明地加以禁止。

孩子的生活离不开游戏。他们从家长、老师那里，从小伙伴那里，从大众传媒那里学习了各式各样的游戏，有时还自己即兴发明一些游戏。

游戏众多，家长要学会选择。我们向家庭提倡以下几种游戏。

1. 运动性游戏

主要通过运动，掌握一些基本的身体动作，如走、跑、跳、举、拉、投掷、攀登等发展他们动作的灵活性、准确性，体力活动的持久性，培养他们的勇敢精神、坚强毅力和团结合作的品质。这类游戏有丢手帕、跳房子、扔沙包、三足竞走、拔河等。

2. 智力性游戏

在游戏中主要通过动脑筋，培养孩子的思考力、记忆力、观察力、注意力和语言能力。例如和孩子玩十分简单的"过目不忘"（展示许多东西，然后盖上，让孩子说出这些东西）的游戏，可以培养他们的记忆力；玩分类游戏，可以发展他们的思考分析能力。其他如猜谜语、下棋、看图找茬、开火车等都是可以开发智力的游戏。

3. 建筑性游戏

运用各种材料（积木、草木棍、石块、砂子）拼装各种物品或建筑。中国古老的"七巧板"也可以归入这一类。这类游戏通过想象和模仿，发展孩子的设计才能，激发创造力和培养各种技能技巧。

4. 创造性游戏

一种是儿童通过自己的想象，再造社会生活现象，自己扮演某种角色，例如"医生给病人看病""警察抓小偷"，活动中每个孩子都可以充分发挥自己的想象力，结合自己的思考进行创造。

一种是自己发明的比赛游戏。孩子根据具体的生活情境，有时也模仿成人社会，通过自己的创新，进行游戏性的比赛。例如比赛倒着走，谁最快到家；比赛骑自行车，谁骑得最慢，等等。

▌二、在游戏中用劳动创造美

幼年时期的劳动活动同游戏紧密相连。"对于孩子来讲，游戏是最严肃的事情。世界是在游戏中向孩子展现，孩子的创造性也是在游戏中显示的。没有游戏，就没有、也不可能有完满的智力发展。"[①]

游戏究竟如何具体地发展了孩子的智力？

在游戏中，对孩子来说，往往没有外界压力，他们可以在游戏中自由地探索、观察和实验。这个时候他们的思维能力、想象力，在积极的运转中，都会很自然地得到发展。

下面是孩子在游戏中发展了观察能力、思考能力和语言文字能力的案例，这种发展显得十分轻松愉快，且效率极高。

第一次拼拼图

在我 4 岁时，爸爸给我买了一盒拼图，我还从来没有见过这种东西。我奇怪地问爸爸："爸爸这是什么？"爸爸告诉我："拼图就是一块块的画片，拼到一起就能组成一幅画，爸爸给你买的是世界地图的拼图，如果你拼完了，就是一幅世界地图。每块小片都有凹进去的地方，如果这两块不是挨着的，两片就会对不上。爸爸给你买的拼图是 500 片的，如果你能独立拼出来，我就给你买1 000 片的。"我听了爸爸的话，觉得拼图肯定是很有趣的，我就下定决心要独立拼完这套拼图。爸爸还告诉我拼拼图时，如果看见有两三块能拼到一起的，

---

① 苏霍姆林斯基，育人三部曲［M］，人民教育出版社，1998 年出版：102.

就先拼成小部分，最后再把小部分的组合到一起，就能拼好了。于是，我就开始拼拼图了。

由于爷爷以前教过我每个国家在地图上的位置，因此我对地图比较熟悉。我看见差不多颜色的就放到一堆儿，看见两三块能拼到一起的就拼起来。最后，把几部分组合在一起，就拼完了。我只用了5天，就拼完了这套拼图。我很高兴，我想："只要努力去做一件事，就一定能成功。"

（北京市西城区白云路小学三年级学生赵尔乔）

孩子通过在游戏中扮演角色，还能够发展社会交往能力。扮演小医生或者小老师，就需要认真地回忆、思考医生是怎样给病人看病的、老师是怎样教学生的，不但模仿他们的方法，还要模仿他们的态度、表情。

在游戏过程中，他们不仅学到了知识，而且发展了情感能力。在他们极其投入的游戏当中，他们的感情也是全部投入的，因此随着游戏的进展，他们的感情也会受到陶冶，情感能力也会得到提高。

更重要的是，他们在交往中，能够看到自己的"本质力量"，也就是由于自己的努力，在自己交往对象身上，看到了自己了不起的地方（例如给"病人"看病，把病治好了；教"学生"认字，学生学会了），这就是一种美。

游戏还有一个重要的特点，它是在没有成人"威胁"下开展的。因此在游戏中，孩子虽然必须亲自处理各种矛盾，但是没有一个孩子感到害怕，因为，即使错了，可以重新来一遍，同伴也会理解。这样，在游戏中孩子便逐渐学会了怎样处理自己的内心冲突和焦虑。

小老师

我两岁半时，妈妈把我送进了幼儿园。在幼儿园里，老师经常教我们认识各种图形和颜色。在教我们认识颜色的时候，老师总是指着周围不同的物体让我们说出它的颜色。

那时候，我很喜欢模仿老师上课的样子。于是回到家里，我就当起了小老师，让爸爸、妈妈、爷爷、奶奶当小朋友。我总是让他们手背身后、脚并齐地坐在沙发上，我则假装手里拿着一本书，在屋里走来走去。

有一次，我模仿老师的样子教他们识别颜色。那一天我穿的是一件黄色的毛衣，于是，我就指着自己的衣服，问："小朋友们，你们说老师的黄毛衣是什么颜色？"我问完，爸爸、妈妈、爷爷、奶奶顿时哈哈大笑起来。直到现在，他们也经常用这句话与我开玩笑。

（北京市西城区白云路小学三年级学生赵尔乔）

▍三、在游戏中真实、自由地走向美

"模仿"是孩子学习的一种重要方法。和婴儿时期的无意识模仿不同，上述这个两岁半的小姑娘模仿老师上课，则是一种有意模仿。模仿不仅能使孩子学到新的行为，而且能通过模仿行为得到自己的体验。

模仿并不是简单地照搬，孩子在实际模仿中总有自己的创造。因此，我们应该多鼓励孩子的模仿，并引导他们把模仿从表面模仿逐渐发展为实质性的模仿。

家长应该支持孩子的模仿行为。上述这个家庭的成人就是积极地扮演了"小朋友"，用行动赞扬了孩子的模仿。对于孩子在模仿中的欠缺甚至失误，家长不必过于挑剔，以免让孩子感到有压力，一定要鼓励孩子大胆地把愿望变成行动。

至于孩子长大了之后，家长用开玩笑的口吻，回忆孩子小时候的幼稚行为，只要适度掌握，也没有什么害处。因为通过"过去的我"和"现在的我"的对比，可以使孩子感受到自己成长的快乐，也是一种美的体验。

俗话说，"三岁看大，七岁看老"，往往是通过游戏看到的。游戏中孩子能够展示自己最真实的一面，同时，在游戏中孩子的个性也会得到充足的发展。

下面的故事中，我们可以看到孩子的意志力得到了锤炼；孩子的情感、勇气和人际交往能力都得到了健康的发展。

不怕难

爸爸给我买来 147 块拼图，而且要拼出三个不同图形。我从来没有拼过这么多这么难的拼图。我用了两个多小时才拼完。我很高兴，因为我把这么难的拼图都拼出来了。只要不怕难，什么事都能够干好。

（北京市西城区白云路小学二年级学生安雨婷）

因此，家长千万不可轻视游戏的作用，不要以为浪费时间；更不可想尽方法禁止孩子游戏，误认它玩物丧志，而是要根据孩子的个性、年龄，引导他们参加合适的游戏，在游戏中加以辅导，让游戏在每一个孩子早期的生命中，能够给予其更多的滋养。

互相尊重是很重要的品质。这种品质是在孩子的学习、生活、游戏中逐渐形成的。互相尊重的关系，形成后还将对个性的持续发展产生影响。

第十四章
家庭读书与美

书籍是走向美好人生的阶梯。

——高尔基

家庭中最美的风景是什么？是大人、小孩都在静静地读书。一家人，在房间里的书桌前，或者在院子里的树荫下，大人在读书"充电"，孩子在读书"放飞"。全家人都在知识的海洋里畅游。

这样美丽的家庭生活图景，将培育出全家人美好的人生。

有一位学者，回忆起他热爱读书的过程，十分有趣。他生长在极度贫困的农民家庭中，糠菜半年粮的生活使得读书是一种不可能出现的奢望。

但是，从小他就被一个场景感动着，并将其深深印在脑海中——每天，只要一有时间，父亲总是拿着一张旧报纸，目不转睛贪婪地读着。这让幼小的他感到极其神秘，忍不住就去磨着父亲讲一讲里面究竟写了些什么。于是，父亲就煞有介事地指点着旧报纸，讲起了古今中外、天南海北的各种故事。

正当孩子听得着迷的时候，父亲说，要想知道里面的更多的秘密，只能自己去认字、读书。于是，孩子便开始主动地认真认字、读书，而且一发不可收，最终成为一位有成就的学者。

父亲晚年的时候，微笑着对孩子说："傻孩子，我给你讲的那些故事，根本不是我看报纸知道的，因为那时候，我是一个大字不识啊！"

这是一位聪明的父亲，他深知，一个家庭要想改变命运，必须有文化；一个孩子，要想拥有美好的人生，必须从读书开始。那么，怎样才能够让一个懵懵懂懂的孩子爱上读书呢？

▌一、书籍是走向美好人生的阶梯

爱上读书，就从调动孩子的好奇心开始吧！

"读一本好书，会找到自己思考的答案；'读'一个好人，会找到前进的方向。"——这是一位普通人，江苏省的高和林在《凡人隽语》一书中写道的。

"我们认为，没有独立阅读的本领就不可能自觉地选择生活道路。为了使一个人兴趣的形成不是一个短暂的过程，不是凭一时的心血来潮，少年时期就要多读、多想、多探索；让智力生活同创造的、劳动的志趣紧密地联系在一起。"①

童话作家严文井说得更有趣："书籍，在所有动物里面，只有人这种动物才能制造出来。读书，人才更加像人。"

据我所知，通过读书走向成功，基本上有两种类型：一种是从小受到知识的熏陶，如有很好的读书方面的硬件和软件的书香门第；另一种是小时候环境条件很差，但是克服困难，遇到各种机缘，通过读书成长起来贫寒子弟。

（一）书香门第

古今中外有许多名人，出身书香门第，从小有一个优良的读书环境，周围又得到了具备一定文化修养的他人的指点，最终取得了伟大的成就。

泰戈尔的故事②

泰戈尔是印度近现代文学史上成就最大、影响最深远的一位大师。他的父亲是一位社会活动家和宗教改革者，富有民族主义倾向，积极赞成孟加拉的启蒙运动，支持社会改革。他对《吠陀》和《奥义书》颇有研究，共有 14 个子女，泰戈尔是家中最小的一个。他们的这个家族，兄弟姐妹和侄辈中出了很多学者和艺术家。

由于生长在一个印度传统文化与西方文化和谐交融的家庭中，泰戈尔从小就受到家庭环境的熏陶。由于他是父母最小的儿子，泰戈尔被家庭中每个成员所钟爱，父亲更是对他寄予了很大的希望。他很自信地对妻子说："我一定要把这个孩子培养成子女中最出色的一个。""你打算怎么做呢？""我要在他很小的时候，就对他进行全面的培养。我相信他会成为一个小神童的。"

---

① 苏霍姆林斯基，苏霍姆林斯基选集（第 3 卷）[M]，教育科学出版社，2001 年出版：602.
② 王继华，家庭文化学 [M]，人民出版社，2010 年出版：336.

在泰戈尔 3 岁的时候，父亲就开始让他学画画。小泰戈尔虽然只会在纸上乱涂，但还是看得出他对色彩很敏感，泰戈尔的一位擅长绘画的哥哥乔蒂林·德拉纳特承担起小泰戈尔的绘画启蒙教育，同时父亲开始亲自教小泰戈尔学字母。他将各种字母写在大小不同的卡片上，这些字母都用了不同的颜色，他每天用这些卡片和小泰戈尔做游戏。每当小泰戈尔找对了字母或是颜色，父亲就轻轻摸着他的头，对他表示赞扬；如果他找错了，父亲就会笑着说"嘿，你这个小傻瓜"，并同时取出他指定的卡片说"这才是正确的答案"。

当小泰戈尔 4 岁的时候，父亲又开始对他进行音乐教育。音乐课主要由小泰戈尔的另一个哥哥萨迪延·德拉纳特来负责。哥哥除了教他弹钢琴，还经常给他放一些印度的音乐，还有形式多样的民间乐曲，其中包括具有孟加拉风味的宗教流行乐曲。印度的北部古曲也给他留下了极其深刻的印象。

在泰戈尔学音乐的同时，父亲让精通外语的姐姐教小泰戈尔学英语。在一家人努力下，小泰戈尔的进步非常快。到 6 岁的时候，他既能画画又会弹钢琴，而且还能说一口流利的英语。雄心勃勃的父亲又开始对小泰戈尔进行文学修养方面的教育，他经常为小泰戈尔朗读大量的诗歌，有国外的经典作品，也有本民族的，尤其是他喜爱的《吠陀》和《奥义书》，有的篇章他还让小泰戈尔背了下来。父亲朗诵的《吠陀·圣歌》深深地感染了泰戈尔幼小的心灵，诗歌的神圣和美妙给他留下了深刻的印象，尽管他还年幼，不懂得《圣歌》中那些深奥的象征所表示的意义。受父亲的影响，他一生始终热爱着《吠陀》里的诗歌。在泰戈尔有了阅读能力的时候，父亲就鼓励他广泛阅读文学书籍。还不到 9 岁，泰戈尔就发现自己能够按照韵律准确地排列两句诗。父亲的精心指导使泰戈尔迷上了诗歌。

除了对泰戈尔进行文学和艺术的教育，父亲还经常带他去野外游览，父亲深知大自然对于孩子的心灵的作用，另一方面，也可以通过这样的方法来增强孩子的体力。我们从泰戈尔的回忆中可以了解他第一次游历喜马拉雅山的情形。他 12 岁的那年，有一天父亲突然把他叫去，说要带他去旅行。很快他们俩来到喜马拉雅山东坡上的一个小镇，他们在山顶上租了一个周围长满了雪松的小别墅。第一次置身在这样风光旖旎的地方，泰戈尔有说不出的兴奋，庄严而雄伟的"山神"像电闪雷鸣一样将他震撼了，那里的一切都在他的记忆里留下了不可磨灭的印象。这次旅游，让小泰戈尔大大开阔了眼界，他深深地为大自然的美景所吸引。

泰戈尔从 13 岁就开始写诗，诗中洋溢着反对殖民主义和热爱祖国的情绪，此后就一直醉心于诗歌创作。他 14 岁时，就已经阅读了大量书籍，包括文学、历史、社会和自然科学等作品；1881 至 1885 年，他出版了抒情诗集《暮歌》《晨歌》和《画与歌》，还有戏剧和长篇小说。泰戈尔的一生共写下 50 多部诗集，并以诗集《吉檀迦利》荣获 1913 年度诺贝尔文学奖。同时，他在其他方面也取得了很多成就。他 17 岁时，便开始为自己写的歌谣谱曲。此后，他将欧洲的一些曲调运用于他的剧作中。在以后的几十年里，他继续创作，写了大量的歌曲。同时他也是一位著名的小说家、剧作家、作曲家和画家，先后完成了 12 部中长篇小说、100 多部短篇小说、20 多部剧本、1 500 余幅绘画。此外，他还是一位重要的哲学家、教育家和社会活动家，写下了大量哲学、教育、政治方面的论著。取得如此令人惊奇的辉煌成就，不仅标志着泰戈尔的成功，同时也意味着他的父亲终于实现了自己的心愿，他成功地将泰戈尔培养成了一个全面发展的人才，最终为本民族和全人类留下了宝贵而丰富的文化遗产。

（二）社会大学

一个人如果从小在家庭中缺少优良的读书环境，周围没有有文化修养的人指点，但是强烈的求知欲，和适当的机遇，同样也能通过读书走向成功。

华罗庚的故事①

华罗庚（1910—1985），江苏金坛人，中国著名数学家，中国科学院院士，美国国家科学院外籍院士。他是中国解析数论、典型群、矩阵几何学、自守函数论与多元复变函数等很多方面研究的创始人与奠基者，也是中国在世界上最有影响的数学家之一，被列为芝加哥科学技术博物馆中当今世界 88 位数学伟人之一。

1925 年罗庚初中毕业后，因家境贫寒，无力进入高中学习，只好到黄炎培在上海创办的中华职业学校学习会计，为的是能谋个会计之类的职业养家糊口。不到一年，由于生活费用昂贵，被迫中途辍学，回到金坛帮助父亲料理杂货铺。在单调的站柜台生活中，他开始自学数学。他回家乡一面帮助父亲在"乾生泰"这个只有一间小门面的杂货店里干活、记账，一面继续钻研数学。

那时罗庚站在柜台前，顾客来了就帮助父亲做生意，打算盘、记账，顾客一走就又埋头看书演算起数学题来。有时入了迷，竟忘了接待顾客，甚至把算题结果当作顾客应付的货款，使顾客吓一跳。

因为经常发生类似的莫名其妙的事情，时间久了，街坊邻居都传为笑谈，大家给他起了个绰号，叫"罗呆子"。每逢遇到怠慢顾客的事情发生，父亲又气又急，说他念"天书"念呆了，要强行把书烧掉。发生争执时，华罗庚总是死死地抱着书不放。

1929 年，华罗庚受雇为金坛中学庶务员，并开始在上海《科学》等杂志上发表论文。1929 年冬天，他得了严重的伤寒症，经过近半年的治疗，病虽好了，但左腿的关节却受到严重损害，落下了终身残疾，走路要借助手杖。华罗庚开始他的数学家生涯时，仅有一本《代数》、一本《集合》和一本缺页的《微积分》。

华罗庚上完初中一年级后，因家境贫困而失学了，只好替父母站柜台，但他仍然坚持自学数学。经过自己不懈的努力，19 岁那年，他的《苏家驹之代数的五次方程式解法不能成立之理由》论文，被清华大学数学系主任熊庆来教授发现，邀请他去清华大学；华罗庚被聘为大学教师，这在清华大学的历史上是破天荒的事情。

1936 年夏，已经是杰出数学家的华罗庚，作为访问学者在英国剑桥大学工作两年。而此时抗日战争的消息传遍英国，他怀着强烈的爱国热忱，风尘仆仆地回到祖国，为西南联合大学讲课。华罗庚十分注意数学方法在工农业生产中的直接应用。他经常深入工厂进行指导，进行数学应用的普及工作，并编写了科普读物。华罗庚也为青年树立了自学成才的光辉榜样，他是一位自学成才、没有大学毕业文凭的数学家。

他说："不怕困难，刻苦学习，是我学好数学最主要的经验。""所谓天才就是靠坚持不断的努力。"华罗庚还是一位数学教育家，他培养了像王元、陈景润、陆启铿、杨乐、张广厚等一大批卓越的数学家。为了培养青年一代，他为中学生编写了一些课外读物。

▌二、读书使人看到世界之美

（一）通过读书去认识世界、认识自己

"我坚信，少年的自我教育是从读书开始的，这种自我教育就是他要用最高尚的标准——英勇的、忠于崇高理想的人的生活，来衡量自己。如果在少年的精神生活中只有课堂教学，听课和读书的目的仅仅是为了识记，那么就不可能有自我衡量和自我认识。"[1]

"如果一个人在学生时代就热爱读书，学会根据书去认识周围世界和认识自己，只有在这样的条件下，才有可能进行自我教育。"[2]

---

[1] 苏霍姆林斯基，育人三部曲［M］，人民教育出版社，1998 年出版：465.
[2] 苏霍姆林斯基，育人三部曲［M］，人民教育出版社，1998 年出版：472.

"自我教育和个人的精神生活是从书本开始的。……为了培养一个人能在精神上独立生活，必须把他引进书的世界。书应该成为每一个学生的良师益友和明智的教导者。我认为，使每一个学生在小学毕业时能向往单独与书相处——向往默想与沉思，是一项重要的教育使命。单独与书相处并不意味着孤僻。这是思维、情感、信念和观点的自我教育的开始。"①

自我教育从低向高发展，达到信念、观点层次的时候，书籍——这个人类文化精华的载体，是一个人独立思考时不能缺少的朋友。

（二）不要做"两脚书柜"

读书能够影响人的一生，但是不能决定人的一生。这点非常重要，因为从古至今，的确有些人错误地理解了读书，误以为读书可以决定人生，于是就单纯地埋头读书，"两耳不闻窗外事，一心只读圣贤书"。结果呢？一生一事无成。古今中外都有这样的可怜虫，他们"满腹经纶"，说起道理来引经据典，头头是道，可惜，没有做成功一件实事。人们就给这样的人，起了一个"两脚书柜"的外号。

"两脚书柜"满肚子都是知识，为什么会一生一事无成呢？不是说"知识就是力量"吗？

原因是知识并不一定是力量，只有运用知识去改变了世界，才能体现出力量。一个人，只有通过自己的力量，运用知识改变客观世界，为人类造福，人生才有意义，这才叫达到了美的境界。

人文学者余秋雨认为，当前读书最大的问题是无选择地滥读，这个问题不仅知识分子会遇上，普通人也会遇上。许多人仅仅听说某本书有名，就读了。更糟的是网上阅读占据了大量时间。有人认为读书不是坏事，因为开卷有益，但大量的信息对绝大多数人来说，并不需要。古人赞扬一个人学问好，用"学富五车"这个词，可古人"五车"的书，信息量可能不及现代薄薄一本小册子。当今流水一样的信息对人的好处不多，却占据了宝贵的时间。

作家哈默顿认为："阅读的艺术，就是怎样适当地略过不必要阅读的部分。"

水稻专家袁隆平主张："多看书，但不迷信书。"古时候孟子也说过："尽信书，不如无书。"

被人们称为当代毕昇的王选，根据他的人生经验指出："经常看大量文献，但不干活的人，会出一些馊主意！经常看大量文献，也干活的人，洞察力比较强。"

余秋雨向爱书者建议："要精读书，有选择地读，千万不要滥读，对不爱读书的人，

① 苏霍姆林斯基，育人三部曲［M］，人民教育出版社，1998 年出版：214.

我劝他多读，而对爱读书的人，我劝他要少而精。像读推荐书目是个办法。还有一个办法是交一些文人做朋友，请他们推荐。此外，在一个时期，集中读某一方面的书，这样才能读得精、深。过量的、无用的书会成为心灵的垃圾。"

（三）读书也有陷阱

现在"阅读，变成了'悦读'。阅读变成了一种让人轻松的'精神按摩'。这样的阅读已不再承载更深刻的思想和沉重的文化使命。同时一些人在'悦读'中还会染上对知识、对历史不恭的游戏状态。'娱乐化解读'和'恶搞'的游戏一样，最突出的表现为：戏拟经典故事，将历史遗产颠覆为一种'大杂烩'东拼西凑之后的取悦品"①。

作家张阿泉认为：当我们知道哪些书是值得细读的好书时，确实已无可挽回地读了许多没有价值的烂书，像人生一样。但这也是必须经过的"历练"阶段，与人的成长类似。

我认为最没有价值的书，大致包括以下几种：①为迎合时尚口味、赚取金钱而大量炮制、肉麻吹捧的垃圾畅销书（动辄百万册）；②包装精美而实际上反复炒冷饭的各种励志成材类书；③创造力降低、缺少新作而又不甘寂寞的作家学者，用排列组合法组装出的各种名目的作品选本；④浮躁明星、新闻人物的注水式泡沫式自传；⑤为评定职称而掏钱自印的枯燥论文集或空洞理论专著；⑥古典名著的粗俗白话译本。

有大量的所谓"书"，徒具书的外形，内里没有书的内核和灵魂，我们姑且称之为"印刷物"。这样的书虽暂时风光一时，抢占眼球，甚至赚得钵满盆满，但寿命往往像餐巾纸一样短，会迅速流落到地摊或废品收购站，"得其所哉"。

▌三、全家共读一本书，每天共读一篇美文

在家庭中，培养读书习惯是一项战略性质的任务。一个孩子如果养成了读书习惯，就是为他打下了一辈子不断进取、健康成长的基础。

比尔·盖茨从9岁起，就经常"泡"图书馆了，他花了大半年的时间将《世界百科全书》从头读到了尾，并因而对数学和自然科学大感兴趣。渐渐地，老师们发现盖茨与别的孩子越来越不一样，他的观察能力和组织能力出众，知

---

① 蒂尼，警惕"娱乐化解读"[J]，光明日报，2010-12-27.

道的事情特别多，特别是在写论文时，别人只能交两页，他却可以毫不费力地写满 14 页。

比尔·盖茨从小就在图书馆当志愿者，长期为同学们服务，学生时代的这个工作，对他后来从事慈善事业产生了深刻影响。

有的家庭，有一个非常好的习惯，这个好习惯，不但能够慢慢提高家庭中每个成员的素养，还能够使全家人关系和谐，生活充实，心情愉快。

做法其实很简单——每天全家共读一篇美文。做好这件事有三个关键：一是选择好文章。文章不要长，但要美，可以从《读者》或各种文摘中选取；二是尽可能大家都参与朗读，可以由大人示范，也可以孩子带头；三是读完以后，趁热打铁，大家七嘴八舌地议论议论，互相启发，相互补充，不需要取得一致观点，或者做什么结论。

全家共读一本书也很有意义。根据孩子的年龄，可以选择不同的书读。孩子小的时候，亲子共读一本绘本。孩子长大了，亲子可以共读一本经典著作，然后展开认真的讨论。

这样做的家庭都发现：天长日久，大家的视野开阔，看问题有了深度，而且孩子对读书感兴趣了，甚至作文水平也提高了。

家庭中的读书非常重要。教育家斯宾塞曾经说过这样一句意味深长的话："皮鞭抽打和父亲走 30 里路为孩子买书，哪个成为孩子学习的动力？"

有的家长常常强调工作忙，没有时间读书，苏霍姆林斯基对症下药的回答是："如果你想有充裕的时间，那你就每天读书。"

另外，家庭中的读书不能孤立进行，一定要同时开展丰富多彩的活动，才能取得效果。"没有产生美的创造性劳动，没有童话和幻想、游戏和音乐，就不能想象阅读能成为孩子精神生活的一个方面。"[1]

下面这位家长，生动地描写了他们家庭的共读——不但共读，还共同表演。

满足孩子的小小需求[2]

寒假很短，老师布置的作业却不少。孩子上二年级，光是要求必读的书就有好几本。眼看春节就要到了，孩子要看的书还没有买。对于我这个上班族妈妈来说，7 天的假期实属难得，我想放松放松。于是我把买书的事情，推给了孩子他爸，叮嘱他先买"必读"书，"选读"书征求孩子的意见，感兴趣再买；要是拿不定主意，就给我打电话。

这天，孩子他爸带孩子去买书。果然，电话响了："那本必读的《逃家小

---

① 苏霍姆林斯基，苏霍姆林斯基选集（第 3 卷）[M]，教育科学出版社，2001 年出版：266.
② 载其平，满足孩子的小小需求 [J]，父母课堂，2017（9）.

兔》是绘本，内容很少。是让孩子在书店看看就好，还是买回去?"随之传来的还有孩子的嚷嚷声："必须要买，必须要买!"我与孩子僵持一阵没有说服他，最终同意让他买了这本书。没想到的是，接下来的情况颠覆了我的认知。

那天刚到家，孩子就迫不及待地向我汇报了买书的事:"……加上其余4本书，一共用了147元钱。"他还得意地对我说:"妈妈，我把《逃家小兔》都看完了，太精彩了! 我讲给你听听。"他把书放到我面前。我自然是先观其表：售价28元的书，却只有薄薄的20多页。我心里嘀咕着，果然如孩子他爸所说，内容很少。但看着孩子的认真、兴奋劲儿，我不忍扫兴。

孩子讲得手舞足蹈、绘声绘色。话毕，他对我说:"妈妈，我还想再看一遍。"这不经意的一句话触动了我的心弦。我忍不住说:"把书给妈妈拿来看看。"细细看来，精致的封面、精美的插图、精练的文字，着实是一本连我都喜爱的书。

我捧着儿子的脸说:"妈妈当兔妈妈，你当小兔，我们一起读。"孩子欢喜地答应了。我们投入地扮演着故事中的角色。读到动情之处，他还不失时机地向我眨眨眼睛，嘴里读出的是文字，心里感受到的却是浓浓爱意。正如书籍推荐所述"这个故事简单得不能再简单了，简单到了只剩下几段对话。但就是这几段对话，却让世界上的人都为之着魔"。

从书中，我们都体会到了兔妈妈的爱。合上书本，我向孩子表明了我的态度:"我也要做兔妈妈。"孩子捣蛋地说:"那我就做让你抓不住的小兔。"

买一本"精贵"的书回家，放在孩子触手可及的地方，他可以一遍遍重温。坐在孩子身边，陪他一起读一个感人的故事，他会久久难忘。

想想当时为"买与不买"与孩子僵持，我忍不住汗颜。这次经历给我上了生动的一课。孩子成长道路上的每一个需求、每种行为，都自有归因。我们要正视孩子的需求，因为孩子好习惯的培养、优良品质的铸就，有时就在不经意的一瞬间。

四、网络时代读物的选择

网络上有铺天盖地的信息，也有相当多的图书，我们每个人时间都有限，应该怎么选择? 大致有以下四个方法:

(1)走对门。读原著，选择高质量有品位的刊物、网站——如《新华文摘》;可以关注自己喜欢的公众号等。

（2）选对人。如研究自我教育，就多读苏霍姆林斯基、李晓文的文章；带着欣赏的眼光，带着交流探讨的思考，多看层次上高于自己的智者的文章。

（3）弃垃圾。网络上的花边新闻，尽量不看。

（4）尝百味。重要方面的内容，要多看各方面意见；多看看前沿研究，多读经典人物传记的图书或网络文章，但要有自己的对比、思考和发现。

读书八悟

一、读书应该成为一种生活方式。人类的智慧通过书籍交流传承，现代人一天不能离开读书。

二、读书的关键是与实践结合。人的发展离不开实践、学习、思考、交流四个环节。读书是为了投入改造世界的实践。千万不要成为"两脚书柜"，只读不用，古今中外都有这样的可怜虫。

三、读书要思考与写作。不但结合实践去思考，而且尽可能写出来，这个过程有助于思考的严密与提升。

四、读书与交流要结合。现代人的发展更需要、也有条件进行广泛的交流，在碰撞中升华集体智慧。

五、读书必须学会选择。信息时代，书籍多如牛毛，不会选择则会陷入知识的泥潭。不好的书要立刻扔掉；相互推荐的好书，要尽力去读。

六、读书要兼顾精与博。有些书需要涉猎广泛，避免盲人摸象；有些书必须精读、反复在实践中检验。我精读《矛盾论》《实践论》收获最大。

七、哲学书不可不读。哲学是人类思想的精华，读哲学有助于将人生的实践与学习统领起来，跟上时代。

八、读书要善于运用时间。要科学合理的运用好时间，保证长期坚持，每日阅读。

第十五章
家庭劳动与美

劳动生产了美。

——马克思

■ 一、在家庭劳动中体验美

每一个孩子，首先是在家庭劳动中体验到美的。从自己动手叠好自己的被子，整理好自己的玩具箱体验到美；长大了，为爸爸、妈妈制作生日礼物，为全家炒的第一盘菜，美就在心中慢慢地萌芽、壮大。孩子在家里参与的劳动，不但要含有一定的知识，还要带有一定的游戏因素，最好要有趣味性。

苏霍姆林斯基曾经指出："广义的游戏始于有美的地方。但由于幼儿的劳动不可能没有审美因素，因此，幼年时期的劳动活动同游戏紧密相连。"①

有一个小学三年级的孩子，曾经给我介绍过，他们家的劳动非常快乐。他说家里的每个人都有分工。这个孩子在家里被戏称为"洗碗机"，因为他主要负责刷碗；妈妈被称为"洗衣机"，因为妈妈负责洗衣服；而爸爸的名字是"电饭锅"，因为爸爸主要负责做饭。

在他们家里，劳动变成了一种乐趣，即使刷碗也不是很枯燥，他们有时三个人一起刷。爸爸负责刷，妈妈负责冲水，孩子负责把碗摆起来。他们还经常唱着歌，有节奏地去做这件工作，好像一个带表演的三重唱，把这个家务劳动

---

① 苏霍姆林斯基，育人三部曲［M］，人民教育出版社，1998 年出版：102—103.

变成了一件非常愉快的事情。

这样做，孩子就会很愿意参加劳动，而且能高兴地看到他们劳动的明显效果。

苏霍姆林斯基还指出：培养和发展 7—11 岁儿童的美感，同劳动活动有着特别密切的联系。孩子们爱好劳动并希望在劳动过程中，创造出美好的、不同寻常的东西来。我们认为，对儿童的这种自然的意向，应当千方百计地加以发展。我们组织教育工作时，要注意使低年级学生的劳动活动充满美育的因素。[①]

苏霍姆林斯基在这里强调，儿童的美育和"劳动活动有着特别密切的联系"，并不是仅仅通过艺术教育。我们还要千方百计地加以发展他们在劳动中创造出美好东西的愿望，引导他们在这个过程中，表现美，创造美。

苏霍姆林斯基在他的教育实践中，创建了"美丽角"活动。在这个"美丽角"中，有时候是种植玫瑰，准备在母亲节送给母亲；有时候是种植苹果树，待苹果成熟的时候，送给村子里的老奶奶。这种活动操作简单，但是能够触动孩子的心灵。原因是每一个孩子在亲自照看"美丽角"的过程中，通过自己长期的、艰苦的、创造性的劳动，培育出一株花、一棵树，通过劳动成果看到自己的本质力量，使得精神世界出现巨大的变化。

二、劳动教育与其他教育的和谐发展

没有任何一种教育是可以单独起作用的，必须要把各种教育结合起来。家庭教育也应该如此。劳动教育自然离不开劳动，但是单纯的劳动并不是教育。过去这个教训太深刻了，现在如果不认真分析清楚这个问题，指导思想必然不够端正，加强劳动教育就很容易走过场。

苏霍姆林斯基曾经指出："劳动作为教育人的有目的的活动，是与其他诸方面的教育作用紧密相连和相互制约的，如果这些相互关系与制约的关系不能实现，劳动就会变成令人生厌的义务，不论对智慧还是对心灵都不会有何裨益。"

既然教育当中没有单独起作用的因素，我们就应该在最细微、最复杂的教育现象中，研究各种因素如何和谐发展。和谐发展当然不是拼凑，而是融合，相互促进。其中最重要的应该是智力劳动和体力劳动的和谐关系。

---

① 内容转引自苏霍姆林斯基，学生的精神世界［M］，教育科学出版社，1981 年出版．

过去就出现过一种局面，尽管我们组织了一些劳动的活动，学校也有一些劳动课程，但是这些措施并没有和其他的教育协调起来。实际上劳动和德、智、体、美都是有关系的，必须要善于把各种教育结合起来。

首先，在劳动教育里面有做人的教育，劳动可以带来美好的生活，劳动的成果可以为别人服务。其次，劳动和智育也有很大的关系。我们常说"心灵手巧"，苏霍姆林斯基也说过"智慧产生在指尖上"。最后，劳动和体育的关系更密切。通过劳动可以使自己的身体得到进一步的健康发展，能够强健体魄；通过劳动产生的成果，其中也有美的力量。

所以，不论是情感教育还是道德教育，都要和劳动结合在一起。如果不能很好地结合在一起，劳动就会变成一种苦役，就会变成被动的、指令性的活动。

家庭和学校如何在劳动教育上深度合作、和谐发展？为什么有的孩子在学校是劳动积极分子，在家里却是坐享其成的懒虫？这些问题绝不是靠布置家庭作业这类措施能够真正解决的。

家庭与学校要培养什么样的人，目的应该正确。如果为了考上清华北大而读书，面对再严格的劳动制度，家长和孩子也只会采取"对策"敷衍过去。家校合作最需要研究的是如何使劳动成为孩子最重要的精神需求。

劳动教育必须与各种教育内容和谐发展，正如苏霍姆林斯基在《育人三部曲》中所言："脱离了思想教育、智力教育、道德教育、审美教育、情感教育和体育的劳动，脱离了创造、兴趣和需求的劳动，脱离了学生之间多方面关系的劳动，就会成为一种劳役，孩子们只想尽快地'服完役'，以便有更多的时间去从事更有趣的工作。在许多学校中劳动没能成为一种精神上的需求，这是一个很严重的问题。"

形式主义的做法害死人。如果劳动教育没有与其他教育和谐发展，只安排单纯的劳动或社会公益活动，表面上学校和家庭好像完成了上级要求；让劳动单位盖个章，学生好像完成了规定的劳动时间要求，但是学生的精神世界没有发生变化，这样的活动有何意义？

还有，有的孩子在学校的时候，对于老师分配的劳动会任劳任怨地去做，但是在家里就常常偷懒，不想干。为什么在学校愿意做呢？其中一个原因，是老师掌握批评和表扬的"度"比较好。孩子是需要被肯定的，而家长有的时候就会忽略这个问题，觉得有些劳动是孩子应该做的，或者孩子做完之后家长还会挑剔，总能发现孩子做得不好的地方，这样孩子就会感到家长总是在批评自己。

当然还有另外一个问题，就是有可能孩子自己太过追求表扬。有的孩子为了追求表扬而去劳动，其实这是教育的失败，不能让孩子为了表扬而做事。这就要求老师和家长不要把批评和表扬本身当成了目的。

三、劳动教育必须激发自我教育

我们是多么希望劳动活动能作为教育和谐的强有力的发展措施，让孩子在创造性的劳动中发现自己、激励自己，丰富和提升自己的精神世界，通过自我教育，最终促使德智体美都得到全面的发展。到那时，我们的教育才谈得上是真正的教育。

被动的劳动和主动的劳动有本质的区别。劳动教育要想深入和触动内心世界，成为孩子自己的需要，关键是要激发孩子的自我教育。马克思有一句非常重要的话，是说劳动能够使人"在他所创造的世界中直观自身"。通俗地说，就是一个人通过劳动创造，可以不同程度地改变了世界。在这个创造中，他可以直接看到自己的本质力量，真正地发现自己。比如一个孩子亲手栽一棵树、种一盆花，天天劳动，看到它们茁壮成长，发现了自己的创造力量，为自己骄傲，这才是最好的自我教育。

自我教育绝不是自己在那里苦思冥想，而要通过劳动等实践活动去实现。苏霍姆林斯基曾经说："一个少年热衷于劳动，深入劳动中去，在劳动中克服困难、掌握知识、锻炼意志，这时他才开始进行自我教育。这是对少年的教育和少年的自我教育的重要原则。"

如果单纯依靠从上到下的布置和要求，学校和家庭的劳动教育很容易变成被动的劳动。只有重视激发孩子的自我教育意识和能力，根据不同年龄特点，发现和唤醒他们对各种劳动的兴趣和潜能，在劳动中不断地通过鼓励、反馈等互动环节，结合劳动过程中的各种体验进行价值引导，孩子才能得到自我成长，最终成为一个德智体美全面发展的人。

四、劳动教育应该注意的几个方面

我们国家和学校是十分重视劳动教育的。国家专门下发过相关的文件，2015 年 7 月，教育部、共青团中央、全国少工委印发了《关于加强中小学劳动教育的意见》，指出了当前劳动教育存在的问题，并就加强新时期中小学劳动教育明确了主要目标、基本原则、关键环节和保障机制。学校也开设有劳动课程。

但是，有些活动并没有深入孩子的内心深处去。其重要的原因是，我们教育者在贯彻劳动教育的时候，对劳动教育深刻性的认识有所欠缺。劳动教育应该注意哪几方面呢？

（一）培养劳动意识和能力

劳动教育的内容中应该有劳动意识的教育。劳动意识就是要让孩子尊重劳动、尊重劳动的成果。有的孩子对财力物力不爱惜，实际上都是对劳动成果的不尊重。还要教育孩子尊重劳动者，包括所谓工作性质比较简单、低等的普通劳动者。

除了劳动意识之外，还要在正确的指导下，有意识地培养孩子的劳动能力。现在的情况是：任务来了，就让孩子去参加一下劳动，任务完成了，就不再劳动了，没有整体的、特别长远的培养劳动能力的措施。

（二）培养劳动习惯

劳动应该变成习惯和责任。要把劳动意识、劳动能力和劳动习惯联系起来。

劳动教育更深入一步，是要培养孩子的劳动习惯，让劳动成为第一需要。要让孩子能够自觉地爱劳动，不需要大人的督促，这就需要进行更长期的工作。

目前由于认识上不够深刻，造成了措施上的不够全面。

有些劳动看起来就是简单的重复，容易让人厌烦。在这种情况下怎么培养孩子的劳动习惯呢？

这就需要从做人的角度，长远地来看待这个问题。其实学习有时候也是一件很枯燥的事情，如果看到未来的成果，学生就会知道目前这种枯燥也是一种准备阶段。需要引导孩子不能只看眼前。快乐教育宣传过分了，也容易产生片面性，学习也有艰苦的一方面，只不过在我们战胜了困难之后，会获得特殊的愉悦。

当劳动变成一种需要，特别是变成了一种精神需要的时候，对孩子来说，就不再是一种劳役。

如果孩子每天把屋子收拾得很干净，得到一种美感。在这个环境中就会对这些成果感到很自豪，无形当中就会有一种满足感。其实整洁和美是有一定联系的。每天都做这件事情，就会成为生活的一部分，成为习惯，愿意在整洁光亮的环境中生活。当劳动变成了一种需要后，对其就不会再有苦恼。家长可以进行引导，比如问孩子：你觉得是在这种环境中生活舒服呢，还是在混乱的环境中舒服呢？孩子就会慢慢有体会。对不干净的环境就会不习惯，说明在精神上有所提升了。

（三）劳动教育必须具有创造性

创造性是人的本质。创造，是人的一种不可少的需求，每个人在这种需求中找到幸福。对此，苏霍姆林斯基指出："当一个人感到自己是创造者的时候，他就竭力想变得比现在更好。人在童年，在即将成为少年之前，就意识到自己的创造力和才能，这意义是非常重大的。这个自我意识，也就是个性形成的实质所在。"

"人在通过劳动认识世界的同时创造美，从而确立起对劳动、创造和认识的美感，这时才能达到劳动与'情感—审美'教育的统一。创造劳动的美，这是一个完整的教育领域，遗憾的是，这同样是教育学上一块未开垦的处女地。"苏霍姆林斯基的遗憾，也许就是我们发展劳动教育应该继续深入探索的方向。

劳动的创造性也是要贯彻在劳动教育当中的。如果劳动不能带来创造，劳动就会失去价值，也不会让孩子产生兴趣。要让孩子在贡献出自己的力量之后，能够看到劳动的创造性的成果。比如有的家庭里设立"美丽角"，内容由孩子自己选择，这就带有了主动性。有的孩子选择了一盆花，要每天去照看。想尽各种办法让花长好，这里就有主体的创造性。或者通过劳动，使得原先很脏很乱的环境变得干净整齐，这也有创造性的成果。孩子看到这种劳动的成果心里一定很高兴，劳动创造性的内容，会让人产生幸福感。

（四）体力劳动和脑力劳动是相辅相成的

学习当然也是一种劳动，但是一个学生如果全部进行的是脑力劳动，所学的知识都是从书本上得来的，获得的就都是间接经验。当我们需要直接经验的时候，就要亲身参与劳动来实现。只有当亲身参与劳动之后，脑力劳动的设想蓝图才能在实践中得到实现，智慧产生在指尖上。

同时，体力劳动也是需要动脑筋的。人类的体力劳动越来越复杂，和脑力劳动的结合越来越紧密。特别是现在这个时代，随着电脑和网络的出现，很多体力劳动都升级了，特别需要用脑力劳动来实现劳动的高效率。

孩子在家里进行体力劳动，家长要不要给钱？有的孩子刷个碗家长给5角钱，扫个地给1元钱。有的时候这样做的效果确实立竿见影，但是从教育的角度来讲，这个方法不可取，这不是教育的目的。我曾经和一些家长讨论过这个问题，比如说孩子给姥姥捶背，要给2元钱。那么孩子的目的是爱姥姥才给姥姥捶背呢，还是为了这2元钱给姥姥捶背？

在西方有些国家孩子给家里剪草坪，父母会付他钱，其实这是两种不同的情况。我们是这样区别的：自理劳动、家务劳动是孩子分内的事情，家长就不应该给钱。本来就必须要花钱做的事情，例如剪草坪、刷墙等，如果孩子愿意承担，就可以给他钱，因为这种劳动也是花钱雇工人来做的。既然是付费给孩子，家长就要检查他劳动的质量，以及是否全部完成等。从小参与这种劳动，对孩子也是一个很好的锻炼。

▌五、劳动教育的内容和方式要分龄设定

劳动教育要根据家庭的具体情况，同时还要看孩子的年龄。一方面劳动是孩子需要参加的，另一方面也要是孩子力所能及的。

就家务劳动来说，孩子比较小的时候可以让孩子在吃饭前摆筷子、搬椅子，再大一些学会刷碗，然后慢慢开始学着做饭，要根据孩子的年龄特点来给他安排，在这个过程中，最主要的是让孩子学着做一个主人，培养孩子的主体性意识。

有位家长给我讲过一个有趣的例子。有一个孩子不好好吃饭，于是他的家长就想出了一个办法，让这个孩子做吃饭的"总指挥"。开饭了，孩子给每个人安排饭菜。每个人坐在哪里，也由他来决定，让他有主人翁的感觉。这时候孩子不但自己要吃好，还要监督别人好好吃饭。家里人都很配合他，时间长了，孩子也就好好吃饭了。这就是劳动教育的技巧与智慧。

面对低年级的孩子，就不要把他们的劳动和游戏看得非常对立。在孩子的小学阶段，有的游戏实际是带有劳动性质的。当然由于孩子的年龄还小，他们不会像成人那样有意识地认为自己是在参加劳动。孩子有时在游戏中，化身为从事某一种职业的工作者的时候，这里面其实有劳动的概念。游戏里面孩子当"医生"，就要动脑筋。不能简单地认为孩子只是在玩而不予以重视。

反过来说，孩子的劳动其实也可以有一些游戏性质、游戏成分。这样做会提高孩子的积极性，不要把两者绝对地对立起来，相反，两者结合起来，孩子可能会更有兴趣。这也比较适合孩子的年龄特点。

▌六、让劳动成为孩子的精神需要

劳动教育欠缺的现象，在有些家庭是存在的。因为在有些家长的心目当中，还是把孩子的学习成绩放在首位，认为孩子参加劳动会花费很多时间精力，有这个时间，还不如让他去上个课外班。

我们也看到了一些资料，一组小学生每日家务劳动时间数据显示：美国 1.2 小时，韩国 0.7 小时，英国 0.6 小时，法国 0.5 小时，日本 0.4 小时，而中国只有 0.2 小时，即每天仅 12 分钟。比较下来，我们国家孩子的劳动时间是最短的。

当然，现在越来越多的家长已经很理智了，明白教育的目的是培养一个真正的人，一个幸福的孩子，而不是单纯地追求学习成绩，要把孩子的全面发展放在首位。也有的

家长认识到劳动是很重要的，只是不知道怎样教育更合适，尤其是怎样把劳动变成孩子的精神需要。

每天的家务劳动本身就是一种比较单调的事情，怎么让孩子感到美呢？青年舞蹈家邱思婷说过："如果你深爱一件事，所有的折磨都会变成享受。"看来，必须让孩子心甘情愿地爱上劳动，因为心甘情愿才是美。

在承认单调乏味的基础上，还能让孩子不排斥劳动。这就需要让孩子发现自己的本质力量。有创造性的成果，孩子就会有兴趣，可以减少劳动带来的枯燥性。这就是马克思说的，人在自己创造的世界中看到自己的本质力量——主体性、创造性。

有的学校开展了高年级带低年级的读书活动，发现有的高年级后进生非常卖力地"备课"，因为第二天他要辅导低年级小同学。通过他的辅导，小同学进步了。在小同学身上，后进生看到了自己创造性劳动的成果，发现了自己的"本质力量"，就会越来越喜欢这种教学劳动，从而也带动了他自己的学习热情。

现在学校里面是有劳动课的，但是，家庭如何配合进行教育，目前也存在着问题。

我记得以前的劳动课本当中，一年级的孩子有擦皮鞋这个任务，当年我也进行了一些家访，发现孩子完成得还是很好的——每天能把爸爸的皮鞋擦得亮亮的。后来我再去家访的时候，孩子已经不帮爸爸擦皮鞋了，因为这课已经结束了，任务也就没有了。劳动课的目的应该是把孩子能力训练成功后，就让它变成一种习惯。现在的问题是上课的时候做这件事情，课程结束了就放弃了，作业不能延续下去。也就是说，劳动完全变成了一种任务，而不是一种习惯。劳动应该变成习惯和责任，要把劳动意识、劳动能力和劳动习惯联系起来。我们的劳动课可能培养了能力，但是没有形成习惯。这是我们的教育考虑不够周到的地方。如果让孩子把劳动变成了一种习惯，也是有利于亲子关系和家庭和谐的。

家长有的时候会心软，会心疼孩子，不希望孩子受累。其实聪明家长的做法是——孩子进一步，家长就要退一步。我认识一个家长，她家孩子上初中以后学会了做早饭。妈妈觉得既然孩子学会了，就每天做吧。她认为只有这样，孩子的能力才能发挥。这个妈妈每天工作到很晚，睡得晚，第二天起得也比较晚，所以就把做早饭的事情交给了孩子。孩子也很自豪，感到了在家里的地位，有了一种被需要的感觉。

家庭还要支持孩子参加公益性的劳动。劳动和时代的发展有很大关系。洗衣机、洗碗机等许多家电及机械化的发展代替了人工劳动。我们对孩子的劳动教育就不再仅仅限于我们能够认识到的东西。现在的孩子除了家务劳动和学校劳动之外，还会参加一些公益性的劳动。这种公益性的劳动，对孩子劳动意识的培养范围可能会更宽一些。公益劳动很有价值，有助于孩子了解社会和人与人之间的关系。孩子在敬老院、孤儿院等地方的劳动，对他的一生都会有很大的影响。敬老院里的老人过去都是一些劳动者，他们可以给孩子讲，为国家为社会做过哪些贡献。老人也是一种财富，他们的经历是宝贵的教材。劳动的观念应该在孩子的脑子里面始终存在，这是家庭教育的一个重要目的。

第十六章
营造家庭独特之美

性爱是人类保留的最深层次的动物本性。因此，人在性爱上最能表现出不同于动物，也就是仅仅在深层次有着动物本性，更多的是和动物有着本质不同的一种更高层次的爱。

——马克思

本书最后一章探讨的是家庭美育如何走向更高的层次，那就是要积极营造家庭的独特之美。

一、和谐——家庭需要接纳、理解

恩格斯在一百多年前，曾经预言未来的婚姻：这一代男子一生将永远不会用金钱或其他社会权力手段去买得妇女的献身；而妇女除了真正的爱情以外，也永远不会再出于其他某种考虑而委身于男子，或者由于担心经济后果而拒绝委身于她所爱的男子。①

这也就是说，除了爱情，婚姻不应该有其他原因。这一点是家庭和谐的基础。

马克思说过："性爱是人类保留的最深层次的动物本性。因此，人在性爱上最能表现出不同于动物，也就是仅仅在深层次有着动物本性，更多的是和动物有着本质不同的一种更高层次的爱。"

爱情是人类所特有的，也只有人类能把它提升到永无止境的高度。一个能够不断突破并创造出新的高度的人，才是世界上最幸福的人。

如果一个人在为对方付出的时候，心甘情愿，感到幸福，这一定是在爱着。

---

① 马克思、恩格斯，马克思恩格斯选集（第4卷）[M]，人民出版社，1972年出版：79.

但是，建立家庭究竟要复杂得多，仅仅有爱情还是不够的。况且在两个人建立家庭的时候，往往都比较年轻，要想达到和谐之美，还需要有一个过程，甚至是艰难曲折的过程。

两个同样声称自己是最忠诚于爱情的人，有时竟然会反目为仇。究其原因，原来是他们各自对爱情的理解相去甚远。

家庭的和谐之美，绝不是自然而然形成的，它需要大家的积极经营，根据许多家庭的经验教训，大致可以从四个方面逐步接近理想状态。

（一）沟通

现代的婚姻是自由、自愿、自主结合的，夫妻两个人是由于两情相悦，才走到一起来的。这种心甘情愿是非常重要的基础。但是这并不等于有了基础就一劳永逸，双方必须善于经营婚姻，就是要在烦琐复杂的家庭生活中，继续加强情感的沟通。

爱情是最高尚和最复杂的情感。泰戈尔说过："爱情的最高境界——眼睛为他下着雨，心却为他打着伞。"他歌颂爱情的最高境界是："不仅有心心相印的情感，而且有心甘情愿的自觉行动。"

动物只有性，没有爱情。那些因追求对方被拒绝而杀人，或者为金钱而委身于人，都不是爱情。

有学者指出："爱情是两个独立的人才会有的东西。"所谓独立的人，就是具有主体性（人的最高本质）的人，也就是具有成熟的正确的价值观，才能够有真正的爱情。

在爱情的基础上，还需要经常沟通。沟通为什么能够使家庭更加和谐？正像培根所说："如果你把快乐告诉一个朋友，你将得到两个快乐，而如果你把忧愁向一个朋友倾诉，你将被分掉一半忧愁。"可见，加强沟通，可以使家庭的快乐倍增，还可以使家庭中的忧愁锐减。何乐而不为呢？

有的人强调夫妻两个人的性格不同，职业不同，兴趣不同，怎么能够愉快相处呢？那么，就请看下面这对夫妻是怎么做的吧！

都说相爱容易相处难。有千难万难，谁都绕不过的，是如何求同存异。周有光和张允和性格不同、兴趣也不一样。有光搞现代化研究，推广汉语拼音，也顺带喜欢喝点洋气的咖啡；允和是大家闺秀，自幼学习古文，喜欢昆曲，绿茶才是她的真爱。

晚年时，他们常常同在一间房间，他在这头研究语言，她在那头听听昆曲。每天两个中场休息时段，上午十点来一道茶，下午三四点则上一道咖啡。喝时两人还要把杯子高高举起碰一下，张允和有碰杯四部曲，举——起——敬——

收。两人又戏称这是"举杯齐眉"。两个老顽童，每天都要这么相爱相敬，撒几把甜死人的狗粮。①

（二）妥协

诗人余光中有一句名言："家是讲情的地方，不是讲理的地方。"猛一听，这句话好像很不靠谱。有的人甚至写文章进行了批评。其实，批评者忘记了，家庭是一个特殊的共同体——是为了共同的情感走到一起来了。余光中曾经做了这样出色的解释："其实，不是不讲理，而是不用讲理。""夫妻相处是靠妥协。婚姻是一种妥协的艺术，是一对一的民主，一加一的自由。""爱是可以化解矛盾的。"

为什么有的夫妻遇到矛盾不能妥协？一个重要的原因是夫妻双方尚未成熟，没有完全成为精神上独立的人。"爱情是两个独立的人才会有的东西。"独立的人，就能够自主地经过妥协，解决两个人遇到的问题。余光中和他的妻子就是两个成熟的、独立的人。

诗人余光中与妻子范我存结婚 61 年，庆祝了他们的"钻石婚"，两人相知相惜，互信互补。诗人对美满婚姻的心得为：家是讲情的地方，不是讲理的地方，夫妻相处是靠妥协。

范我存小名"咪咪"，是余光中的远房表妹，两人相识超过 70 年。余光中曾说，钻石婚必须两个人合作，如果其中有人先走，无论是离婚或早夭都不能成，得两个人都长寿，且不分离。

结婚 61 年，夫妻几乎没吵过什么架。范我存说，因为彼此的兴趣、价值观差不多，这可能与成长经验有关，两人都是童年逃难，历经抗战、内战。"我们是抗战儿女。"也许是经历过那一代日子，对很多东西都比较珍惜。一直到现在，两个江南人私下说着话，用的还是四川音。

余光中表示，结婚的理想是追求幸福，是妥协的艺术，各让一步。夫妻曾为十几对新人作福证，他总会准备一本英国剧作家王尔德的喜剧中译本"理想丈夫"，勉励新人相互体谅，白头偕老。

作家张晓风，曾形容余光中是众人汲饮的井，而范我存，就是那位护井的人。②

余光中提出的"各让一步"，就是一种"妥协的艺术"。家庭里的和谐，更多的是来

① 本文转自公众号：国馆。
② 中新网，12 月 14 日。

自妥协、包融、理解。这样做，看起来太曲折、不干脆。但是经验告诉我们"两点间最短的距离并不一定是直线"；英国军事理论家哈利也说过，在战略上，那漫长的迂回的道路，常常是抵达目的地的最短途径。所以妥协是经营家庭生活中，一个十分重要的策略。

（三）接纳

印度诗人泰戈尔用诗的语言写出了接纳的心态——"若是你给我一朵残花，我也要把它放在心上。若是那花上有刺呢？我就忍受着。"

婚姻千万不要过于理想化。回到现实，中国处于社会主义初级阶段。既然是社会主义初级阶段，物质生活不可能太丰富：精神生活也同样不可能达到高级阶段，不充分、不平衡是客观情况。这就要求我们避免完美主义，决不能把爱情和婚姻建筑在空想的基础上。

一方面，在寻找对象阶段，主要应该看对方发展——包括发展方向和发展潜力。要重视发现物质和精神上的"潜力股"；另一方面，在组成家庭后，要共同去为幸福的家庭奋斗。钱氏家族几千年繁衍至今，之所以成为经久不衰的望族，他们的经验值得学习。

钱氏家族还有一个秘诀，就是"优化组合"的婚姻原则。钱氏子孙的婚姻观，相对于家世、财富，更看重配偶的家庭教养和个人素质，"娶媳求淑女，勿计妆奁，嫁女择佳婿，勿慕富贵"，细数近现代钱氏家族的配偶身份，大多遵循这一原则。

最著名的莫过于钱锺书、杨绛这对传世伉俪。插一个小故事，当年钱锺书应胡适之邀到清华大学教书，杨绛恰恰是班里唯一的女学生，初次见面，杨绛眼中的钱锺书身着青布大褂，脚踏毛底布鞋，戴一副老式眼镜，眉宇间"蔚然而深秀"。当时两人只是匆匆一见，甚至没说一句话，但当下都彼此难忘。之后钱锺书写信给杨绛，约在工字厅相会。一见面，他的第一句话就是："我没有订婚。"杨绛答："我也没有男朋友。"从此两人便开始鸿雁往来，"越写越勤，一天一封"，直至杨绛觉出："他放假就回家了。（我）难受了好多时。冷静下来，觉得不好，这是 fall in love（坠入爱河）了。"后来两人举案齐眉，伉俪情深，共同到欧洲留学，这也是一段传世佳话了。①

---
① 张嘉文，链接：http://www.jianshu.com/p/f09f10d535df。

（四）积极互动

十个指头不一般齐，一个家庭中各个成员不可能完全一致，这就需要通过家庭中的各种活动，进行积极的互动，在交流、沟通中逐步走向和谐。

要是一味地想按照自己的理想模式，来改造对方，是傻人；但是认为自己是不可改变的，不善于不断完善自己的人，则是更傻的人。

积极互动有什么内容呢？有人说："理解和信任，使爱情持久；善于欣赏对方，则使爱情甜蜜。"每一个人都客观地存在着优点和缺点，如果整天盯着对方的缺点，就会越看越不顺眼，越看越不愉快。所以夫妻双方首先要善于发现和欣赏对方的优点。用审美的眼光，在对方身上看出美的萌芽特征。

苏霍姆林斯基对婚姻和爱情有许多精辟的见解，下面的引文虽然是针对未婚青年写的，但是对于已婚而仍然继续恋爱的双方，同样有借鉴价值。

"我们认为有必要使男女孩子们怀着深深的责任感，去对待他们相互之间的关系。恋爱自由需要最严厉的、最不容忍轻率行为的纪律和自我约束。只有善于把握自己的人，善于用理智控制本能的人，才能得到人类最大的幸福。只有在这样的条件下才谈得上恋爱自由。"①

"如果一个人崇拜马克思所描述的那个世界中最纯洁、最隐秘的东西——妇女、母亲、生儿育女，他才有可能认识爱情的美。没有这种认识，这个人就不可能懂得并具有人的修养。如果我们当老师的希望从学校里培养出来的人，没有一个是没有知识的，没有教养的，那么我们就应该在他们的少年时代，就是在他们即将成长为男人和女人的时候，使他们具有这样的认识。"②

"我们特别注意对女孩子进行教育。这种教育可以称为母性自豪感的教育。……我是一个女孩子，将来就是一位母亲。大自然和社会赋予我一项伟大的使命——在孩子身上重塑自我和我热爱的人，把人类所创造的一切优秀的东西都移植到他们身上。"③

在家庭里突出什么？突出爱情的美，让性本能走向深刻与高尚，追求以人类高层次的爱情所充实的美好生活，经过双方努力，婚姻生活最后要走向高尚，走向美。

家庭中的互动，除了夫妻之间的互动之外，全家的互动也不可少。

有的家庭有一个很好的习惯：在每周双休日，全家搞完大扫除之后，窗明几净，召开一个家庭民主会，不论大人小孩都可以互相表扬，也可以相互批评。下面是一个一年级小学生对家庭互动活动的赞赏。

---

① 苏霍姆林斯基，育人三部曲［M］，人民教育出版社，1998 年出版：535.
② 苏霍姆林斯基，育人三部曲［M］，人民教育出版社，1998 年出版：617.
③ 苏霍姆林斯基，育人三部曲［M］，人民教育出版社，1998 年出版：396.

2005 年 3 月 10 日　　星期四　F（大风）

家 tíng（庭）会议

我家开了一个家 tíng（庭）会议，我是家 tíng（庭）会议的 zhǔ（主）要人 wù（物），我提出了大家需要改正什么。比如 xiàng（像）爸爸禁止吸烟喝酒，妈妈禁止唠叨，禁止 gěi（给）我加作业，我禁止多看动画片和没耐心。我们 dōu（都）要 gǎi（改）正自己的缺点。我们 zhè（这）个会开得 hěn（很）有意义。

（北京香厂路小学一年级一班张雪娇）

据我所知，坚持家庭民主会的家庭，家庭关系越来越好，应该说这是中国家庭走向民主的第一步。我曾经问过学生："家庭民主会上你敢提意见吗？"学生兴奋地说："敢提，我昨天就给妈妈提了意见：妈妈，你给我加的作业太多，晚上 10 点都没有做完，今天上课一点精神也没有……"

"妈妈接受吗？"

"接受了，只是后来加了一句'都是为你好'。"

看得出，母亲暂时还不习惯这种民主生活，想用自己的"好心"来维护家长的尊严，但是这已经是不错的开始了。

最兴奋的是年轻的一代，有的孩子满脸洋溢着幸福说："以后，我有什么意见，就攒到民主会上去说……"

二、温馨——家庭是休息的港湾

人们把家庭比作征程中休息的港湾，颇有道理。人生好似一个征程，不能总是战火纷飞，马不停蹄。奋战之后，有一个温馨、雅静的环境，进行短暂的休闲、休整，实属必要。

人生不应该只追求生命的长度，还应该追求生命的宽度、厚度和浓度。所谓宽度是指生活的宽阔程度，实践面要宽，体验面要全；所谓厚度是指生活的深刻程度，不断探索生活的意义，逐步实现人生价值；所谓浓度是指生活的丰富程度，生活内容要色彩缤纷，生活视角要千回百转，生活味道要酸甜苦辣咸，五味俱全。

人的需要包括生存、发展、享用三个层次，生存是基础，发展是趋势，而加上享用，自己得到了自主的体验，才是真正意义上的生存。

实际上，生存、发展、享用是人生活动目的的一个完整的链条。因为人类的物质生活需要是有限的，人们越来越需要从物质生活之外去寻找精神的寄托。精神生活，包括快乐的休闲，包括人类自己发明的"节日"，对于人具有更高的享用价值。

过去，人们对休闲存在偏见，总是把休闲看作为工作服务的，仅仅承认"不会休息就不会工作"；甚至还有人把休闲看作纯粹消极性质的，以为休闲浪费了时间，好像只有从不休息的"工作狂"才值得敬佩。

其实，休闲是为生命而存在的，我们应该站在热爱生命的高度重新看待休闲。休闲不只解决身体的疲劳，而且可以赢得精神上的自由，解放生命的活力，使我们的生命潜能得到充分发挥。尤其是在今天，按照著名经济学学家雷厄姆·莫利托在《全球经济将出现五大浪潮》中曾经的说法：2015 年，人类将走过信息时代的高峰期，进入休闲时代，我们更应该重视休闲，把提高休闲质量和提升生命质量结合起来。

为什么生命需要休闲？家庭中的休闲，究竟能够使我们的生命得到什么？

家庭这个港湾与一般的居所并不一样，它至少应该有五个条件：享受独特空间，身体能够放松，精神得到休息，心灵全部放开，重新充电加油。

（一）享受独特空间

家庭作为港湾，房间不需要大，但需要是相对独立并具有温馨、雅静特点的。

从审美角度看，唐代刘禹锡的《陋室铭》所描述的，就有家庭作为港湾应该具备的几个条件："斯是陋室，惟吾德馨。苔痕上阶绿，草色入帘青。谈笑有鸿儒，往来无白丁。可以调素琴，阅金经。无丝竹之乱耳，无案牍之劳形。南阳诸葛庐，西蜀子云亭。孔子云：何陋之有？"

这个空间之所以独特，就在于一方面要满足家庭成员自身的需要，另一方面要满足家庭与社会交往的需要。会客厅可以展示全家福照片，有关家规、家训的条幅，大家喜欢的艺术作品。全家的客人来到，全体成员一起热情接待，而某一个成员的客人来到，其他成员礼貌性地打招呼，然后能够回到自己的空间，做自己的事情。

家庭空间的独特，还在于它既要满足家庭成员欢聚一堂互动交流的需要，又要满足成员中个性发展独立成长的需要。家庭中每个成员的相互联系，也不能过于随便，这也是"距离产生美"。例如想要进入其他成员的私人空间必须敲门，获得允许后才进入。

孩子需要什么样的空间？一方面他需要有一个安静的自己的空间，在那里读书、写作业，甚至在那里遐想。这时候，如果家长不知趣，一会儿送上一杯水，一会儿送上一个水果，一会儿伸过头去张望。其实这才是养成孩子不专心的"有效方法"。

更重要的是，有时候孩子还需要一个有人陪伴的空间。有一个孩子婉转地对妈妈表达了这个要求：

> 有一天，妈妈和孩子躺在床上要睡觉了，孩子突然向妈妈发表了一通有趣

的议论。

孩子说："妈妈，我喜欢头齐脚不齐，不喜欢脚齐头不齐。"

妈妈问："你说的什么意思？跟绕口令似的，妈妈听不懂。"

孩子说："现在咱们俩躺在床上，两个头并齐，而您的脚伸得远远的——这就叫'头齐脚不齐'；早上您送我上学，咱们俩的脚能够并齐了向前走，可是我个子矮，和您的头没法看齐——这就叫'脚齐头不齐'。"

妈妈又问："那你为什么喜欢头齐脚不齐？"

孩子回答："躺在床上'头齐脚不齐'和您好聊天呀！上学的时候'脚齐头不齐'，要想和您聊天，就得抬着头，伸长了脖子使劲喊，甭提多费劲啦！"

（二）身体能够放松

一个人拖着疲惫的身体回到家中，紧绷的身体，盼望着立刻能够放松，开始有效的休息。有的人，听听莫扎特的《安魂曲》，或者二胡曲《二泉映月》；有的人喜欢补看一部优秀的电影；也有的人，喜欢泡一杯茶，读一本早就想读的小说。

当然，真正的放松应该是进行体育活动，而且体育活动最好是父母和孩子一起进行。因为只有两代人在一起进行体育活动的时候，那些代际差异、权威都无法存在。体育活动中，无论是打球还是下棋，都是有规则的，人人都必须遵守。不能因为你是爸爸，就有特权，这时候才是真正的平等。

要做到这些，关键是思想要真正想通了。尤其是"工作狂"必须彻底想通，在这里，表面上牺牲了时间，实际上赢得了更多的时间。苏霍姆林斯基有一个有名的观点：如果你觉得忙得没有时间，办法就是多读书，读书会使你的时间越来越多。这个观点看起来好像很不讲理，其实，仔细想想，非常有道理。一个人如果忙得连读书的时间都没有，肯定是瞎忙，没有忙在点子上。瞎忙的时候，如果能够先安排读书。其结果是知识丰富了，认知水平提高了，学会了科学地安排时间，没有无谓地浪费时间，时间自然会越来越多。

（三）精神得到休息

回到家里，需要改变在工作单位的生活方式。有的人虽然人到了家里，但精神仍然紧绷着，用电话、手机不停地和他人联系，精神得不到真正的休息。

诗人余光中曾经说过一段富有诗意的话：人如果太绝情，老是理性地慧剑斩情丝，未免太乏味了，像是不良的导体；但若是太自作多情，每次发生爱情就闹得天翻地覆，酿成悲剧，又太天真了。爱和美不一样，爱发生于实际生活，美却要靠恰好的距离。水中倒影总比岸上的实景令人着迷。

为了得到精神上的休息，有的家庭有特殊规定：在睡觉前，大家都不看、不谈费脑筋的事情；还有的家庭自己规定：除了双休日，全家都不看电视。

有的人，即使不和外部联系，仍然是手机不离手，两眼不离手机。全家人坐在一起，看起来是不能再近了，但是彼此的心却太远了。这个问题每个家庭都需要认真解决。

（四）心灵全部开放

在繁忙的工作中，思想容易变得麻木，会按照一个固定的模式去思考问题，好像有个跳不出的僵化怪圈，搞得自己也很苦恼。

在家里，精神得休息，思想全放松，目的是跳出原来的小圈子，以一个全新的视角去看看世界；开放，才能让新的东西进来。

现在，回到家里，可以不受干扰地天马行空，抛开得失。这时候，需要实行古人教导的"慎独"，安排独立而全面的思考；进行全面、长远的布局。

每个人的生命虽然都应该富有内涵，都应该充满活力，但是在繁重的工作、学习压力下，我们的生命在萎缩；在传统的意识、心理影响下，我们的生命会自我封闭起来。而温馨的家庭生活，使我们拥有了自己的时间，选择了自己喜欢的内容，外部和内部的压力一下子全都抛到九霄云外，这时生命得到了解放，原有的潜力在这时得到彻底的释放。

不论孩子和成人，温馨的休闲时刻才是生命中最放松、最快乐、最难忘、最能够激发潜力的时候。因此休闲更是自我教育，是完善自己的一种学习。

去石景山游乐场玩

有一次，我和爸爸妈妈一起到石景山游乐场玩。那里的游戏真多啊！有意大利飞毯、水中漂筏、激流勇进、蜗牛爬树、滑索、疯狂老鼠、吃惊屋、矿山车……我先玩了激流勇进。那时，我的心里特别激动，一下我就成了一大块刚融化的冰。之后我们又去玩蜗牛爬树，这个游戏真有意思，蜗牛下树的时候慢吞吞地，看来这只蜗牛是老的……

这次去石景山游乐场游玩，我玩得真开心，这次游玩使我永远难忘。

（某小学三年级学生 刘传）

这个小学生在休闲时刻去了石景山游乐场，"玩得真开心""这次游玩使我永远难忘"，那就表明休闲才是最快乐、最难忘；"一下我就成了一大块刚融化的冰"，则形象地告诉我们休闲是最放松、最能够激发潜力的时候。

人们新的想法，甚至是灵感，在什么时候出现呢？有时候，是在一次散步中；有时候，是在清晨醒来时；有时候，是在读一篇文章或者与家人交谈之后。总之，比较多的是在温馨的、心灵完全放松的时刻。

（五）重新充电加油

温馨的家庭生活，能够给每一个家庭成员重新充电——获得新知识，学习新方法，发现新途径。

繁重的工作、学习能够让人精疲力竭，而温馨的家庭生活可以把生命重新拼合。因此，休闲可以使人表现出全部真实的自我。

林语堂在《人生的乐趣》一文中，有一段正是表达了这种深刻的见解：

> ……只有知道一个人怎样利用闲暇时光，才会真正了解这个人一样。只有当一个人歇下他手头不得不干的事情，开始做他所喜欢做的事情的时候，他的个性才会显露出来。只有当社会与公务的压力消失，金钱、名誉和野心的刺激离去，精神可以随心所欲地游荡之时，我们才会看到一个内在的人，看到他真正的自我。

发现了真实的自我，才有可能找到自己的真实需要，开始重新充电加油。

自由是创造的前提，而唯有温馨的休闲才能给人更多的自由。正像苏霍姆林斯基所说："只有孩子每天按自己的意愿随意使用5—7小时的空余时间，才有可能培养出聪明的、全面发展的人来。"[1]

当孩子躺在草地上，悠闲地欣赏着天上的云朵；当孩子坐在竹椅上，敬畏地注视着天空的繁星，他的幻想可能飞到遥远的天际，他的思绪可能已经穿透上下亿万年。

在这个时候，家长千万不要去打扰他，由他产生奇思妙想，孩子这时候思维最活跃，最能出现创造性。看看下面这个二年级小学生，她的创造性想象多么丰富啊！

12月1日（大风）

夜　晚

晚上没有事的时候，我常和妈妈坐在屋顶上，看月亮，数星星。

---

[1]　苏霍姆林斯基，帕夫雷什中学［M］，教育科学出版社，1983年出版：175.

月亮和星星是经常变化的，月亮圆圆的时候，又大又亮，非常好看。这时，天上的星星很少。我想那一定是月亮妈妈装着满肚子的星星宝宝，不信你看，等月亮妈妈生出了满天的星星，圆鼓鼓的肚子就不见了。当她变得弯弯的时候，也很好看，这时满天都是星星。

我小的时候写过这样一首诗，说出了我的心里话：

> 月亮弯弯像小船，
>
> 我和妈妈坐上边。
>
> 飞向太空宇宙系，
>
> 去找英雄奥特曼。

（某小学二年级学生　宋通）

▌三、幽默——家庭里充满机智快乐的交流

幽默是一种智慧的表现，含有美的风格。善于幽默的人，往往能够把问题看得很透，只是为了取得更好的效果，他并不直接把看法生硬地端出来，而是采取从容豁达的态度，通过含蓄的、曲折的，甚至有趣的言谈举止去表达。

幽默具有美学风格，它是一种深刻的微笑，一种含蓄的讽刺，因此它不仅带来快乐，而且让人感到意味深长，余味无穷。

家庭中非常适合多一些幽默，因为在长期的家庭生活中，难免出现"锅沿碰碗沿""擦枪走火"的事情。不过，家庭生活中往往没有什么原则性大问题，只是，如果大家都不注意，有时候话赶话，小事情也会搞得不愉快。

那么，怎么化解呢？幽默是一个应该掌握的法宝。

（一）趣事化解

一位老奶奶用有趣的事，把对方"气乐了"。

打招呼

我看邻居老姐姐新做的发型很好看，人也显得年轻了许多，便也到美发厅做了新发型。回到家中，我想给老伴来个惊喜，岂料老伴看到后很不高兴地说："那么好的长发剪了多可惜！剪发前也不和我打声招呼！"我指着老伴光秃秃的头顶，针锋相对地说："你偷偷地把头顶秃了，不是也没和我打招呼吗？"一句

话，把老伴给气乐了！①

居然"一句话，把老伴给气乐了！"，这是因为老奶奶的智慧，用"把头顶秃了，不是你也没和我打招呼"这样有趣的话，打迂回战，化解了老爷爷的不高兴。

（二）善于自嘲

有一次，苏格拉底正在和学生讨论问题，他的凶悍妻子恶语相加还不算，一转身又将一桶水浇在苏格拉底的头上。这时候，成了落汤鸡的苏格拉底反而幽默地说："我就知道，雷鸣电闪之后，肯定是倾盆大雨。"

学生不解地问："老师，你为什么这样容忍她？"这时，苏格拉底竟说出了一句流传后世的至理名言："我如果能够容忍她，全世界什么样的人，我都可以容忍了。"

明明是对方的缺点，但是采取容忍的态度，用有趣的口吻描述对方的行为，只有站得高的人、豁达的人，才能有这种宽容心，以从容的态度化解家庭生活中的紧张气氛。

（三）正话反说

周有光年轻时就热衷于语言研究，很会开玩笑，而张允和也懂他的笑点。允和24岁时与有光结婚，是张家十个兄弟姐妹中最先结婚的。朋友聚会时总爱调侃她："二小姐做什么事情都快，连结婚都犯规，比姐姐先出阁。"允和却不正面接话，转而打趣道："对嘛，不要脸，这么早结婚。"亦说自己，更是逗夫君有光。有光急中生智："允和最聪明，可是她做得最笨的事情就是嫁给周有光。"

家庭中多一些这样的幽默，而不是对抗，会增添幸福感。先是张允和的自嘲，接着是周有光的正话反说，反而让大家觉得张允和嫁给周有光是最聪明的事情。

（四）故意示弱

……后来，当6岁的儿子向我怒吼时，我不再以更高的声调吼回去，改为

---

① 刘会琴，夫妻间会说话乐事多［N］，中国妇女报，2017-11-26.

弱弱地说："有话就好好说吗，干吗那么大声啊，好害怕。"他赶紧上来抱住我："别怕别怕，我不是故意的！"

从我不再大吼大叫之后，孩子的改变也很明显。每次我示弱，他总是第一个冲上来保护我。其次是让他当英雄。对他的小小行动，我学着及时夸奖："今天真是多亏了你啊！"熊孩子自信力爆棚，经常主动来问："有没有事情需要我帮忙？给我安排点活吧，我也能干！"

对 6 岁儿子的方法，对 36 岁的丈夫照样管用。我们家历来是我管钱。以往每月一发工资，我就准时收钱。而且我的方式比较黄世仁，"发工资赶紧转过来，每次都得催！"又或者"那么几个钱，还得我开口要。"虽然最后事都办了，但两个人都很烦。

我把对熊孩子的经验用到他爹身上，换种表述："皇上，这月例银还没发，臣妾要吃土了。"丈夫竟吃这套，赶紧回："爱妃稍等，马上转！"柔情蜜意，皆大欢喜。

一个智慧的妈妈，一定也是一个优秀的妻子。因为她懂得，男孩未来终究要长成男人，而男人心中也始终有个男孩。①

（五）寓庄于谐

用"寓庄于谐"的方法，保护对方的自尊心。

有一次，女儿和父亲散步，父亲有随地吐痰的坏习惯，忍不住刚想吐痰，女儿不动声色地说："今天，我要有 10 块钱收入啦！"（当地有规定：随地吐痰罚款 10 元。）

喜剧大师萧伯纳，有许多追求者，有一位十分美貌但却没有头脑的女演员，为了说服萧伯纳同意和她结婚，竟然说："将来我们的孩子面貌如我，智慧如你，那一定是世界上最优秀的人了。"萧伯纳不动声色地反问她："如果孩子智慧如你，面貌如我，怎么办？"

上面这两个例子，一位大师、一个孩子，都是采取了幽默的方法，把严肃的本质问题点得很透，同时还保护了对方的自尊心。

---

① 李爱玲，越女王越少女［M］，江苏凤凰文艺出版社，2019 年出版.

（六）举重若轻

我们小时候，母亲一个人抚养我们兄弟姐妹四个，十分辛苦，但她从来都是耐心教育我们。有时候，吃完饭不能够主动去刷碗。母亲并不生气，而是笑眯眯地自言自语："咱们家的佣人怎么还不来收拾碗筷？"大家一听，就笑呵呵争前恐后地去干活了。

有一次，孩子问爸爸几个问题，爸爸都没有答上来，孩子就说："这个问题都回答不了，还能够当爸爸吗？以后咱们家改选。"

列宁是以他的幽默换取了爱情：他给娜佳（即列宁夫人）的求婚信，是以大骂"民粹派"开头的，到了结尾，来了个狡猾的"又及：请你做我的妻子"。

当小护士们问列宁是怎样爱上娜佳的，列宁风趣地说，当时他们以各种聚会的形式为掩护，来讨论马克思主义，有一次是吃春饼，他认识了娜佳，"确切地说，当我吃第四张春饼的时候，我爱上了她"。[①]

以上三个例子，都是通过委婉、轻松的方式，把重要的问题一带而出（家务劳动自觉性；家长的知识水平问题；爱情问题）给人一种举重若轻的感觉，家庭中就需要这种以幽默讨论重大的议题的方法。

（七）幽默的行动

法国作家莫泊桑曾写过一篇幽默的小说《端恩》。乡村酒店的老板端恩，与他的妻子在形体上的差异本身就给人一种滑稽感，前者出奇的胖，后者出奇的瘦。端恩大叔生性活泼，善于交际，能吃能喝；端恩大妈则生性阴郁，落落寡合，甚至有些仇视丈夫的欢乐，她的唯一消遣是养鸡。于是，两人的性格差异又为他们的生活内容增添了不少色彩——结婚30年，没有一天不吵架。后来，端恩大叔瘫痪卧床，只能每天叫些邻友坐在床边，整日斗牌作乐，为此，两位老人的矛盾也日益激化。有一天，一个调皮的年轻人向嗜好养鸡的大妈提议说，大叔身上热得像一座闷炉，又整天不离床，可以教他孵些小鸡。酷爱养鸡的大妈信以为真，经过几天艰苦的斗争，终于驯服了大叔，迫使他在胳肢窝底下乖乖巧巧地孵出了7只小鸡。在这篇小说中，莫泊桑以他善意与温情的幽默，通

---

① 徐侗，话说幽默［M］，上海社会科学院出版社，1989年出版：72.

过这一出乎常情的滑稽事件，表现了一种充满温馨和欢笑的乡村生活情趣。

上面的例子是用幽默的行动达到了很好的效果，给家庭增添特殊的欢乐。

家庭成员中，关系亲密，相互理解，彼此深知。许多事情不需要多说，就能够产生默契。因此，在这个基础上，幽默的方法会运用得更加出色。相信，在新时代家庭中的审美立美将会达到新的高度。

▍后　记

　　近些年，美学、美育研究在中国呈现繁荣的景象，在丰富多彩与深入展开方面是主流，但是也不乏学派林立，怪相滋生。我认为最严重的是某些脱离现实生活，脱离群众的倾向，有的把美学搞成小圈子里的自我欣赏，更有甚者以丑为美，误导青少年。

　　我对美育的研究，一是强调正能量；二是强调面向人民大众。本书的初稿，为了与大众交流，曾经以《对家庭美育的探索》为题在网络陆续发布。几乎每次发布都有网友热烈的反馈，大部分是支持与鼓励，也有的是直接进行了学术探讨。我想这些也是大家需要的宝贵的精神财富，因此摘录一些放在后记。

支持与鼓励

范明珠：

　　老师好，每次品读您的文章，都很有启发！感恩分享！

　　您的家庭美育观点明确，有理有据，但是会不会有一点高大上哦，一般家庭很难做到。

冉乃彦：

　　谢谢你的反馈。如果大多数家庭都感到很难做到，我会修改这部书稿的。我现在提前发布，就是要听听家长们的意见。

兰芷：

　　感谢冉教授分享，昨晚我校刚刚开完小学一年级家长会。这些文章适合新生家长阅读学习。

讨论家庭美育的发生

范明珠：

　　家长和孩子首先从大自然，从日常生活中发现美，体验美，再创造美！这是非常好的家庭美育途径，自然而然，点点积累。

千里鹅毛（网名）：

孩子们在家庭生活中不断观察，动手去操作，不论是多变的还是重复的，粗犷的还是精细的，都会形成身体上的感受，从而传达到大脑中形成认知，这种改造事物的经验会在主观和客观之间架起一座桥梁，强化他们的信心，萌发进一步的创造。这应该就是审美能力培养在家庭里的重要作用吧。

冉乃彦：

形成潜能！

张厚超：

谢谢冉老的分享！家庭中的美育，从本质上讲不是从父辈那里学习的，而是从我们子孙那里"借"来的。终其一生，我们要保证还回去的时候，依然是美的。

张迪：

冉教授，家风是根基，俗话说得好：根基不牢，地动山摇。所以当前家庭教育重在亲子关系融洽，重在拥有浓郁的和谐家风！

曹新美（北京教育学院）：

冉老师丰富而有人生价值的生活，拓展了生命的高度、宽度和长度！

千里鹅毛（网名）：

"操千曲而后晓声，观千剑而后识器"，家庭生活中的艺术素养是重要素养，哪怕孩子什么都没学会，但是能够具备艺术审美能力，这就是给孩子提供了无限的可能。

重庆石新路小学蒋玲：

尊敬的冉教授，学习了您的文章，我说点我的想法：我认为人类对美的追求是天生的，无论是怎样的一个人，哪怕他没有所谓的天赋，他都有追求美的那个愿景和努力，只是后天因为环境、人文的影响，审美的发展是会有那个时代的印记，是在那个时代大美育的影响下的个性发展。美育是一直穿插在人的成长过程中的，无论怎样的家庭，父母的穿衣、谈吐、家居布置，他人的衣着打扮、他人的话语等无不影响着孩子的美育养成，现在的家庭教育一个很大的问题是家长没有意识到或者重视生活即教育，我们的任何一次与孩子的接触都是教育的契机，都是一次隐性的美育培养。

冉乃彦：

同意您的看法。人类的基因中有美的因素，但是必须在后天的教育中加强，才能够巩固和发扬。"狼孩"是极端的例子，其他人具有什么样的"音乐感的耳朵""能感受形式美的眼睛"，取决于后天有什么样的教育。

李伟东：

马克思是伟大的哲学家、思想家和教育家，我在大学经常学习他的著作，但也有很多的疑问，基本上保持客观的态度。

美，不是天生的，马克思的这个观点，我是持怀疑态度的。比如，五音不全的孩子，无论如何培养，也难成为音乐家或歌唱家的。我持教的幼儿园里就有不少这样的孩子，无论学多少遍，唱歌也是跑调的。但我不否认后天可以增加一些美感，虽然是很少的，比如自己的爱人是艺术家，那就会多少有一些熏陶，但绝不可能成长为一位艺术家。

后代可以增加一些美的细胞，十代二十代以后，如果一直有美的环境和熏陶，说不定可以成就一名艺术家。

冉乃彦：

我认为，美，是发现自己本质力量的对象化（例如工人生产产品，就是本质力量在劳动对象中反映出来）。因此主要与人的自我超越关系密切。当然也需要感官配合，不过人类的感官也是在漫长的历史中形成的；个人欣赏音乐的耳朵和欣赏美图的眼睛，同样是长期实践中成长的。五官是长期劳动和艺术活动中发展的。盲人也有舞蹈家，是用其他器官弥补了没有眼睛的缺陷。人对身体的审美立美能力也是长期实践中发展的。

讨论家庭美育的进行

李晓文（华东师范大学）：

教育培养与人的素质本就是相辅相成的，并不是等有了素质才培养。

不要把美育等同于技术。艺术学习是可以培养美感的，但功利化技术化不利于美感的培育。浮躁虚荣恰恰让人远离美感。

美的感受有不同层面的，知觉层面和精神层面。对于人的形态美，有知觉本身的反应，确实存在普遍感觉。达到气质层面，无论是主体呈现还是观感，需要精神深度。

美育是精神培育，与人生道德修养密切相关，儿童在伙伴嬉戏中就能孕育美感。

技术化功利化视角聚焦急功近利和肤浅，不能享受到学习、操练过程中的探索、享受的乐趣，这些乐趣就是审美的表现。

孩子下意识的涂鸦、于天地间的嬉戏，就有着纯粹的美感；道德的理解也存在误读，近年来出现了狭隘的政治化。

崇尚"天人合一"的中国文化视道德为人格完善，所以强调修身养性。认为人是理性动物的西方哲学家认为：知识即美德，强调用知识教育、科学教育培养道德，性教育走科学教育路即是一例。近年已有聪明人领悟其中的问题。

讨论家庭美育的阶段性

陈伟雄（《生命科学》的作者）：

冉老师，早上好！

这是我的一点点体会看法，请指教。

有些人、有些阶段是很难接受"美育"的教育的。因为，这个阶段在他们心中是没有美与艺术的本钱的——对事情的"从容"（也就是他们身上还没有对事情欣赏的空间和元素）。这个时候他们对艺术的事情是没有知觉的，因为他们的内心明显有着对生存"安全感的渴望"，就是物质的"数量"。这些人，只有当他感觉到物质的数量达到了他心中的"安全点"的时候，他的心中才会产生对事情的"从容"，也就是对事情的艺术知觉和欣赏力。

所以，教育的内容是要分人群和分阶段的。

冉乃彦：

您的看法是有道理的。一个人如果基本的生存问题没有解决，的确谈不到美。但是我想稍微强调一下，现在不重视美育的问题，大多并不是由于生存问题，而是由于看不到美育的重要性，尤其是忽视早期的美育。美育本质上是一种超越，是人类自我意识升华的表现。这是在当代美育可能发展的重要条件。

李晓文（华东师范大学）：

我女儿从幼儿园起，我就让她接触幽默。与滑稽不同，幽默需要认知能力。慢慢地她的幽默感比我更强了。初中时每学期学校演出，她都表演相声。初三时我阻止了，建议她诗朗诵。

在贫困家庭青少年公益机构里，我根据学生实习时总是冲突生气逃回家的情况，就采取读寓言故事培养他们的幽默感。幽默作为审美，是由多方面理论支持的，较早的心理学研究包括弗洛伊德就明确提出幽默是升华的重要方式。

关于婚姻、爱情

张厚超：

幸福婚姻的要义在于两个人共同价值观的成长以及彼此的美好成就。婚姻里的美与丑、好与坏是相互的，关系在于互动，爱人对待你的方式是你"教会"的。孩子对待外部关系的方式是父母影响的。

陶勇：

个人觉得崇高的爱情不需要教育。青少年，刚开始时都崇尚高尚的爱情。只有那些成年人，才会绝望而功利。生命诚可贵，爱情价更高，若为自由故，两者皆可抛。可见爱情本身是崇高的，不会因为不教育而低下。需要被教育的是成人，是功利的价值观。

冉乃彦：

我不同意陶勇老师的观点。只有性爱不需要教育，因为那是人类在深层次保留的动物的本性。但是人类千万年发展形成的高层次的爱情，必须要通过教育，从小到大的教育（也包括自我教育），绝不是"树大自然直"坐等来的。至于你说的成人的功利价值观，也不是从娘胎带出来的，而正是由于缺乏正确的爱情教育造成的。

单志艳（中国教育科学研究院）：

冉老师说得有道理。苏霍姆林斯基也提及对个体进行爱情方面的教育。性与情要结合起来。光谈性，人就只停留在本能层次，只有性与情相结合，在精神层面上才能完成人的教育。

在这些讨论中，我深深感到家庭美育的研究是所有人，尤其是家长所需要的。但是家庭美育的研究刚刚开始，本书很想开一个好头。理论与实践如何结合？理论性与大众化如何结合？科学性与可读性如何兼顾？本书都在做探索。

感谢中国教育科学研究院单志艳博士对本书的指导。不论是在框架形成阶段和写作阶段，她都提出了许多有价值的建议。

感谢广西师范大学出版社，特别是刘美文编辑在编审阶段的细致、耐心、严谨，使书稿更加符合规范。

当然，更要感谢许多网友经常的询问、鼓励。希望出版之后继续能够和大家经常交流。

此书为北京市教育科学"十三五"规划 2016 年度优先关注课题《社区家庭教育支持体系建设的研究》（CEJA16033）研究成果之一。

冉乃彦

2021 年 8 月

图书在版编目(CIP)数据

家庭美育／冉乃彦著.—桂林：广西师范大学出版社，
2022.5
ISBN 978-7-5598-4912-0

Ⅰ．①家… Ⅱ．①冉… Ⅲ．①美育-家庭教育-研究
-中国 Ⅳ．①G78

中国版本图书馆 CIP 数据核字(2022)第 060615 号

家庭美育
JIATING MEIYU

出 品 人：刘广汉
责任编辑：刘美文
装帧设计：李婷婷

广西师范大学出版社出版发行

（广西桂林市五里店路9号 邮政编码：541004
网址:http://www.bbtpress.com ）

出版人：黄轩庄
全国新华书店经销
销售热线：021-65200318 021-31260822-898
山东韵杰文化科技有限公司印刷
（山东省淄博市桓台县桓台大道西首 邮政编码：256401）
开本：787mm×1 092mm 1/16
印张：14.5 字数：240 千字
2022 年 5 月第 1 版 2022 年 5 月第 1 次印刷
定价：49.80 元